疾走能力の発達

宮丸 凱史 編著

杏林書院

執筆者一覧

編著者

<small>筑波大学体育科学系・教授</small>
宮丸　凱史　　I部　1章，2章，
　　　　　　　　II部　1章1，2章1, 2, 3，3章1, 2，
　　　　　　　　III部　1章，
　　　　　　　　V部

執筆者

<small>宇都宮大学教育学部・助教授</small>
加藤　謙一　　II部　1章2，4章1, 2, 3, 4，
　　　　　　　　III部　2章，3章，
　　　　　　　　IV部

<small>山梨大学教育人間科学部・助教授</small>
中村　和彦　　II部　2章4

<small>筑波大学先端学際領域研究センター・講師</small>
久野　譜也　　VI部

扉写真　のぐち　そら　くん（2歳3カ月）

まえがき

　かれこれ30年ほど前になる．5歳になった息子の走動作の分析を試みたのが疾走能力の発達に関する研究を始めるきっかけであった．まさに「親バカ」で始まった疾走能力の測定は，これまでに，幼児から成人，さらにはスプリンターまでを含めて延べ2,500人に達している．

　最初は幼児の疾走動作の分析であったが，2歳の子どものピッチが成人の値と変わらないことに驚いて，何度も分析をやり直したことがあった．それから何度も幼児の走動作を解析してみると，「走動作の基本形態」は6歳頃までに獲得されることが確認できた．

　次いで，7歳から12歳までの子どもの疾走能力の発達を6年間にわたって縦断的に分析したところ，7歳で疾走能力の優れた子どもはその後もずっと優れており，7歳で疾走能力の低い子どもはその後もずっと劣っていることが明らかになり，疾走能力の発達には生得的要因の関与が大きいことが示唆された．

　そこで，疾走能力の優れた子どもの発達的特徴を知るために，小学生の全国大会で優秀な成績を収めたジュニアスプリンターを対象に，その疾走能力の発達を12歳から15歳まで4年間縦断的に追跡した結果，彼等の特徴のひとつは「早熟」であり，年齢とともに疾走能力の伸びが頭打ちになることが判明した．

　さらに，中学生，高校生，成人（大学生）を対象として研究を続け，思春期以降の疾走能力の発達過程を明らかにすることができた．

　その後，順序が逆になってしまったのだが，1歳児の歩行から走運動への移行過程を実験的に記録した結果，偶発的なヒトの走動作の出現について興味深いデータを得ることができた．

　このようにして，ヒトの疾走能力の発達に関する研究は，なんとか走り始めから成人までの過程を辿れることになった．

　かれこれ四半世紀に及ぶささやかな仕事を，まがりなりにも1冊にまとめたのが本書である．研究を始めた頃の動作解析は，16mmシネカメラに頼るしかなかった．したがって，その頃の研究には実験方法や解析方法の不備が目立つ上に各所で考察の未熟さがみられ汗顔の至りであるが，疾走運動の発達に関心のある指導者や研究者にいささかなりとも参考になれば幸甚である．

　これまでの研究の遂行と本書の刊行は，長年にわたって編著者の微力を補い，適切なご指導とご協力をいただいた共同研究者および執筆者の方々に負うところが大であり，心から感謝を申し上げます．また，多くの実験にご協力下さった方々や被験者に対してもこの機会に深く感謝を申し上げます．

　最後に，本書の出版に際し，快くお引き受け下さった杏林書院に対し心から感謝の意を表します．

編著者　宮丸　凱史

目　次

まえがき

I　人間の運動発達と疾走能力 …………………………1
1章　人間の運動発達の特異性と走運動 …………………1
1. 未熟さからの出発 ………………………………1
2. 運動発達の段階と走運動の習得 …………………2
2章　疾走能力の発達過程 ……………………………4
1. 年齢にともなう疾走速度，歩幅，歩数の変化 ………4
2. 疾走能力の発達における4つの発達段階 ……………6

II　成長にともなう疾走能力の発達 ……………………9
1章　走運動の始まり―歩行から走運動へ― ………………10
1. 走運動の始まり ……………………………………10
2. 歩行から走運動への移行 …………………………19
2章　基本的な走運動形態の獲得 ………………………31
1. 側面から見た幼児の走動作の発達 ………………31
2. 背面から見た幼児の走動作の発達 ………………40
3. 身体重心の軌跡から見た幼児の走動作の発達 ……48
4. 観察的評価による幼児の走動作の発達 ……………61
3章　児童期の疾走能力の発達 …………………………70
1. 疾走能力の縦断的発達 ……………………………70
2. 疾走能力のトレーニング効果 ……………………81
4章　思春期以降の疾走能力の発達 ……………………87
1. 中学生の疾走能力の発達 …………………………87
2. 男子高校生の疾走能力の発達 ……………………93
3. 女子高校生の疾走能力の発達 ……………………105
4. 大学生（成人）の疾走能力の発達 …………………118

III　疾走能力の優れた子どもの発達的特徴 ……………129
1章　疾走能力の優れた児童の特徴 ……………………130
2章　疾走能力の優れた児童の疾走動作 ………………140
3章　疾走能力の優れた児童の縦断的発達（12〜15歳）……155

Ⅳ 一流スプリンターの疾走能力 ……………………………169
   1. 疾走能力 ……………………………………………169
   2. 疾走動作 ……………………………………………171

Ⅴ 疾走能力と素質 ………………………………………179
   1. 疾走能力と遺伝 ……………………………………180
   2. 疾走能力と人種 ……………………………………181
   3. ジュニアスプリンターの特徴から …………………182

Ⅵ 疾走能力と筋の発達特性 ……………………………185
   1. 陸上競技短距離選手の大腿部の筋の発達特性 ………185
   2. 陸上競技短距離選手の股関節筋群の発達特性 ………190
   3. 疾走速度への筋線維組成と筋量が果たす役割 ………194
   4. ジュニア短距離選手の筋特性 ………………………196
   5. ジュニアスプリンターにおける筋代謝特性 …………198

   文　献 ……………………………………………………201

I 人間の運動発達と疾走能力

1章　人間の運動発達の特異性と走運動

1. 未熟さからの出発

　誕生後のわずかな時間で，馬は草原を走り回り，アザラシは海中を泳ぎ回る．これらの高等な哺乳類の多くが，誕生直後からよく発達した感覚器官を持ち，かなりの運動能力を備えているのに対して，ヒトの新生児は，歩くことや走ることは無論のこと，寝返りをうつことも立つこともできない．ヒトが誕生時に獲得している運動は，わずかな自発的運動と反射的な行動に限られており，まさに「未熟さからの出発」を余儀なくされている．

　この未熟さは，進化の系列の中で新奇に発生した生物学的特異性によるものであり，この特異性についてポルトマン（1961）は「ヒトは生理的早産で産まれ，二次的就巣性を有する」と説明している．

　生物の分類上，人間は霊長類・ヒト科に属し，もっとも進化した生物である．成育につれて他の種に類をみない複雑な組織体制と優れた機能を持つことになる．しかし，組織体制が複雑になればなるほどその完成までに長い時間を必要とする．このことは，成育の初期においても同様であり，誕生時に一定の組織体制をつくりあげるには受胎期を延長するか，その後の養育期間を引き延ばすか，いずれかの方法を採らざるを得ない．ヒトの場合はその両方を併用することになったとみられる．

　ポルトマンは，「生理的早産」，「二次的就巣性」が出現した理由のひとつとして，人間の脳重量の増大をあげている．ヒトは重い脳とそれを包む大きな頭蓋をもって産まれる．この重い頭蓋を支えるために新生児はそれに

相応しい大きさの体躯をもたねばならないが，こうした大きな胎児をいつまでも母胎内に入れておく訳にはいかない．そこで，人間は本来ならばもう少し高い完成度に達してから誕生すべきであるのに，未熟で無能な状態のままで産まざるを得ないし，その後しばらくは自立できずに養育者の庇護のもとで過ごさなければならない（就巣性を有する）のだと考えた．これを常態化した早産という意味で「生理的早産」と呼んでいる．

このような生物学的特異性は，人間の運動発達が未熟さから出発するゆえんであり，他の高等な哺乳類が誕生直後から走り回れるのに対して，ヒトの新生児が歩くことも，走ることもできない理由でもある．

2. 運動発達の段階と走運動の習得

誕生時の未熟さは，その後の発達に限りない可能性（Potentiality）が潜んでいることを意味している．運動に限らず，人間の発達はそれを規定する要因との関連において，潜在的可能性がうまく解発（release）されれば発達は促進され，何らかの理由で阻害されれば発達は遅滞することになる．人間は学習によってさまざまな運動の獲得が可能であり，熟練によって極めて複雑で高度なスポーツ技術を身につけることもできるし，100mを9秒台で疾走する競技者も出現する．しかし，運動の習得には一定の順序と多くの条件が前提となる．考えてみれば，人間は産まれたときに不足していて，その後の長い人生において必要となるほとんどの運動を，生後の学習や経験によって獲得しなければならない．それらの学習や経験を短期間に成すことは無理であり，ある順序にしたがって段階的に習得していくことになる．発達に遅滞がなく，人間らしい文化的・社会的環境に恵まれて成育する限りにおいて，人間特有の学習の所産として，多くの時間と苦労をともなって多様な運動を習得する．

生後に獲得するこれらの運動は，人間特有の運動のしかたであり，「習得運動系」（フエッツ，1979）と呼ばれている．

このような習得運動の発達段階（宮丸，1998）とそれぞれの段階における走運動の習得のプロセスを辿ると以下のようである．

1）初歩的運動の段階（誕生から2歳）

誕生直後の生得的運動は反射とわずかな自発的運動に限られているので，まず，誕生後の2年間で人間としてもっとも「初歩的な運動」を獲得しなければならない．すなわち，直立姿勢（座る，立つ），移動（這う，歩く，走る），把握と操作（掴む，放す）などの運動が獲得される．これらの運動の獲得によって子どもの行動範囲は拡大し，探索や発見による学習機会が増大する．この時期の運動発達は，中枢神経系の成熟に左右されるものの，それだけでは不十分であり，多様な形式での環界との交流が不可欠となる．この時期の運動発達の過程は「未熟な運動能力しか持たないヒトから，環境を征

服し始める小さな人間への変容」といえる．

　この段階では，初歩的運動のひとつとして，生後17〜24ヵ月頃にもっとも初歩的な走運動（走運動の原初形態）が現れる．走運動の出現は，子どもが環境の変化に適応しながら自由に歩き回っている中で偶然に発生する新しい運動（非支持局面への身体の投射），すなわち，既得の運動（歩行）からの自発的分化によるとみられている．

2）基本的運動の段階（幼児期：3〜6歳）

　その後，3〜6歳までの幼児期には多様な基本的運動が習得される．
　この時期に習得される運動は，人間が生涯にわたって必要な運動全般，すなわち，日常生活での運動，作業や労働としての運動，表現や意志伝達としての運動，スポーツの運動などの基本になるという意味で「基本的運動」と呼ばれるものである．条件に恵まれて成育する限りにおいて，就学年齢に達するまでには，走る，跳ぶなどの移動型の運動，回る，バランスをとるなどの非移動型の運動，投げる，捕るなどの操作型の運動などが，並列的に，しかもある順序性をもって習得される．
　この段階で，多くの基本的運動のひとつとして「走運動形態の原型」が習得される．この時期の特徴は，年齢とともに走動作が習熟し，6〜7歳には成人とほぼ同様な走動作が獲得されることである．

3）移行的運動技能の段階（児童期前半：6〜8歳）

　この段階では，幼児期に引き続いて基本的運動の習熟がさらに進むとともに「移行的運動技能」（Transitional Motor Skill: Nelson, 1991）が習得される．
　移行的運動技能とは，基本的運動形態を組み合わせ，目的や課題に応じて運動遊びやゲームを成立させる技能である．移行的とは，基本的運動の習得から技術的運動（スポーツ）の習得への移行段階であることを意味している．
　この時期から，走運動はさまざまな運動遊びやゲームを通して多様な形態での習熟がなされる．競走としての疾走能力が発達するとともに，方向や速度の切り換えをともなった複雑な走運動技能，あるいは，投，捕，蹴，打などのような運動と連続的，同時的に組み合わされた走運動技能として習得されることになる．

4）技術的運動の段階（児童期後半〜）

　児童期後半以降は，特定の運動課題や運動技術を目的としたスポーツ運動など，より複雑で高度な「技術的運動」が習得されるようになる．
　この段階以降の走運動の発達では，疾走能力がさらに向上するとともに，習得されるスポーツ技術と関連して，さまざまな運動課題や技術目標に適合した走運動形態の幅広い習熟がなされる．例えば，「短距離走のフォーム」，「長距離走のフォーム」，「各種の球技の技術としての走り方」などのように，走運動がそれぞれに分化し，特殊化していくことになる．

2章　疾走能力の発達過程

1. 年齢にともなう疾走速度，歩幅，歩数の変化

　　　　幼少の頃の「かけっこ競走」は，多くの人に共通する心象風景のひとつであり，懐かしく思い出されるイベントである．疾走は誰にもできる運動として昔から運動会の代表的な種目に採りあげられ，疾走能力の優劣に少なからぬ関心が寄せられてきた．

　競走としての疾走の歴史は古く，古代ギリシアのオリンピック祭で行われた1スタディオン走（192.27mの直線走）に始まって，それ以来現在まで，人間の疾走能力の限界を争うオリンピックの100m競走に対しても多くの関心，興味が寄せられている．

　それは，疾走能力が人間の基本的運動能力としてとらえられているからであろう．また，従来から運動能力テストの項目として50m走や100m走が採りあげられているのも，疾走能力を人間の運動能力の基本的要素のひとつと見なしているからである．

　疾走能力の発達は，2歳前後のもっとも初歩的な走動作の習得に始まり，3歳頃には「用意ドンの合図で走り出すこと」や「目標地点まで走ること」ができるようになり，5歳頃になれば「スプリントを利かせて徒競走をすること」が可能になる．その後，児童期から成人期まで疾走能力は年齢とともに顕著に発達する．

　図Ⅰ-1は，走り始めから成人までの疾走能力の発達をとらえるために，先行研究の結果に基づいて疾走速度，歩幅，歩幅／身長，歩数の年齢変化を示したものである．図中の各年齢の値は以下の研究報告によるものである．

　1歳男子は宮丸ら（1996），1歳女子は加藤ら（1998），2～11歳は斎藤ら（1981），12～14歳は加藤ら（1985），15～17歳男子は加藤ら（1992），15～17歳女子は加藤ら（1994），18～21歳は加藤ら（1987）であった．また，比較のため12～15歳のジュニアスプリンター（加藤ら，1999）と世界一流スプリンター（伊藤ら，1994）および日本一流スプリンター（伊藤ら，1994，佐川ら，1997）の値を加えている．

　疾走速度は，男女とも1～12歳頃まで加齢につれてほぼ直線的に増大するが，思春期以後性差が顕著になる．男子は13～16歳頃まで疾走速度がさらに増大し，17歳頃をピークにその後停滞傾向を示すのに対して，女子は13, 14歳をピークにその後増大はみられなくなり，成人期にかけて低下の傾向を示した．

　歩幅は，男女とも疾走速度とほぼ同様の年齢変化を示し，男子では14,

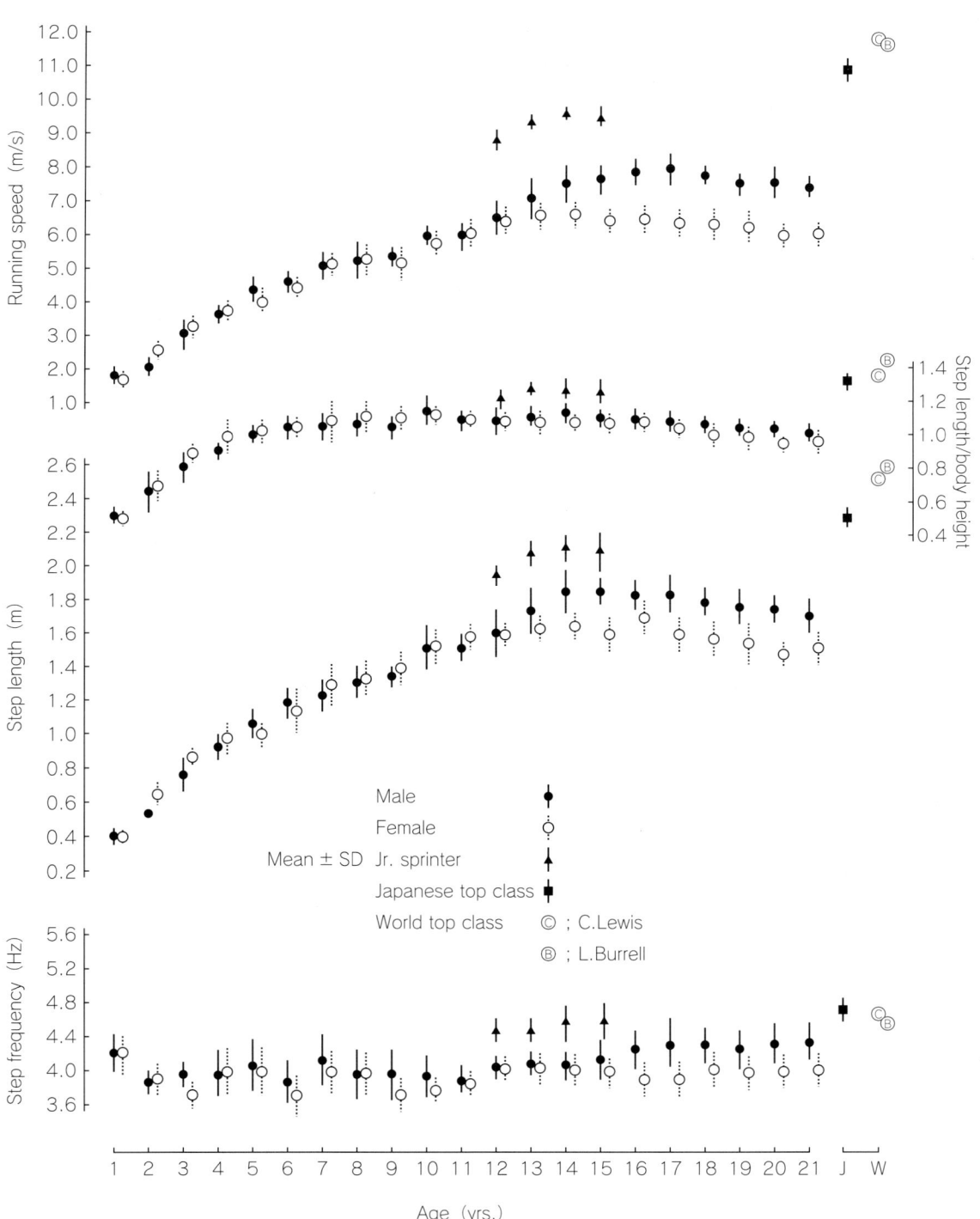

図Ⅰ-1 年齢にともなう疾走速度，歩幅，歩幅／身長，歩数の変化

15歳，女子では13，14歳頃をピークに，その後男女とも減少傾向を示した．

歩幅／身長は，男女とも幼児期に急速に増大し，6，7歳頃にその値が1.0を越え，その後顕著な変化はみられなかった．1～6歳頃までに歩幅／身長が顕著に増大することは，①この時期に，急速に走動作の習熟がなされること，②6，7歳頃までに，基本的な走運動形態が獲得され，その後顕著な変容がなされないことを示唆している．

歩数は，男子では2～14歳まで加齢にともなう明確な変化はみられないが，15～17歳にかけて増大した．一方，女子の歩数は2歳から成人まで明確な経年的変化はみられなかった．

これらの結果から，1～12歳までの疾走能力の発達は，男女とも歩数よりも，主に歩幅の加齢にともなう増大によるとみられた．しかし，男子の15～17歳における疾走速度の増大は，歩幅より歩数の増大によるものと考えられた．

比較のために示した一流スプリンターの疾走速度，歩幅，歩幅／身長，歩数の値は，当然のことながら並外れて大きいものであった．また，12～15歳の男子ジュニアスプリンターの値も，それぞれの年齢と比べて極めて大きいことが示された．

2．疾走能力の発達における4つの発達段階

人間の運動発達は，一様な連続的経過をたどるのではなく，それぞれの時期ごとに特徴があり，質的な違いがみられる．こうした発達的特徴を手がかりに発達の過程をいくつかに区分し，運動能力の発達段階がとらえられる．

著者らの疾走能力の発達に関するこれまでの研究結果に依拠すれば，走り始めから成人に達するまでの疾走能力の発達過程は，以下のような特徴のある4つの段階に区分することができる（宮丸，1995）．

1）走運動の始まりの段階（生後17～24ヵ月）

歩行からの自発的分化によって，走運動が出現したばかりの初期段階で，走動作が未熟で未発達な時期．

2）基本的な走運動形態を獲得する段階（3～6歳）

走動作の習熟が急速に進み，走運動の基本形態が獲得されるとともに，疾走能力も急速に向上する時期．

3）形態や機能の発達につれて疾走能力が向上する児童の段階（6～12歳）

幼児期のように走動作の変容はみられないが，体格や体力の向上につれて歩幅を増大させ，年齢とともに疾走能力が著しく発達する時期．

4）疾走能力の性差が顕著になる段階（13歳〜成人）

性成熟による男女の形態発育，機能発達と関連して，疾走能力の性差が拡大するとともに疾走能力の発達がピークに達する時期．

本書のⅡ部では，上記の4つの発達区分にしたがって走り始めから成人までの疾走能力の発達と疾走動作の変容の過程について考察する．

II 成長にともなう疾走能力の発達

疾走運動の発達バイオメカニクス的研究

　　　　1972年から1975年頃，Roberton（1972）やWickstrom（1975）によって「発達キネシオロジー」という研究分野が提唱された．その後，「キネシオロジー研究」が「バイオメカニクス研究」へと名称変更されたのにともない「発達バイオメカニクス」と呼ばれるようになり，バイオメカニクス研究におけるひとつの領域として位置づいている．

　　発達バイオメカニクスは，人間の運動発達の研究にバイオメカニクス的手法を適用するもので，その意図は，従来からの運動発達研究の多くが各種の運動能力テストの成果（時間，距離，回数など）によって数量的に捉えられてきたのに対して，むしろ運動成果を産み出した運動のやり方や動作のしかた（Motor pattern）そのものの質的変容から発達をとらえようとするものである．すなわち，運動の成果（Performance）は有効なデータではあってもそれは結果に過ぎず，人間の運動発達を十分に把握できないことに対する批判と反省に基づいている．人間の運動発達の研究を，量的な成果（Quantitative product）による方法だけではなく，動きの質的な変化の過程（Qualitative process）として把握しようとするものである．とくに，未熟さゆえに運動課題の理解が不十分であり，運動が恣意的で全力発揮が十分できない幼少年期に適用するには妥当な方法であろう．

　　II部では，著者らのこれまでの実験的研究の結果に基づいて，走運動の始まりから成人までの疾走能力について「発達バイオメカニクス研究」の立場からまとめたものである．

　　1章では走運動の始まり，2章では幼児期の基本的な走運動形態の獲得，3章では児童期，4章では思春期以降の疾走能力の発達について，各時期における疾走動作の特徴からその発達を考察し，各発達段階における走動作の改善の手がかりや走運動の指導に有効な示唆を得ることを意図している．

1章　走運動の始まり
　　　―歩行から走運動へ―

1．走運動の始まり

　ヒトは成熟につれて歩行を身につけ，引き続いて走運動を獲得する．独立歩行の開始は人間らしさへの第一歩であり，「始歩期」がヒトの初期発達の状況を知る重要な指標として厳密にとらえられるのに対して，走運動の開始を厳密にとらえることは難しい．「歩」と「走」の2つの歩容の一般的な区別は，走運動が非支持期を有することであるが，もっとも初期の走運動におけるわずかな非支持局面を観察的に確かめるのが難しいこと，また，いつ出現するかを予期し難い最初の走動作を実験的に記録するのが難しいことなどがその理由であろう．

　また，「這えば立て，立てば歩めの親心」といわれるように，歩き始めるまでは養育者の歩行獲得に対する期待や関心が強いのに比して，歩行開始以後の移動運動形態の獲得は忘れられ，関心が薄れてしまうことも理由のひとつとみられる．

　走運動の出現は，生後18〜21ヵ月頃とみられ，24ヵ月になればほとんどの子どもはかなり安定した走動作を獲得すると報告（Espenshade，1967；Gallahue，1982；ゲゼル，1982；津守ら，1961；Wickstrom，1983）されているが，いずれも推察によるものであり実験的に確かめられてはいない．また，2歳以降6歳頃までの走動作の発達に関する報告（Amano et al.，1987；Fortney，1983；Gallahue，1989；宮丸，1978，1987；斎藤ら，1981；Wickstrom，1983）は多くみられるが，歩行から走運動への移行過程そのもの，さらには，1歳児のもっとも初期の走動作に関する報告はほとんどみられない．いつ頃，どのようにして歩から走への移行が生じるのであろうか，また，その移行において，歩と走の運動形態にどんな違いがみられるのであろうか，移動運動の発達を考察する上で興味深い問題である．

　ここでは，偶発的ともいえるヒトの走動作の出現を，生後17ヵ月の子どもを対象に実験的に記録し，歩行から走運動への移行における運動形態を明らかにするとともに，走り始めたばかりの1歳児を対象に，もっとも初歩的な走動作の特徴を捉えた結果をまとめたものである．

1）研究方法
（1）被験児

　対象とした幼児は，月齢が17〜23ヵ月であった．実験開始の段階では10名の幼児を被験児としたが，実験終了までに目的に適う有効なデータが得ら

表Ⅱ-1 被験児の身体的特徴

被験児	性別	月齢	身長(cm)	体重(kg)
T	Boy	17	77.3	9.7
K	Boy	21	83.0	11.3
M	Girl	22	82.1	10.3
R	Boy	23	81.4	11.7

れたのは，表Ⅱ-1に示した4名（男児3名，女児1名）のみであった．年少幼児の特徴のひとつに「活発性」（マイネル，1981）が著しいことがあげられる．すなわち，周囲からの刺激や情報に対してただちに運動性の反応を示し，気が散りやすく，衝動や欲求のままに絶えず動き回りはしゃぎ回るので，活動は中断され運動は忘れられてしまうという特徴である．しかも，年齢が低いほどこの傾向は顕著であることが知られている．本実験においても，実験場面で課題に応じた走運動（設定した10mのコースでの直線走）を遂行しない幼児が多かった．こうした理由から，目的に適う有効なデータを得ることができた被験児は，4名に限定された．

(2) 実験方法

被験児たちが母親といつも遊びに来る公園に平坦な走コースを設定し，実験的に直線走を行った．走コースの中間部分における走動作を，被験者の左側方30mの地点からビデオカメラ（ナショナルAG-350）を用いて，毎秒60フィールド，露出時間1/1000秒で撮影した．ビデオフィルムにはビデオタイマー（FOR-A VTG-33）による1/100秒単位の時間を写し込み，走コースの両側にスケールマークを置いた．

実験は，1993年4月1日から6週間にわたって，毎週土曜日に計7回継続された．毎回の実験における全被験児のすべての動作が記録され，課題に適った有効な走動作を選んで分析し，速度，歩幅，歩幅／身長，歩数，接地時間，非支持時間，脚の動作の時間的位相などを算出した．母親と一緒に公園へ来た被験児たちは，まず気ままに遊び回った．やがて，検者らともいっしょに機嫌良く遊び始めた頃を見計らって，「さあ，かけっこをして遊ぼうよ！」，「ヨーイ，ドン！」と動機づけながら設定した走路に誘導し，走運動の出現を促した．

検者らの教示や激励，ゴールで待っている母親の動機づけなど，走運動を引き出すためにさまざまな働きかけがなされたが，途中で速度が低下したり，止まったり，曲がったりすることが多く，課題とする直線走が達成されることは稀であった．したがって，実験方法は制限され，分析可能な測定項目も限定せざるを得なかった．

図Ⅱ-1　17ヵ月児の速歩と最初の走運動
　　　　上段：生後68週のときの速歩のフォーム
　　　　下段：生後69週目に出現した走運動フォーム

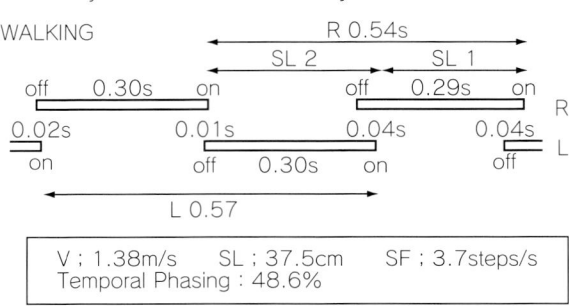

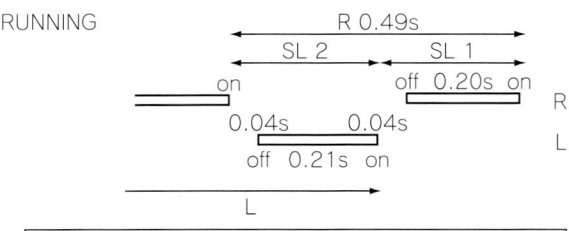

図Ⅱ-2　17ヵ月児の速歩と最初の走運動における速度，歩幅，歩数，支持時間，非支持時間，テンポラルフェイズの比較

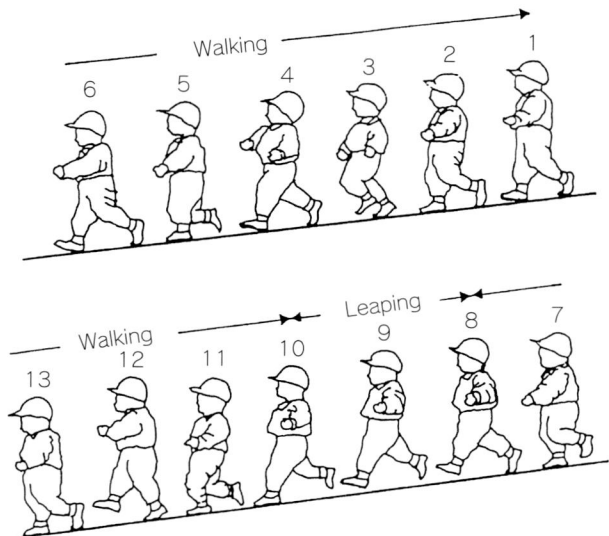

図Ⅱ-3 坂道を下りる時に偶然に出現したリーピング（被験児T
はまだ走運動を獲得していなかった）

2）結　果
（1）歩行から走運動への移行

　図Ⅱ-1の上段は，生後17ヵ月（68週目）の日に記録された被験児Tの歩行動作（速歩）であり，下段は，その1週間後（69週目）に偶然にも記録された走動作である．実験が1週間毎に行われたので，「はじめての走動作」と断定することはできないものの，それに近い「もっとも原初的な走動作」であり，まさに歩行から走運動への移行を示しているとみられる．

　図Ⅱ-2は，これら2つの動作の分析結果であり，右足（R）と左足（L）の接地（on）と離地（off），それぞれの脚の1サイクル時間，両足支持時間，片足支持時間を示している．歩と走は，非支持局面の有無で区別されるが，歩行では0.01～0.04秒の両足支持期がみられ，走運動では0.04秒の非支持期が認められた．

　歩行での支持時間は0.29～0.30秒であったが，走運動では短縮されて0.20～0.21秒であった．速度を比較すると，歩行速度が1.38m/sであったのに対して走速度は1.51m/sとやや大きかった．歩幅は，歩行の時が37.5cm（歩幅／身長：0.485），走運動では37.1cm（歩幅／身長：0.480）であり，ほぼ同じであった．一方，歩数は，歩行時が3.70 steps/sであったのに対して走運動では4.08 steps/sとやや大きかった．したがって，速度の違いは歩数の違いによるとみられた．また，歩行と走運動における両脚間の時間的位相（Temporal phasing：%），すなわち，一方の脚がその運動の周期を開始する時（例えば離地の開始）が他方の脚の1周期のいつの時点から開始されるか

14　Ⅱ　成長にともなう疾走能力の発達

図Ⅱ-4　1歳児の初歩的な走動作．
　　　　上段から，21ヵ月児，22ヵ月児，23ヵ月児．

を調べてみると，ほぼ同じ（歩行：48.6％，走運動：48.9％）であった．速歩から走運動への移行においては，歩幅，脚の動作の時間的位相はほとんど同じであり，図Ⅱ-1にみられるように四肢の動作パターンにも違いはみられなかったが，接地時間が短縮し，歩数が増大することによって速度がやや増加することが認められた．

　被験児たちは公園の中を自由に遊び回った．こうした探索において，公園の中の芝生の坂道を下りることが多かった．図Ⅱ-3は，まだ走り始める前の被験児Tが，坂道を下りる時に記録された動作を示している．最初のうちは不安定な歩行を繰り返していたが，何度かの試行の後，歩行中に突然リーピング（Leaping：図Ⅱ-3の8～10の局面）が出現した．

　図Ⅱ-3は，設定した走路を離れた場所での動作記録であるため，定量的な分析はできなかったが，この運動経過を考察すると以下のようであった．

　初めは，上体をやや後傾させ，両腕を安定装置のように使いながら，歩幅の短い慎重な歩行を続けていたが，加速につれて次第に歩幅が増大し，突然にリーピングが出現した．リーピング直後は，接地脚をそれまでよりも深く

表Ⅱ-2　1歳児の疾走における走速度，歩数，歩幅，歩幅/身長および非支持時間/支持時間

被験児	T	K	M	R	平均 n=4(SD)	2歳児** n=6(SD)
月齢	17	21	22	23	20.7 (2.63)	32 (3.15)
疾走速度(m/s)	1.51	1.87	1.41	1.98	1.69 (0.27)	2.47 (0.52)
歩数(steps/s)	4.08	4.88	4.17	4.44	4.39 (0.36)	4.27 (0.37)
歩幅(cm)	37.1*	38.4*	33.7*	44.7*	38.5 (4.59)	57.4* (8.93)
歩幅/身長	0.48*	0.46*	0.41*	0.55*	0.475 (0.058)	0.60* (0.072)
非支持時間/ 支持時間	0.19*	0.21*	0.17*	0.25*	0.205 (0.034)	0.37* (0.077)

*：2歩の平均値.　**：宮丸(1975)

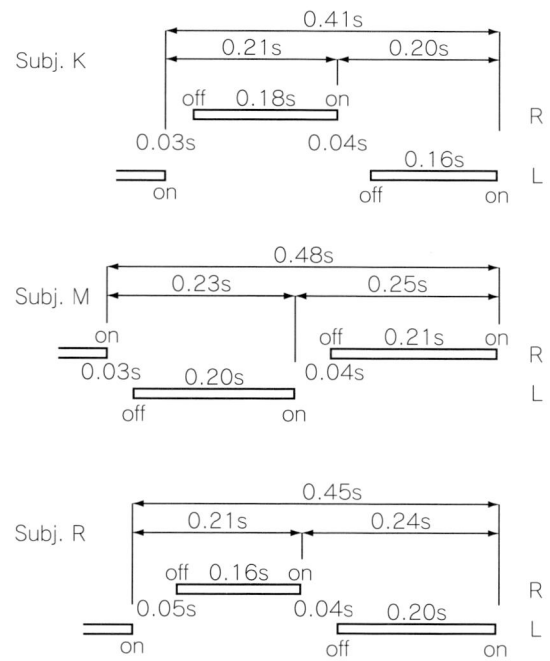

図Ⅱ-5　1歳児の走運動における支持時間，非支持時間

曲げることによって衝撃を吸収させ，再び歩行に戻っていた．これは，坂道を歩いて下りるうちに，偶然にも新しい運動の仕方（支持のない局面への身体の投射）が発生したとみることができる興味深い運動経過であり，歩行から走運動への移行にはこうした偶発的な運動の生起が前提になることを示唆

図Ⅱ-6 走時間中にみられた転倒（被験児Rは生後23ヵ月）

するものであった．

（2）1歳児の走動作の特徴

図Ⅱ-4は，走運動を獲得して間もない1歳児3名の走動作を示している．表Ⅱ-2は，被験児Tを加えた4名の走動作の分析から得られた走速度，歩数，歩幅，歩幅／身長，非支持時間／支持時間，および，各変量の平均値であり，比較のために2歳児のデータ（宮丸，1978）を付記して示している．また，図Ⅱ-5は，1歳児の走運動における1サイクル（2歩に要した）時間，左右の脚の支持時間（on〜off），非支持時間などの時間的な位相を示している．

1歳児の走速度は，1.41〜1.98m/s（平均1.69m/s）であり，2歳児の平均2.47m/sに比べてかなり低い値であった．歩数においては，1歳児と2歳児で違いがないのに対して，1歳児の歩幅の平均38.5cmは，2歳児の平均57.4cmよりかなり小さかった．歩幅を身長との比でみても，2歳児が身長の60％であるのに対して，1歳児の平均は身長の50％以下であり，相対的にも小さいことが明らかであった．したがって，1歳児と2歳児の走速度の差は，歩幅の違いによるとみられた．1歳児の支持時間が0.16〜0.21秒と長いのに対して，非支持時間は0.03〜0.05秒と短かく，1歳児の非支持時間／支持時間の平均0.205は，2歳児の平均0.37よりかなり小さい値であった．

これらの結果や図Ⅱ-4に示された運動経過から，走り始めて間もない1歳児の走運動の特徴をあげると，非支持時間がきわめて短く，全体的に弾むような動作となり，歩幅が小さいこと，両腕の前後方向への振動は制限され上肢を安定装置のように体側に保持していることであった．

図Ⅱ-6は，被験児Rが公園内を自由に走り回っている際に転倒した場面を記録し，ビデオ画像から作図したものである．緩やかな坂道から平坦なところへ走り下りた時やや速度が増加しており，身体を前傾させながら歩幅を延ばしたものの姿勢の維持ができなくなり，思わず転倒してしまったケース

である．1歳児では，走運動を獲得したばかりでまだ不安定な段階であり，環境との対峙の中で生ずるこのような経験の繰り返しを通して，走運動を定着させていくと推察される．

3）論　議

　子どもが走運動を獲得する可能性は，運動学的視点から「自発的分化」（朝岡，1980）という方法によるとみなされている．すなわち，歩行がかなり自由になった子どもが，多様に変化する環境に適応しながら，既得の運動（自由な歩行）を繰り返し実現する中で，偶然に新しい運動の仕方（支持のない局面への身体の投射）が発生することになる．

　図Ⅱ-3にみられた坂道歩行における偶然のリーピングの出現は，その事例とみられる．子どもは，偶然の興味ある結果を再現しようと反復する．その過程では，さまざまな動機づけ（自立や達成などの内発的，あるいは，激励や競争などの外発的）に基づく「自己学習」がなされ，その結果新しい運動（走運動）が獲得されるとみられる．図Ⅱ-1に示した被験児Tの歩行から走運動への移行は，「自発的分化」という方法による新しい運動の獲得とみてよいであろう．

　被験児Tのケースでは，その過程で歩と走における両脚の動作の時間的位相や歩幅に違いはなく，四肢の動作パターンにも違いが認められなかった．

　したがって，走運動の出現は接地時間の短縮とそれによる歩数の増大，接地における鉛直地面反力の増大によるわずかな非支持時間（0.04 sec）の出現によることが示唆された．

　このことに関連して，Clarkら（1989）は，走運動出現の制限因子は接地中の鉛直地面反力と姿勢システムであるとして次のように述べている．すなわち，非支持局面を生み出すには，身体を空中に置くだけの地面反力が必要になる．こうした地面反力を生み出す能力がないことが，走運動出現の制限因子となっているが，いったん鉛直地面反力が臨界値（およそ体重の2倍）までスケールアップされるようになれば，走運動が出現するとみている．また，姿勢システムが周囲を歩き回るのには十分であっても，走運動で新たな力が生じるとそれがストレスとなって，姿勢の維持ができなくなるであろう．

　最初の走運動が，歩行と質的に異なる動作パターンであるとすれば，姿勢システムは乱れるはずである．このような見方から，走運動パターンは歩行とは違う別のパターンの出現とはみなされない．むしろ，「走運動は，歩行と同様の四肢間の調節パターンを使っている間に生じる，出力のスケールアップによる」と推論している．本実験で得られた被験児Tの動作パターンや分析結果は，この推論の妥当性を示唆している．

　これまでの考察から，走運動は既得の運動（歩行）からの自発的分化とみられ，その過程に出力のスケールアップがあると推察される．しかし，その背景には筋量の増加，神経系の成熟，形態発育，変化する環境との対峙など，さまざまな要因が考えられ，それらの要因の関与や走運動出現のメカニズム

については，まだ不明な点が多い．

このようにして走運動を身につけた子どもは，興味ある新しい運動を反復しながら，しだいに走運動を定着させていくとみられる．しかし，もっとも初期の走運動は，Hurried walk（Gallahue, 1982），あるいはModified walk（Espenshade, 1967）とも表現されているようにきわめて未熟な段階にとどまっているとみられる．本研究の1歳児の走運動も，2歳児と比較して支持時間が長く，歩幅，歩幅／身長，非支持時間／支持時間が小さく，四肢の動作パターンもきわめて未熟であり，Wickstrom（1983）が指摘している初期の走動作の3つの特徴，すなわち，Slow pace, Short stride, Bouncing motionで説明されるものであった．

未熟な段階では，制御レベルを越えた出力があると姿勢は乱れ，図Ⅱ-6に示した被験児Rの転倒のようなケースが生じるとみられる．

こうした運動経験の繰り返しによって，しだいに随意運動としての走運動の自動化がなされ，2歳を過ぎる頃には最少限度の水準を満足し得る（転ばずに，まっすぐ走る程度の）走運動が定着するとみられる．

4）要　約

月齢17ヵ月の男児1名を被験者にして，歩行から走運動への移行過程における移動運動形態を6週間にわたって実験的に観察したところ，偶然に被験児Tのはじめての走動作をビデオカメラで記録することができた．歩行時と最初の走運動における速度，歩幅，歩数，支持時間，非支持時間，動作パターンなどを比較した結果，はじめての走運動の特徴は以下のようであった．

①最初の走運動の速度は1.51m/sであり，歩行時の1.38m/sより大きかった．
②歩幅，歩幅／身長は同じであったが，歩数が増大した．したがって，速度の違いは歩数の増大によるとみられた．
③最初の走運動では，支持時間は歩行時より短縮され，わずかな非支持時間（0.04秒）が出現した．
④歩行および最初の走運動において，両脚の動作の時間的位相や四肢の動作パターンに違いがみられなかった．

これらの結果から，走運動の出現は支持時間の短縮とそれによる歩数の増大，接地中の鉛直地面反力の増大によるわずかな非支持時間の出現によることが示唆された．したがって，ヒトの走運動の出現は図Ⅱ-7に示したように子どもが環境の変化に適応しながら自由に歩き回っている中で，偶然に発生する新しい運動（非支持局面への身体の投射），すなわち，既得の運動（歩行）からの自発的分化によると推察される．

この研究結果は，ヒトが基本運動を獲得するひとつの方法，すなわち，「自発的分化」という可能性を示唆するものとして意義があろう．

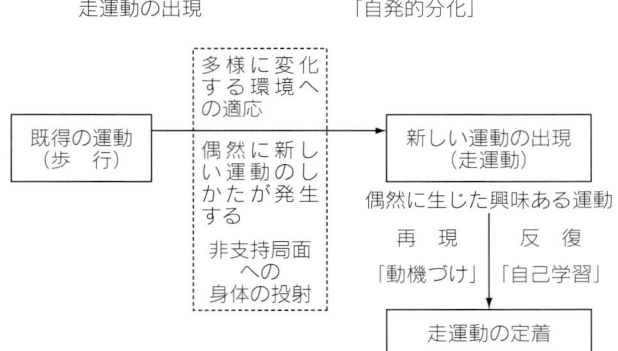

図Ⅱ-7 自発的分化による走運動の出現
　　　既得の運動（歩行）から偶然に新しい運動（走運動）が出現する

2. 歩行から走運動への移行

　乳幼児を対象とした移動運動の発達に関する研究において，独立歩行までの過程をとらえたものや走運動が出現してから後の発達過程をとらえたものはそれぞれ報告されている．しかし，歩行から走運動への移行過程における歩容の変化を詳細にとらえた研究は，実験上多くの困難をともなうため極めて少ない（クラークら，1993；宮丸ら，1996）．

　クラークらの報告は，1人の子ども（生後18ヵ月）の事例に関する考察にとどまっており，実験的に調べたものではない．また，宮丸らの報告は，実験的にとらえたものではあるが，1章-1のように偶発的に出現した17ヵ月児の1例に限られている．

　歩行と走運動は，少なくとも連続する2歩において「歩」が両足の支持局面を有するのに対して「走」には非支持局面があることで区別される．歩行から走運動への移行をとらえるには，走運動における非支持局面を確認しなければならないこと，さらには，いつ出現するか不明な走運動をとらえるには継続的に実験を実施しなければならないことに難しさがある．

　1章-2は，月齢が12〜18ヵ月の女児3名を対象に，歩行から走運動への移行過程を9ヵ月間にわたって実験的に記録し，移動運動形態（動作様式）の変容を詳細にとらえた結果をまとめたものである．

1）研究方法
（1）被験児

　被験児は，実験開始時において月齢が12〜18ヵ月までの健康な女児3名であった．3名の始歩期は，生後10〜13ヵ月であり，いずれも実験開始時まで走運動は出現していなかった．

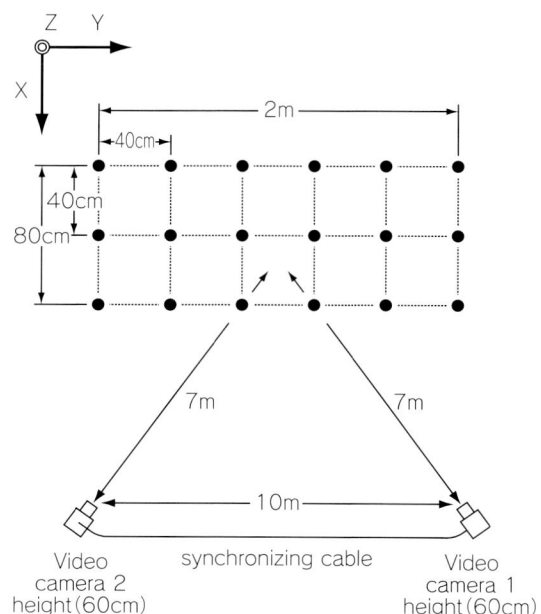

図Ⅱ-8　実験設定

（2）実験方法

　自由な外遊びの中で被験児の移動運動が撮影できるように，図Ⅱ-8のような撮影範囲を設け，2台のビデオカメラ（ナショナル；NV-X100）を設置した．カメラの撮影速度は毎秒60フィールド，露出時間は1/1000秒であった．実験に先立ち較正用ポールを用いて座標較正点90個を撮影した．さらに，2台のカメラを同期させるためにビデオ画像にLED光（電機計測販売社；PH-105）を写し込んだ．

　実験期間は1997年4月から1997年12月であった．実験頻度は被験児によって異なり，1週間から3週間の間隔で計12回から26回実施された．母親と一緒にグラウンドにきた被験児は，まず気ままに遊び回った．やがて機嫌良く動き出した頃を見計らって設定した走路へ誘導し，親や検者に走運動の出現を促されながら実験ごとに各被験児の移動運動が4～5試技記録された．これらの実験試技は，積極的に，しかも，喜々として行われた．

（3）分析試技と移動運動形態の類型化

　撮影された移動運動をモニター画面上で観察し，各足の接地，離地，支持局面および非支持局面の関係に着目して3名の被験児に共通してみられた5つの移動運動の動作様式（Pattern 1からPattern 5）に分類した．

　Pattern 1（歩行）は，始歩期から4～8ヵ月後の非支持局面出現直前の速歩（hurried walking）であった．

　Pattern 2（リーピング）は，優位脚（非支持局面の出現頻度の多い脚）の

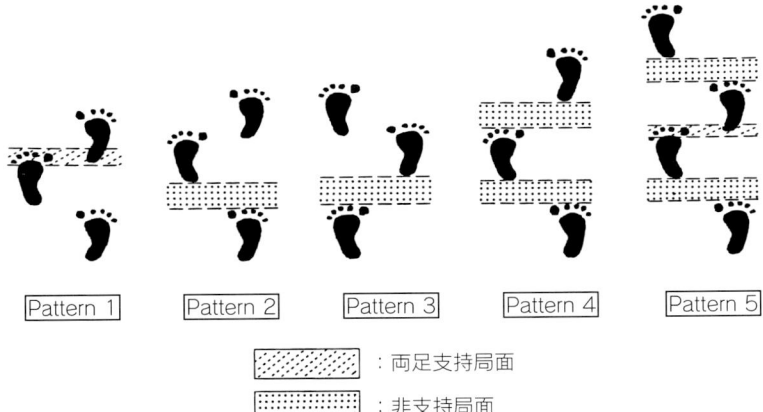

移動運動の形態	動作様式	動作の特徴
running	Pattern 4	連続した2歩以上の左右脚のキックによる非支持局面の出現.
leaping	Pattern 5	両足支持を挟んだPattern 2の脚のキックによるリープ.
leaping	Pattern 3	Pattern 2とは反対脚のキックによるリープ.
leaping	Pattern 2	非支持局面の出現頻度の多い脚のキックによるリープ.
walking	Pattern 1	始歩期から4〜8カ月後の非支持局面出現直前のhurried walking.

図Ⅱ-9　移動運動の形態と動作様式および動作の特徴

キックによるリーピングであった.

Pattern 3（リーピング）は，反対脚（Pattern 2と反対の脚）のキックによるリーピングであった.

Pattern 4（走運動）は，連続した2歩以上の左右脚のキックによる非支持局面がみられる走運動であった.

Pattern 5（リーピング）は，両脚支持局面を挟んだ優位脚のキックによるリーピングであり，走運動の出現前後に頻繁にみられるパターンであった.
図Ⅱ-9は，類型化した5つの動作様式の形態の特徴を示している.

（4）データ処理と分析項目

5つの類型化された各被験児の運動のビデオ画像から，身体計測点23点についてビデオ動作解析装置（電機計測販売社製；Frame-DIAS）を用いてデジタイズした．その後，DLT法（池上ら，1991）を用いて身体計測点の3次

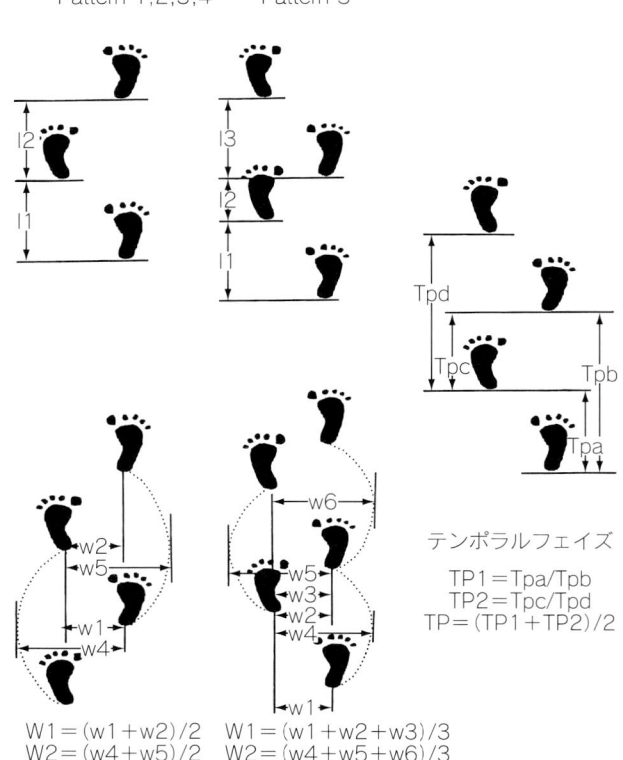

図Ⅱ-10 歩幅，歩隔（step width）およびテンポラルフェイズに関する分析項目

元座標値を算出した．

　分析によって，歩数，歩幅，歩隔（step width），支持時間，非支持時間，テンポラルフェイズ（両脚間の時間的位相：一方の脚の1周期の運動中のどの時点で他方の脚の1周期が開始されるかという時間的割合）を算出した．

　歩数は1歩に要したフィールド数を求め，1/60を乗じてその逆数とした．同様にして支持時間，非支持時間を求めた．歩幅，歩隔，速度は歩数と歩幅の積によって求めた．テンポラルフェーズの算出は，図Ⅱ-10に示した方法により算出した．歩幅（l1, l2, l3）および歩隔（W1, W2）はPattern 1～4とPattern 5に分けて求めた．テンポラルフェイズ（TP）は，TP1（優位脚の接地から次の接地までの1周期）とTP2（反対脚の接地から次の接地までの1周期）を求め，TP＝（TP1＋TP2)/2として算出した．歩幅，歩数，速度について優位脚と反対脚のキックによる1歩中の値を求めるとともに，Pattern 1～Pattern 4については2歩の，Pattern 5については3歩の平均値も算出した．

表Ⅱ-3　被験児の各動作様式の確認時期とそのときの身長および体重

sub.		歩き始め	Pattern 1	Pattern 2	Pattern 3	Pattern 4	Pattern 5
N	月齢	11カ月	19カ月9日	21カ月3日	24カ月16日	25カ月7日	24カ月23日
	身長(cm)		79.5	80.5	83.5	83.5	83.5
	体重(kg)		9.7	10.0	11.0	11.0	11.0
W	月齢	13カ月	18カ月1日	18カ月29日	18カ月9日	18カ月16日	19カ月9日
	身長(cm)		81.4	81.5	81.4	81.4	81.5
	体重(kg)		11.1	11.2	11.1	11.1	11.2
K	月齢	10カ月	14カ月25日	15カ月2日	16カ月20日	17カ月10日	17カ月22日
	身長(cm)		76.0	76.0	79.0	79.0	80.0
	体重(kg)		8.3	8.3	9.0	9.0	9.1

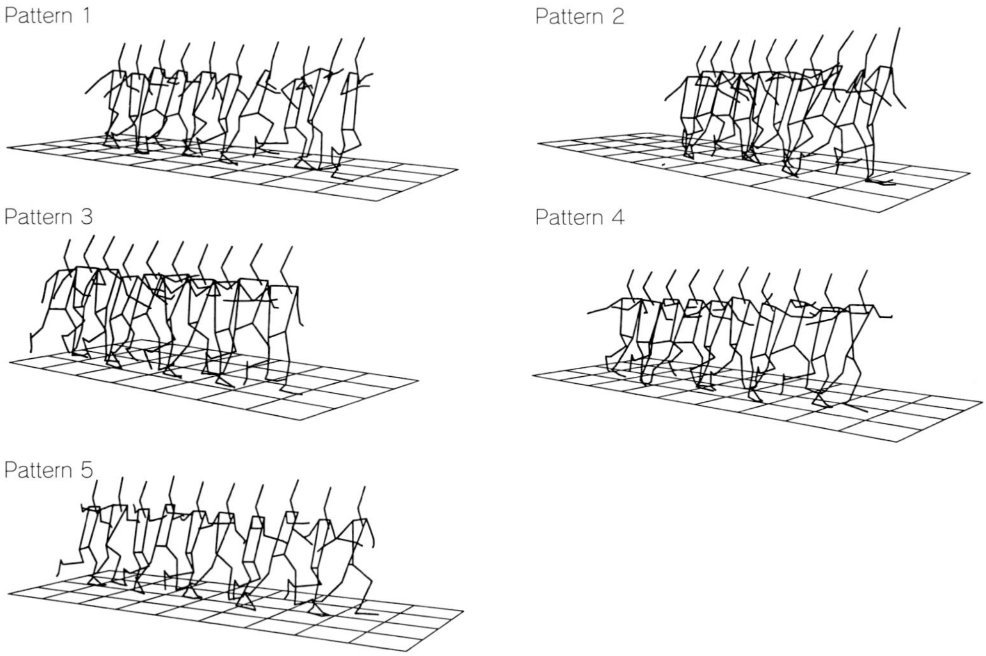

図Ⅱ-11　被験児Kの各動作様式におけるスティックピクチャー

2）結　果

（1）5つの動作様式の出現時期

表Ⅱ-3は，5つの動作様式の出現が確認された時期（月齢）とそのときの身長，体重を示している．図Ⅱ-11は被験児Kの5つの動作様式のスティックピクチャーであり，図Ⅱ-12はその動作を図示したものである．始歩期は生後10〜13ヵ月の間であり，被験児間で大きな違いはなかったが，走り始めの時期は被験児Kが17ヵ月10日，被験児Wが18ヵ月16日，被験児Nが

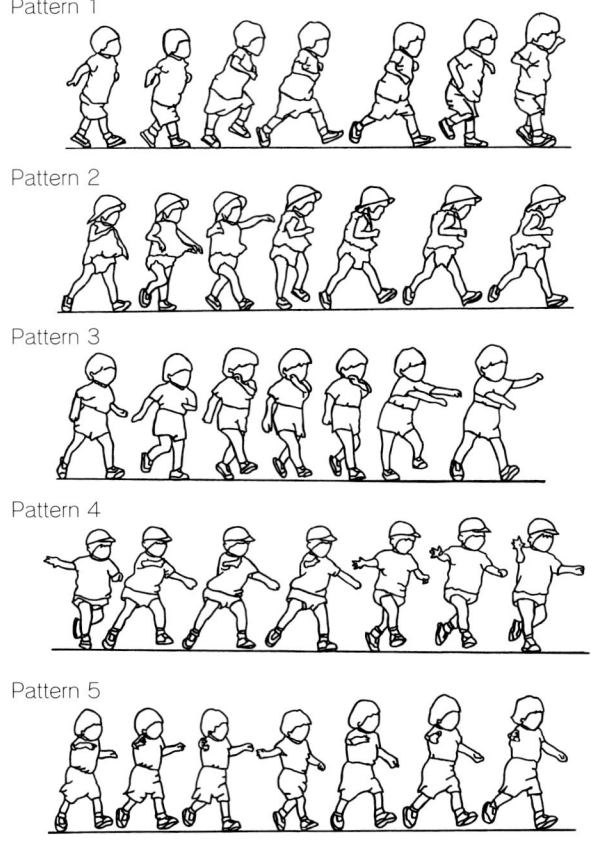

図Ⅱ-12 被験児Kの各動作様式

25ヵ月7日であり，走運動の出現時期には遅速がみられた．

歩行からリーピングを経て走運動へ移行する過程はすべての被験児に共通であった．しかし，5つの動作様式がPattern 1からPattern 5へ順に出現するわけではなかった．

(2) 5つの動作様式における速度，歩幅，歩幅の身長比，歩数

表Ⅱ-4は，各動作様式における速度，歩幅，歩幅の身長比，歩数を示している．表中の④の値はそれぞれの平均値である．平均速度はPattern 1から3にかけて増加傾向を示したが，Pattern 3と4には明確な違いはなかった．歩幅の平均とその身長比もPattern 1から3まではそれぞれ増加する傾向であったが，Pattern 3と4には大きな差はみられなかった．歩数の平均はPattern 2と3では4.09，4.10Hzであり，Pattern 1と4は4.27，4.24Hzであり，Pattern 1と4の方が大きな値であった．Pattern 5は速度，歩幅，その身長比，歩数ともにPattern 4に近い値であった．Pattern 1, 2, 4での速度，歩幅，その身

表Ⅱ-4 各動作様式における速度，歩幅，歩幅の身長比および歩数

		Pattern 1	Pattern 2	Pattern 3	Pattern 4	Pattern 5
速度 (m/s)	①	1.64±0.12	1.63±0.21	1.63±0.08	1.71±0.11	1.53±0.25
	②	1.43±0.25	1.56±0.17	1.72±0.12	1.61±0.23	1.96±0.18
	③					1.58±0.41
	④	1.53±0.17	1.60±0.12	1.68±0.04	1.66±0.15	1.69±0.27
歩幅 (cm)	①	38.8±6.4	43.1±3.8	39.8±0.8	39.8±2.7	37.0±3.7
	②	33.8±3.6	34.7±4.1	42.2±4.0	38.5±5.8	41.3±4.2
	③					40.2±9.2
	④	36.3±1.5	38.9±2.2	41.0±1.7	39.1±1.9	39.5±5.1
歩幅/身長 (%)	①	49.3±9.5	54.7±6.5	49.0±1.0	49.0±3.6	45.7±5.5
	②	42.7±4.0	43.7±5.9	52.0±5.6	47.3±7.6	51.0±6.2
	③					49.3±11.6
	④	46.0±2.8	49.2±4.6	50.5±2.6	48.2±3.4	48.7±7.2
歩数 (Hz)	①	4.32±0.98	3.68±0.13	4.10±0.17	4.30±0.31	4.11±0.31
	②	4.22±0.44	4.51±0.19	4.09±0.16	4.19±0.16	4.74±0.22
	③					3.92±0.14
	④	4.27±0.68	4.09±0.08	4.10±0.08	4.24±0.18	4.26±0.20

平均値±標準偏差
① : 優位脚の値
② : 反対脚の値
③ : 優位脚で3歩目の値（Pattern 5 のみ）
④ : Pattern 1 から Pattern 4 は①と②（2歩）の，Pattern 5 は①から③（3歩）の平均速度，平均歩幅，平均歩幅の身長比，平均歩数を意味する．

長比は，いずれも優位脚のキックによる値が反対脚のものより大きな値であったが，一方，Pattern 3 では反対脚の方が優位脚より大きな値を示した．
　また，Pattern 5 も Pattern 3 と同様に反対脚の方が優位脚より高い値を示した．
　優位脚と反対脚のキックによる1歩中の歩数をみると，Pattern 1，3，4 はいずれも優位脚の方が反対脚より大きな値であった．

(3) 5つの動作様式における支持時間，非支持時間，テンポラルフェイズ
　表Ⅱ-5は，各動作様式における支持時間，非支持時間を示している．優位脚における支持時間は Pattern 4 が0.211秒で最も短く，Pattern 2，3はそれぞれ0.250秒，0.244秒とやや長い値であった．反対脚における支持時間は Pattern 4 が0.217秒と最も短く，Pattern 1 が0.267秒で最も長い値であった．一方，非支持時間では優位脚，反対脚ともに Pattern 5 を除き0.022秒で同じであった．両足支持時間は Pattern 1 では0.033秒，Pattern 2 と3では0.011秒，Pattern 5 では0.006秒であった．
　表Ⅱ-6は，テンポラルフェイズの結果である．優位脚の接地から次の接地までの1周期を示すTP1の値は，最小が Pattern 4 の48.3％で最大が Pattern 2 の54.5％であった．一方，反対脚の接地から次の接地までの1周期を示す

表Ⅱ-5 各動作様式における支持時間および非支持時間

	Pattern 1	Pattern 2	Pattern 3	Pattern 4	Pattern 5
優位脚支持時間(s)	0.233±0.034	0.250±0.000	0.244±0.025	0.211±0.019	0.228±0.019
優位脚非支持時間(s)		0.022±0.009		0.022±0.009	0.017±0.000
反対脚支持時間(s)	0.267±0.044	0.239±0.010	0.233±0.017	0.217±0.017	0.217±0.017
反対脚非支持時間(s)			0.022±0.009	0.022±0.009	
両足支持時間(s)	0.033±0.017	0.011±0.010	0.011±0.010		0.006±0.010
優位脚*支持時間(s)					0.228±0.019
優位脚*非支持時間(s)					0.028±0.009

優位脚*：Pattern 5における3歩目のキック脚を指す．

表Ⅱ-6 各動作様式におけるテンポラルフェイズ

	Pattern 1	Pattern 2	Pattern 3	Pattern 4	Pattern 5
TP1(%)	50.2±3.9	54.5±2.6	50.6±2.0	48.3±0.2	53.6±1.7
TP2(%)	48.9±1.9	47.1±0.9	50.0±1.7	50.1±1.8	45.2±1.1
TP (%)	49.6±2.9	50.8±4.4	50.3±1.7	49.2±1.5	49.4±4.8

表Ⅱ-7 各動作様式における歩隔(step width)

	Pattern 1	Pattern 2	Pattern 3	Pattern 4	Pattern 5
W1(cm)	9.7±5.8	8.2±7.4	10.1±8.8	6.2±4.6	7.3±3.0
W2(cm)	15.0±1.1	14.9±1.7	18.3±4.0	13.8±2.7	12.8±2.0
W1/歩幅(%)	26.9±14.7	20.9±15.9	24.6±6.5	15.7±4.0	22.5±3.8
W1/身長(%)	12.4±6.8	10.5±8.2	12.4±3.0	7.6±2.1	10.8±0.4
W2/歩幅(%)	41.3±1.8	38.2±2.2	44.9±10.3	35.4±8.2	32.4±1.7
W2/身長(%)	19.0±1.3	18.9±2.9	22.5±4.3	17.0±3.5	15.7±2.8

TP2の値は，最小がPattern 5の45.2％で最大がPattern 4の50.1％であった．

TP1とTP2を平均化したTPは，パターン間で顕著な差はみられず49.2％から50.8％の間であった．

(4) 5つの動作様式における歩隔（step width）

表Ⅱ-7は歩隔の結果である．W1はPattern 3が10.1cmで最も大きく，Pattern 4が6.2cmで最も小さな値を示した．W2はPattern 3が最も大きく18.3cmで，Pattern 4が13.8cmで最も小さかった．W1の歩幅との比はPattern 1が最も大きく26.9％であり，Pattern 4が15.7％で最も小さい値であった．W1の身長比ではPattern 1と3が12.4％と最も大きく，Pattern 4が7.6％で最も小さい値であった．W2の歩幅との比や身長比は，それぞれPattern 3が最も大きく44.9％，22.5％で，反対にPattern 4が35.4％，17.0％で最も小さい値であった．また，Pattern 5の歩隔に関する値はいずれもPattern 4に近い値であった．

表Ⅱ-8 疾走中に転倒した事例(被験児K)の各動作様式における分析項目

分析項目		転倒	Pattern 1	Pattern 2	Pattern 3	Pattern 4	Pattern 5
速度(m/s)	①	2.07	1.67	1.86	1.71	1.81	1.74
	②	1.54	1.29	1.58	1.66	1.83	2.13
	③						1.76
	④	1.81	1.48	1.72	1.69	1.82	1.88
歩幅(cm)	①	55.2	44.6	46.0	39.8	39.3	40.6
	②	33.4	30.0	36.8	41.5	42.7	46.1
	③						44.1
	④	44.3	37.3	41.4	40.7	41.0	43.6
歩幅/身長(%)	①	69.8	58.7	60.5	50.4	49.7	50.8
	②	42.3	39.5	48.4	52.5	54.1	57.6
	③						55.1
	④	56.1	49.1	54.5	51.5	51.9	54.5
歩数(Hz)	①	3.75	3.75	3.75	4.29	4.61	4.29
	②	4.62	4.29	4.29	4.00	4.29	4.61
	③						4.00
	④	4.19	4.02	4.02	4.15	4.45	4.30
優位脚支持時間	(s)	0.183	0.267	0.250	0.250	0.200	0.217
優位脚非支持時間	(s)	0.083		0.017		0.017	0.017
反対脚支持時間	(s)	0.200	0.283	0.250	0.217	0.200	0.217
反対脚非支持時間	(s)	0.017			0.033	0.033	
両足支持時間	(s)		0.050	0.017	0.017		0.000
優位脚*支持時間	(s)						0.217
優位脚*非支持時間	(s)						0.033
TP1(%)		55.2	51.6	51.7	48.3	48.1	51.9
TP2(%)		44.8	46.7	46.7	51.7	51.9	46.4
TP(%)		50.0	49.2	49.2	50.0	50.0	49.2
W1(cm)		21.2	12.8	12.8	7.1	7.3	7.0
W2(cm)		22.3	15.1	16.9	14.0	13.8	14.9
W1/歩幅(%)		47.9	34.2	30.8	17.3	17.8	20.3
W1/身長(%)		26.8	16.8	16.8	8.9	9.2	11.1
W2/歩幅(%)		50.3	40.4	40.8	34.4	33.5	34.1
W2/身長(%)		28.2	19.8	22.2	17.7	17.4	18.6

①:優位脚の値
②:反対脚の値
③:優位脚で3歩目の値(Pattern 5のみ)
④:Pattern 1からPattern 4は①と②(2歩)の,Pattern 5は①から③(3歩)の平均走速度,平均歩幅,平均歩幅の身長比,平均歩数を意味する.
優位脚*:Pattern 5における3歩目のキック脚を指す.

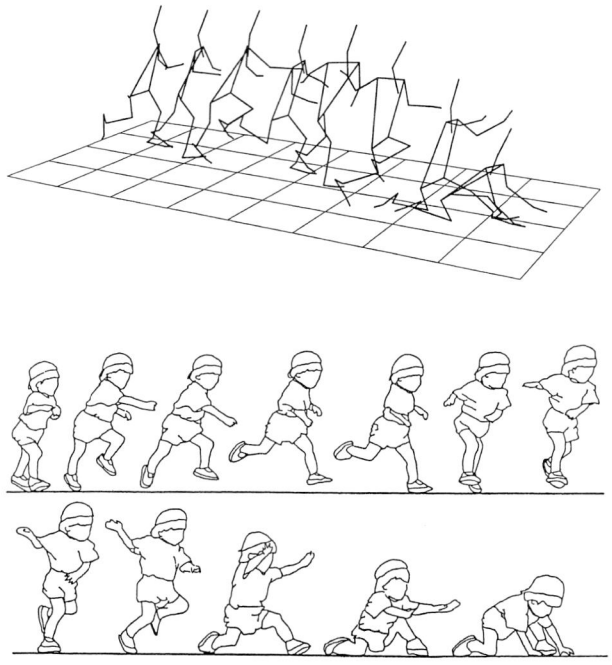

図Ⅱ-13 疾走中に転倒した事例（被験児K）

(5) 疾走中に転倒した事例（被験児K）の特徴

　表Ⅱ-8は，被験児Kが疾走中に転倒した事例を分析し，他の5つの動作様式の値と比較したものである．図Ⅱ-13は転倒した事例の動作を示している．
　転倒時の走速度は1.81m/sでPattern 4，5とほぼ同じであった．歩幅とその身長比はPattern 4，5に近い値であったが，歩数は小さいものであった．優位脚と反対脚の値を比較すると，走速度，歩幅は優位脚の方が顕著に大きく，歩数は反対脚の方がきわめて大きい値であった．転倒時のテンポラルフェイズTP1とTP2の差，および歩隔は，他の5つのPatternより明らかに大きかった．

3) 論　議

　本実験でとらえたPattern 1（歩行）は，歩き始めて4〜8ヵ月経過した時の速歩であり，両足支持時間が短く，速度は1.53m/sであった．この速歩は，実験において走運動を誘発させるための働きかけをされており，歩行初期や通常の歩行とは異なり走運動の出現間近のものとみられた．1章-1のように，宮丸ら（1996）は1人の事例についての6週間にわたる実験記録から，極めて初期の走動作を生後17ヵ月目に確認し，歩行から走運動への移行過程を次のように考察している．歩行の速度が1.38m/sに対して最初の走運動の速度は1.51m/sであったこと，したがって，歩幅やその身長比

は同じであったが歩数が増加したこと，速度の違いは歩数の増加によるものであったことを示した．また，支持時間の短縮と非支持時間の出現があったこともあげている．

　本研究の3名の最初の走運動は，それぞれ17ヵ月目，18ヵ月目，25ヵ月目であった．2名の出現時期は宮丸らの報告と同時期であったが，他の1名は遅れており，個体差があることが示された．

　3名の歩行と最初の走運動を比較すると，速度は1.53m/sから1.66m/sへ増加し，歩幅とその身長比も増加したが，歩数はほとんど変化しなかった．このことから，歩行から走運動への速度の増大は主に歩幅の増加によるものと考えられ，1章-1の結果と異なっていた．本研究では歩行から走運動への移行過程にリーピング（Pattern 2，3）がみられることを確認した．リーピングの平均速度は走運動の水準に近く，歩幅の平均やその身長比も走運動と同等以上の値を示した．一方，歩数は歩行や走運動より小さかった．宮丸らの報告でも坂道を下りる際にリーピングを捉えており，歩行から走運動への移行にはリーピングの生起が前提になると考察している．本研究では歩から走への移行過程で，平坦な走路でのリーピングの出現が確認された．また，Pattern 5のような，短い両足支持局面（0.006秒）を挟んだ優位脚のキックによるリーピングが，走運動の出現とほぼ同じ時期に確認された．こうした走運動に類似した動作様式がみられることはこの時期の特徴といえる．このようなリーピングを繰り返しながら，走運動が次第に安定してできるようになると考えられる．すなわち，歩行から走運動への移行においてリーピングは不可欠な動作様式といえる．

　初期のリーピングはいずれも常に同じ脚のキックによるものであった．また，歩行や走運動における速度，歩幅，歩数は，いずれも優位脚の方が反対脚より大きな値を示した．これらのことは，リーピングを出現させる得意なキック脚があることを意味し，すでにこの時期から側性がみられることを示唆している．

　マイネル（1981）は，この時期の子どもは強い運動衝動に基づき行為的に取り組む人的・物的環界との交流の中で，運動を学習していくと述べている．

　本実験の被験児らも，その運動衝動，運動欲求，内発的な動機づけに基づいて自分たちに興味ある運動を反復する中で，偶発的に経験する運動（リーピング）を再現しながら，新しい運動（走運動）を獲得したと考えられる．

　クラークら（1993）は，歩行と走運動のテンポラルフェイズは，ともに50％（一方の脚の運動が，他方の脚の運動に対して50％ずれた位相を持つ運動）であると述べている．しかし，Pattern 2のようなリーピングでは歩行や走運動と比べてTP1（54.5％）とTP2（47.1％）の差が大きく，ステップサイクルに違いがみられた．本来，リーピングは陸上競技のハードリングのような大きな跳び越えの動作であると考えれば，Pattern 2のようなテンポラルフェイズの割合はリーピングとして妥当であるかもしれない．しかし，被験児らのリーピングは無意識のうちに出現したものであることを考慮すれ

ば，そうした意図的なものと区別するべきであろう．したがって，歩行から走運動への移行にみられるリーピングは，初めて身体を空中に投射する非支持局面の出現であり，そのステップサイクルは一時的に不安定な状態にあると解釈できる．

　初期の歩行や走運動の特徴のひとつは，まだ不安定でまっすぐ移動できなかったり，歩隔が大きいことがあげられる．これは，脚の動きが身体の長軸まわりの回転運動をすることにより，足先が外輪になったり，膝が外転するなどの幼児特有の動作によると推察されている．歩行からリーピングを経て走運動を獲得するまでの歩隔をみると，W1やそのストライド比，身長比はいずれも減少傾向を示した．このことは接地中の支持基盤の減少を意味し，次第に安定した移動運動ができるようになることを示唆している．

　転倒した事例をみると，転倒2歩前の動作は非支持局面を有した走運動であった．しかも，この事例の1週間前の観察ではまだ走運動が確認されていなかった．したがって，この転倒の事例は初めての非支持局面の出現であり，最初の未熟な走運動とも考えられる．この転倒の原因は，優位脚と反対脚のキックによる歩幅や歩数が極端に異なることやTP1とTP2のアンバランスによると考えられた．転倒時の歩幅や歩数の左右差は，走運動のものより顕著に大きかった．また，左右のテンポラルフェイズの差も大きく，走運動のステップサイクルから著しく逸脱するものであった．こうした左右のアンバランスな移動形態を繰り返しながら自己のやり方に見合った動作を習得し，次第に転ばずにまっすぐ走ることが可能になると考えられる．

4）要　約

　月齢12～18ヵ月の女児3名を対象に，歩行から走運動への移行過程における移動運動を9ヵ月間にわたって継続的に記録し，その発達的特徴をとらえた．その結果は以下のように要約された．

　①歩行から走運動出現までの発達過程には，歩行，リーピング，走運動の3つの移動運動形態があり，さらに，その運動形態には4つの動作様式（Pattern 1，2，3，4）と走運動に類似したひとつの動作様式（Pattern 5）に分類できた．

　②移動運動形態の発達は，歩行からリーピングを経て走運動が出現する順序であった．

　③この時期のリーピングに優位脚があり，側性がみられることが示唆された．

　④走運動が出現する時期とほぼ同じ時期に，反対脚のキックによるリーピングや両足支持局面を挟んだリーピングが認められた．

　⑤走運動が可能となるのは，左右それぞれの1歩について，およそ歩幅の身長比が48％，歩数が4.10Hz以上となり，速度が1.60m/sを越えるようになる頃と推察された．また，左右のテンポラルフェイズの差が5％以下であることもその基準になると考えられた．

2章　基本的な走運動形態の獲得

　走運動は幼児期に著しい発達を遂げる．この時期の走運動発達の特徴は，6歳頃までに走運動がかなりの習熟位相に達し，基本的な走運動形態が定着することである．従来からこの時期の走運動の発達は，一定距離（25〜30m）の走タイムや疾走速度などのパフォーマンス（量的な成果）でとらえられることが多いが，この時期の特徴を考えれば年齢にともなう走動作そのものの習熟過程（質的な変容）として，走運動の発達をとらえることが必要となる．

　そこで，ここでは幼児期の走動作の発達（習熟過程）を，次のような4つの視点，すなわち，①側面からみた走動作の発達，②背面からみた走動作の発達，③走運動中の身体重心の軌跡からみた走動作の発達，④観察的評価による走動作の発達，によってとらえ，幼児期における基本的な走運動形態の習得のプロセスを明らかにするものである．

1. 側面から見た幼児期の走動作の発達

　走運動そのものは系統発生的に獲得される運動であり，身体的に欠陥のない限りヒトはだれでも特別の学習をすることもなく走運動を獲得する．しかし，水平移動速度を運動課題とする疾走の運動形態は，その後の成熟や学習を通して身につける個体発生的な獲得であると考えられる．子どもは，まず走運動に先だってコントロールのできる歩行を身につけており，2歳前後ではほとんどの子どもが最低水準を満足させるに足る走運動を獲得している（ゲゼル，1970；Wickstrom，1983；津守ら，1961）．2歳頃の走動作はきわめて未熟であり，その特徴はSlow pace，Short stride，Bouncing motion（Wickstrom，1983）とされているが，その後，年齢とともに走動作は急速に発達し，6歳頃には成人型にかなり近い走動作になることが報告されている（Espenschade，1967；辻野ら，1975；Wickstrom，1983）．

表Ⅱ-9　被験者の特徴

	2 year old	3 year old	4 year old	5 year old	6 year old
被験者数	6	18	20	15	10
平均年齢 (years-months)	2—8	3—6	4—6	5—6	6—4
身長(cm)	94.8	97.6	102.9	109.4	114.2
体重(kg)	13.9	14.6	15.8	17.7	19.2

Running form of a 2year 11month old boy.   Velocity, 1.55m/sec.

Running form of a 2year 5month old boy.   Velocity, 2.15m/sec.

Running form of a 2year 11month old boy.   Velocity, 3.02m/sec.

Running form of a 3year 10month old boy.   Velocity, 3.12m/sec.

Running form of a 3year 11month old boy.   Velocity, 3.46m/sec.

Running form of a 3year 7month old boy.   Velocity, 3.62m/sec.

Running form of a 4year 2month old boy.   Velocity, 3.46m/sec.

Running form of a 5year 8month old boy.   Velocity, 4.78m/sec.

図Ⅱ-14　幼児の疾走フォーム

表Ⅱ-10　25m走タイム，歩幅，疾走速度，歩数，支持時間，非支持時間，非支持時間/支持時間の年齢変化

年齢(year-month)	2.3-2.11	3.0-3.5	3.6-3.11	4.0-4.5	4.6-4.11	5.0-5.5	5.6-5.11	6.0-6.6
被験者数	6	8	10	10	10	7	8	10
25m走タイム(秒)	10.43 (1.77)	9.76 (1.56)	8.62 (1.27)	7.81 (0.82)	7.21 (0.70)	6.37 (0.32)	6.64 (0.74)	6.34 (0.41)
歩幅(cm)	57.41 (8.93)	63.63 (10.78)	76.60 (8.63)	82.50 (4.63)	89.70 (6.34)	92.71 (4.20)	97.37 (8.72)	103.60 (9.65)
走速度(m/sec)	2.47 (0.52)	2.70 (0.62)	3.19 (0.46)	3.57 (0.33)	3.76 (0.44)	4.24 (0.29)	3.97 (0.48)	4.27 (0.27)
歩数(歩/秒)	4.27 (0.37)	4.21 (0.32)	4.20 (0.47)	4.34 (0.37)	4.18 (0.46)	4.58 (0.15)	4.11 (0.21)	4.18 (0.31)
支持時間(T-1)(sec)	0.173 (0.030)	0.165 (0.021)	0.156 (0.029)	0.143 (0.013)	0.141 (0.022)	0.124 (0.011)	0.144 (0.022)	0.135 (0.029)
非支持時間(T-2)(sec)	0.065 (0.011)	0.075 (0.011)	0.086 (0.009)	0.096 (0.012)	0.105 (0.018)	0.101 (0.012)	0.110 (0.012)	0.109 (0.018)
T-2/T-1	0.370 (0.077)	0.461 (0.084)	0.576 (0.154)	0.672 (0.074)	0.763 (0.173)	0.824 (0.110)	0.791 (0.182)	0.810 (0.139)

（　）の中の数値は標準偏差

　2章-1は，2〜6歳の男児69名を被験者として実験的に25m疾走を行わせ，それらの疾走動作の分析によって側方からみた幼児の走動作の発達過程を明らかにしたものである．

1）研究方法

　幼児体育教室に参加している2〜6歳の健康な男児69名を被験者として用いた．被験者の身体特徴は表Ⅱ-9のとおりであった．これらの被験者に25mの全力疾走を実験的に行わせ，中間地点（10〜15mの区間）での走動作を側面から16mmシネ・カメラ（Bolex H16RX. 64.f.p.s.）で撮影した．
　カメラには2現像同時撮影装置を用いて電子ストップウォッチの文字放電管による1/100秒単位の時間をフィルムの各コマに映し込んだ．フィルムの分析には，Dynamic Frame（Nac）およびFilm Reader（Recordak）を用いた．

2）結果と考察

（1）25m疾走タイム，疾走速度

　図Ⅱ-14は，フィルム分析から作図された幼児の代表的な疾走動作の事例であり，上段の2歳児の走動作から最下段の5歳8ヵ月児の動作まで，年齢にともなう疾走動作の発達を示している．
　表Ⅱ-10は，フィルム分析から算出された25m走タイム，疾走速度，歩幅，歩数，支持時間（T-1），非支持時間（T-2），跳躍比（T-2/T-1）の年齢別の平均値と標準偏差を示している．
　25m疾走のタイムは，年齢とともに短縮しており，2歳児の平均10.43秒

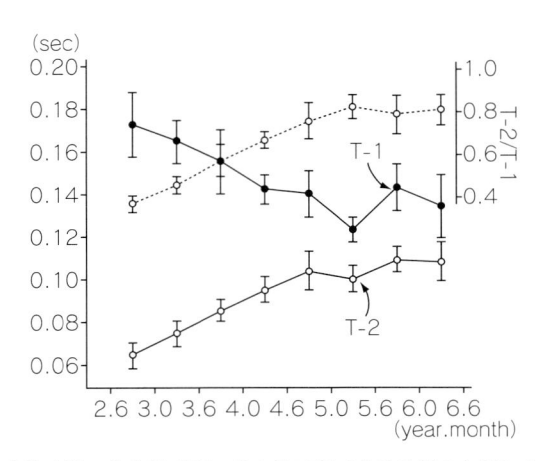

34   Ⅱ　成長にともなう疾走能力の発達

図Ⅱ-15　支持時間，非支持時間，非支持時間／支持時間の年齢にともなう変化

表Ⅱ-11　幼児と成人トップランナーの歩幅，歩幅／身長，歩数の比較

年齢（月）	2 (3-11)	3 (0-5)	3 (6-11)	4 (0-5)	4 (6-11)	5 (0-5)	5 (6-11)	6 (0-6)	世界一流選手*
歩幅 (cm) (%)	57.4 (25.9)	63.6 (28.7)	76.6 (34.5)	82.5 (37.2)	89.7 (40.4)	92.7 (41.8)	97.4 (43.9)	103.6 (46.7)	221.9 (100)
歩数 (歩／秒) (%)	4.27 (83.6)	4.21 (82.4)	4.20 (82.2)	4.34 (84.9)	4.18 (81.8)	4.58 (89.6)	4.11 (80.4)	4.18 (81.8)	5.11 (100)
身長 (cm) 歩幅／身長 (%)	94.8 (60.6)	95.5 (66.6)	99.6 (76.9)	102.8 (80.2)	102.9 (87.2)	106.8 (86.8)	111.7 (87.2)	114.2 (90.7)	179.8 (123.4)

*Iwanov (1969)

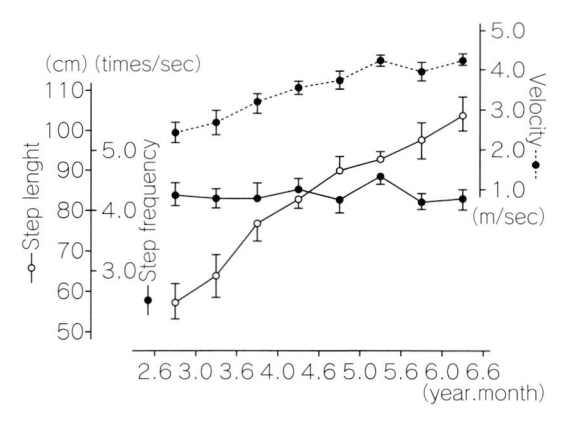

図Ⅱ-16　疾走速度，歩幅，歩数の年齢にともなう変化

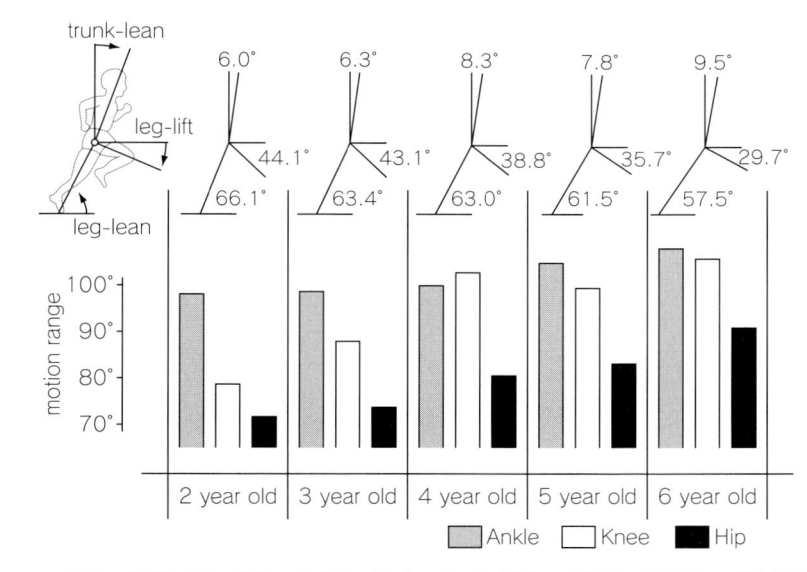

図Ⅱ-17　上体の前傾，脚の前傾，ももあげ角度および足関節，膝関足，股関節の動作範囲の比較

から，6歳児の平均6.34秒まで疾走能力は顕著に向上した．

一方，分析から算出された中間地点での最高疾走速度も，2歳児の平均2.47m/secから，6歳児の4.27m/secまで経年的に著しく増大した．

(2) 跳躍比，歩幅，歩数

支持時間，非支持時間，および跳躍比（非支持時間／支持時間）の年齢にともなう変化は図Ⅱ-15のとおりであった．加齢につれて支持時間は短縮し，非支持時間は逆に増大していた．したがって，両者の比である跳躍比は経年的に増大する結果となった．跳躍比は，一般に緩走より疾走の場合にその値は大きく，疾走動作を評価するひとつの指標と考えられるので，その経年的増大はこの間の疾走能力の発達を示唆している．

疾走速度の経年的増大を，歩幅と歩数との関連でみると，表Ⅱ-11および図Ⅱ-16のような結果であった．歩幅の経年的増大は顕著であり，2歳児の平均57.4cmから6歳児の平均103.6cmへと顕著に増大した．

歩幅の増大には，身長の増大の影響が考えられるので，歩幅を身長との比（歩幅／身長×100）としてとらえても，年齢が増すにつれて確実に増大する結果となった．すなわち，2歳児の歩幅は身長の60％位でしかないが，6歳児では身長の90％を越えるものであった．

一方，歩数については，2～3歳ですでに4.2～4.3歩／秒であり，疾走におけるステッピングの敏捷さは，すでに成人と変わらぬ高いレベルであることが明らかになった．これらの幼児の歩幅と歩数を，世界のトップ・スプリンター10人の全力疾走中の歩数と歩幅の平均値（5.11歩／秒，221.9cm：

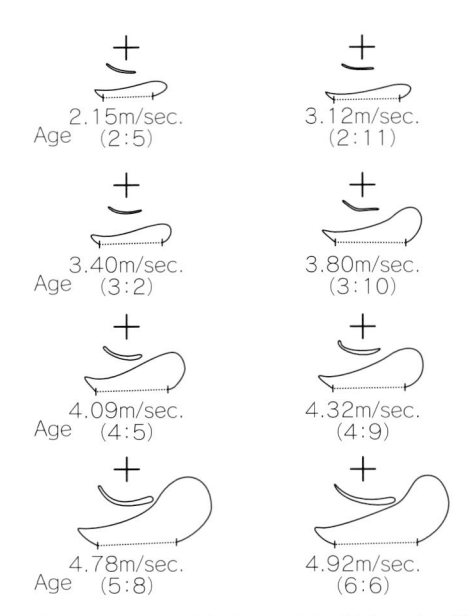

図Ⅱ-18　幼児の走運動における膝と足先の動き（大転子点を基点とした軌跡）

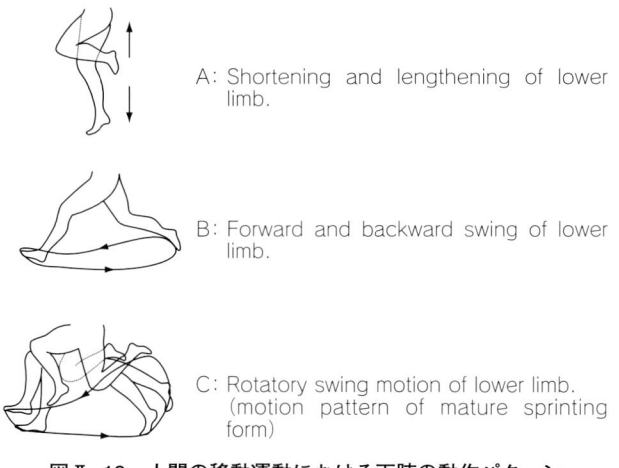

A: Shortening and lengthening of lower limb.

B: Forward and backward swing of lower limb.

C: Rotatory swing motion of lower limb. (motion pattern of mature sprinting form)

図Ⅱ-19　人間の移動運動における下肢の動作パターン

Iwanov, 1969）を100とした時の比で示してみると表Ⅱ-11のようになった．

　幼児の歩幅はトップ・スプリンターの値の25.9〜46.7％の範囲において経年的に増大しているが，歩数では2〜6歳までですでにトップ・ランナーの80％以上の高いレベルにあり，加齢にともなう変化はないことが確かめられた．

　疾走中の脚の敏捷な反復切り換えの能力は，小脳や脳幹系の働きによるも

ので幼児期に発達するといわれているが，今回の結果は2歳からすでに発達していることを示しており，幼児の運動能力の顕著な一面といえる．このような結果からみると，2～6歳の疾走速度の増大は，歩数によるものではなく，歩幅の経年的増大に起因するものであることが判明した．

このことは，幼児期の疾走動作の発達が年齢とともに歩幅を増大させるような動きの変化として発現されることを示唆している．

(3) 上体と脚の前傾，大腿の引きあげ，下肢関節の運動範囲

疾走動作の分析から，疾走中の上体の最大前傾角度，踏切時のキック脚の最大前傾角度，回復期後半の大腿の最大引きあげ角度，および疾走動作中の下肢の各関節の運動範囲を算出し，それらの年齢別の変化を示したのが図Ⅱ-17である．

上体の前傾とキック時の脚の前傾は経年的に深くなった．また，回復局面の後半での大腿の引きあげ角度は経年的に減少した．すなわち，回復局面の後半で年齢とともに大腿がより高く引き上げられるようになった．疾走動作中の足関節・膝関節・腰関節の運動範囲は，加齢につれて増大する結果であった．これらの結果は，疾走中の脚の動作が初期には下肢関節の運動範囲が小さいが，加齢につれて下肢の各関節のモーションが増大し，上体の前傾やキック脚の前傾が深まり，支持のない空間局面へ向かって身体をより前方へ運び出せるように疾走動作が変容していくことを示している．

(4) 疾走動作における足先と膝の軌跡

フィルムの分析から，疾走1サイクル中の脚の動作を，大転子点を中心とした足先と膝の軌跡としてとらえた．その代表的な事例は図Ⅱ-18のようであった．膝と足先の軌跡にみられる水平変位・垂直変位は，ともに経年的に増大していることが明らかであった．

図Ⅱ-19は，人間の歩行や走運動などのロコモーションで用いられる典型的な脚の動作パターンを示している．Aは脚の屈曲・伸展パターン，Bは脚の前後方向への振動パターン，Cは，AとBが組合された脚の回転・振動パターンである．これら3つの脚動作パターンとの関連から，幼児の疾走動作における脚の動作の年齢変化をみてみると，年少の幼児では脚の各関節の屈曲・伸展の動作が少なく，脚の長さ，つまりテコの長さをあまり変化させないで行う前後方向への振動タイプであった．しかし，年齢が増すにつれてしだいに脚の屈曲・伸展と振幅が大きくなり，脚そのものの動作がより大きな回転振動タイプへと変化していくことが明らかになった．

このような脚の動作の経年的変化は，幼児期の疾走動作の発達の特徴のひとつである．

(5) 腕の動作

幼児の疾走中の腕の動作にはさまざまのタイプがみられた．そこで，類型化を試みた結果，次のような典型的な5タイプがあげられた．

A-type：上肢のスウィング動作がほとんどみられないタイプで，腕を振るというよりは，脚の動作によって腰がひねられ，その結果として上肢が

	2year old	3year old	4year old	5year old	6year old
腕振りの角度	41.2°	69.6°	75.9°	80.6°	89.9°
肘の角度	123.8°	114.4°	105.4°	99.5°	86.9°
腕の動作タイプ					
A 	○○○	○○○	○		
	(50.0)	(16.7)	(5.0)		
B 	○○○	○ ○	○	○	
	(50.0)	(11.1)	(5.0)	(6.7)	
C 		○○○○ ○○○○	○○○○ ○○○○	○○○	○○○
		(44.4)	(40.0)	(20.0)	(30.0)
D 		○○○○	○○○ ○	○○○ ○○○	○○○
		(22.2)	(25.0)	(40.0)	(30.0)
E 		○	○○○ ○ ○	○○○ ○ ○	○○○○
		(5.6)	(25.0)	(33.3)	(40.0)
	6(100%)	18(100%)	20(100%)	15(100%)	10(100%)

( ) の中の数字は腕の動作タイプの割合（%）を示す．

図Ⅱ-20 幼児の走運動における腕の動作の角度分析と動作パターン分類の結果

わずかに動かされる程度で，腕の積極的役割はみられない．
　B-type：肘がわずかに屈曲された状態で，消極的な前後方向へのスウィングがなされるタイプ．これは，屈曲の少ない脚の振動動作と見合ったもので，下肢の動きに対してバランスをとっているとみることができる．
　C-type：前方へのスウィングでは肘が屈曲し，身体の中心線を越えて「ひっかくような動作」（hock motion）をし，後方へのスウィングでは肘が伸びて外側へ振り出される（outward loop）タイプ．これは，脚の動作が身体の長軸まわりに回転するのに対応して現れる腕の動作とみられる．
　D-type：前方スウィングでは，hock motionがみられるが，後方スウィングでは肘が曲がりよくまとめられるタイプ．しかし，スウィング動作そのものはまだ小さい．

E-type：肘の屈曲が十分保持され，前方・後方ともに大きな振幅でスウィングがなされるタイプで，走運動の基本形態の習熟型とみられる．

　そこで，幼児の腕の動作を上記の5タイプに分類し，年齢別にその割合を示すと図Ⅱ-20のようであった．また，腕振りでの肩関節を中心とした上腕の振動の範囲は，加齢につれて増大し，腕振りにおける肘の屈曲角度はしだいに減少する傾向がみられた．

　2歳児の腕振りは，AとBタイプのみで，歩行の場合と同じように肘が伸び，振幅の小さいスウィング動作であった．やがて3～4歳児ではCタイプが多くなった．さらに，5～6歳児では肘を曲げたモーションの大きいスウィングとなり，大部分がD・Eタイプであった．

　このことは，幼児の腕の動作がしだいに脚の動作と同調されて，歩幅や跳躍比などを増大させるようなパターンへと変化していくことを示唆している．

3) 要　約

　2歳から6歳の男児を被験者として，25m疾走を実験的に行わせ，その疾走動作を16mmシネ・カメラでとらえて分析した結果，年齢にともなう25m疾走タイムや疾走速度の向上につれて，幼児の疾走動作は次のような発達的な変容をすることが明らかになった．

　①疾走中の歩数は，2～3歳児で4.2～4.3歩／秒であり，ステッピングの敏捷さはすでに成人と変わらぬ高いレベルにまで発達しており，6歳児まで年齢にともなう変化はみられなかった．

　②疾走中の歩幅は年少者では小さく，2歳児では平均57cmで身長の60％程度でしかないが，6歳児では平均103cmで身長の90％くらいであり，年齢とともに著しく増大した．

　③したがって，2～6歳までの疾走速度の著しい増大は，その間の歩幅の経年的増大に起因しているといえる．

　④加齢につれて疾走中の支持時間は減少し，非支持時間は増大した．したがって，跳躍比（非支持時間／支持時間）は経年的に増大した．

　⑤疾走中の上体の前傾，踏切時の支持脚の前傾は加齢につれて深くなり，回復期後半での大腿の引きあげも年齢とともに高くなった．

　⑥疾走動作中の足関節・膝関節・腰関節の動きは，加齢につれて屈曲・伸展が増大し，その運動範囲が経年的に増大した．

　⑦足先と膝の軌跡から脚の動作をとらえると，初期には歩行の延長として脚の長さをあまり変えない振動型であるが，年齢とともに水平変位，垂直変位が増大して回転振動型へと変容した．

　⑧疾走中の腕の動作は，初期には小さく未熟な動きであるが，年齢が増すにつれて肩関節での振動範囲は増大し，肘の屈曲も大きくなって，有効なスウィング動作へと変容した．

2. 背面から見た幼児の走動作の発達

　　　　走りはじめの走動作はきわめて未熟であり，歩幅（Step length）が短く歩隔（Step Width）が大きいこと，脚や腕の動作は限られていてぎこちなく不安定なことが特徴とされている．その後，成熟と学習によって子どもの走動作は6歳頃までに著しく発達することが多くの報告によって明らかにされている．しかし，こうした多くの研究はいずれも子どもの走動作を側面から撮影し，分析したものである．

　　　　2章-2は，子どもの走動作を後方から撮影し，背面からみた幼児の走動作の特徴とその発達過程を考察するものである．

　　　　走運動を獲得したばかりの段階では，バランスの保持が不十分なためまっすぐに走れなかったり，接地足の左右方向の隔たり（歩隔：Step width）が大きかったりするが，年齢にともなって歩幅が増大し，歩隔が小さくなり，走運動が安定することが推察される．しかし，幼児の走運動中の歩隔に関する報告は見あたらない．

　　　　したがって，走運動を後方から撮影して背面からみた疾走動作の特徴や発達過程をとらえるとともに，歩隔を分析して歩幅との関連から歩隔の年齢変化を明らかにすることが必要であろう．

　　　　Wickstrom（1983）は，もっとも初期段階の走運動パターンは，脚や腕を身体の長軸まわりで大きく回す運動に特徴づけられるので，こうした回転運動を効果的にとらえるために，走者の前面あるいは背面から走動作を観察する必要性を指摘するとともに，背面や前面からとらえた子どもの初期の走動作について3つの特徴をあげている．それによれば，①回復脚を前方に運ぶ局面において膝が外側に振り出され，まわして前方へ運ぶこと，②この膝の動作にともなって，足先が外輪になること，③こうした脚の動作に対応して，腕は後方で伸ばされ，大きく外側に振り出され，前方では手が上体の中心線をクロスしてひっかくような動作（hook motion）をすることであり，これらの動作が年齢とともに次第に少なくなると考察している．しかし，Wickstromの報告は，子どもの前面と背面からみた走動作の例をもとにその特徴を観察的にとらえたものであり，実験的に確かめたものではない．したがって，上述したような特徴がいつ頃から，どの程度みられ，年齢にともなってどのように変容するかは不明である．

　　　　2章-2は，幼児の走動作を側面と背面から撮影し，歩幅と歩隔の年齢変化をとらえるとともに，背面からみた走運動中の腕と脚の動きの年齢にともなう変容についてまとめたものである．

1）研究方法
（1）被験児

　　　　対象とした被験児は，表Ⅱ-12に示したような身体的特徴を持つ1～5歳

表Ⅱ-12 被験者の身体的特徴

年齢		被験者数	平均年齢(月齢)	平均身長(cm)	平均体重(kg)
1歳児	男子	5	22.0	77.0	10.4
	女子	0	—	—	—
2歳児	男子	8	31.2	85.2	13.2
	女子	2	29.5	84.6	12.6
3歳児	男子	22	41.5	91.6	15.2
	女子	5	42.0	90.7	14.8
4歳児	男子	25	54.3	97.5	16.8
	女子	7	55.7	96.8	16.2
5歳児	男子	31	66.7	102.9	18.9
	女子	2	65.8	101.8	18.0

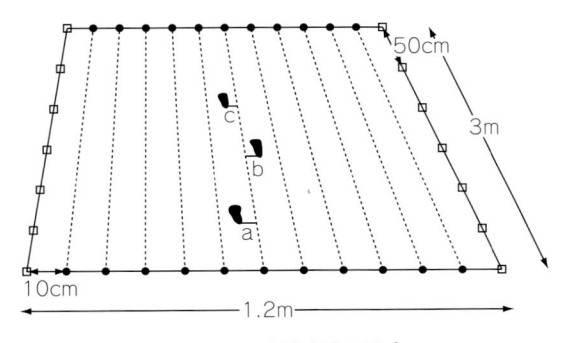

図Ⅱ-21 実験走路の設定

までの保育園児107名（男子91名，女子16名）であった．実験時の保育園の諸事情から，各年齢における女子の被験者数が顕著に少なかった．そのために女子の経年的変化がとらえ難いこと，また，これまでの報告からみてこの年齢での走動作に顕著な性差が認められないことから，本研究の結果については同年齢の男子と女子をいっしょに扱い，年齢にともなう変化をとらえることにした．

(2) 実験方法

全被験者に25m全力疾走を行わせ，2台のビデオカメラ（ナショナルAG-350）を用いて疾走フォームを左側面と背面から撮影した．スタートから15〜18mを主な撮影区間とし，歩幅や歩隔の算出と疾走中の脚や腕の動作の特徴を観察するため，図Ⅱ-21のように撮影区間の走路の両側に50cm間隔に距離マークを置き，幅1.2mの走路に10cm間隔で白色のヒモを進行方向と平行に設置してスケールとした．側方のカメラは撮影区間の中心から30mの地点から，後方のカメラはスタートラインの後方5mの地点から，いずれも毎秒60フィールドで撮影した．

(3) 分析項目

側方から撮影した画像の分析から各被験者の2歩の平均歩幅を，後方から

42　Ⅱ　成長にともなう疾走能力の発達

図Ⅱ-22　足先の動きの3類型
Type-A：両方の足先が外輪になる
Type-B：一方の足先が外輪，他方はまっすぐ
Type-C：両方の足先がまっすぐ

図Ⅱ-23　膝の動きの4類型
Type-D：両方の膝が内転する
Type-E：両方の膝が外転する
Type-F：一方の膝が外転し，他方はまっすぐ
Type-G：両方の膝がまっすぐ

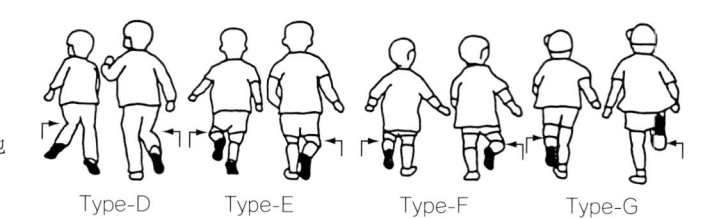

図Ⅱ-24　腕の動きの4類型
Type-H：両腕ともほとんど動かさない
Type-I：両腕とも後方で外側に伸ばす
Type-J：一方の腕は後方で外側に伸ばし，他方の腕は肘を曲げている
Type-K：両腕とも後方で肘を曲げている

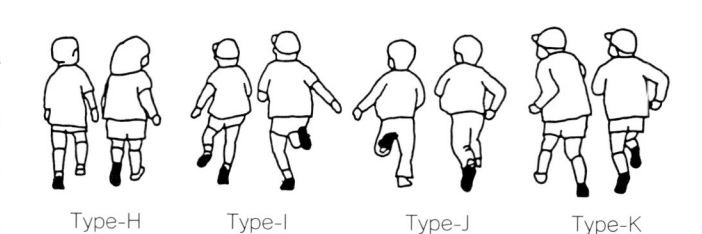

　撮影した画像の分析から2つの歩隔の平均値を算出した．歩隔については，図Ⅱ-21のように接地足の踵の中点から基準となるラインまでの左右方向の隔たり（図中のa，b，c；足跡が反対側にクロスした場合は負の値）を実長に換算し，平均歩隔＝（a＋2b＋c）／2の式によって算出した．また，歩隔と歩幅の比，歩隔と身長の比も算出した．
　年少児の走動作では，腕や脚が身体の長軸まわりの回転運動をすることが知られている（Wickstrom, 1983）．それらの動きの特徴をとらえるために，背面からみた走動作の①回復期の足先の動き，②回復期の膝の動き，③後方への腕の動きについて動作カテゴリーに依拠して特徴あるパターンに類型化した．全被験者の背面から撮影した画像を観察的に評価し，足先，膝，腕の動きについてそれぞれのタイプに分類し，それらの年齢的な変化をとらえた．
　3つの動作についての類型は，以下のようであり，それぞれの典型的な動作パターンは図Ⅱ-22，図Ⅱ-23，図Ⅱ-24のようであった．
　a．回復期の足先の動き（図Ⅱ-22参照）
　　Type-A：両方の足がともに外輪になる
　　Type-B：一方の足が外輪になり，他方はまっすぐに運ぶ
　　Type-C：両方の足をともにまっすぐに運ぶ

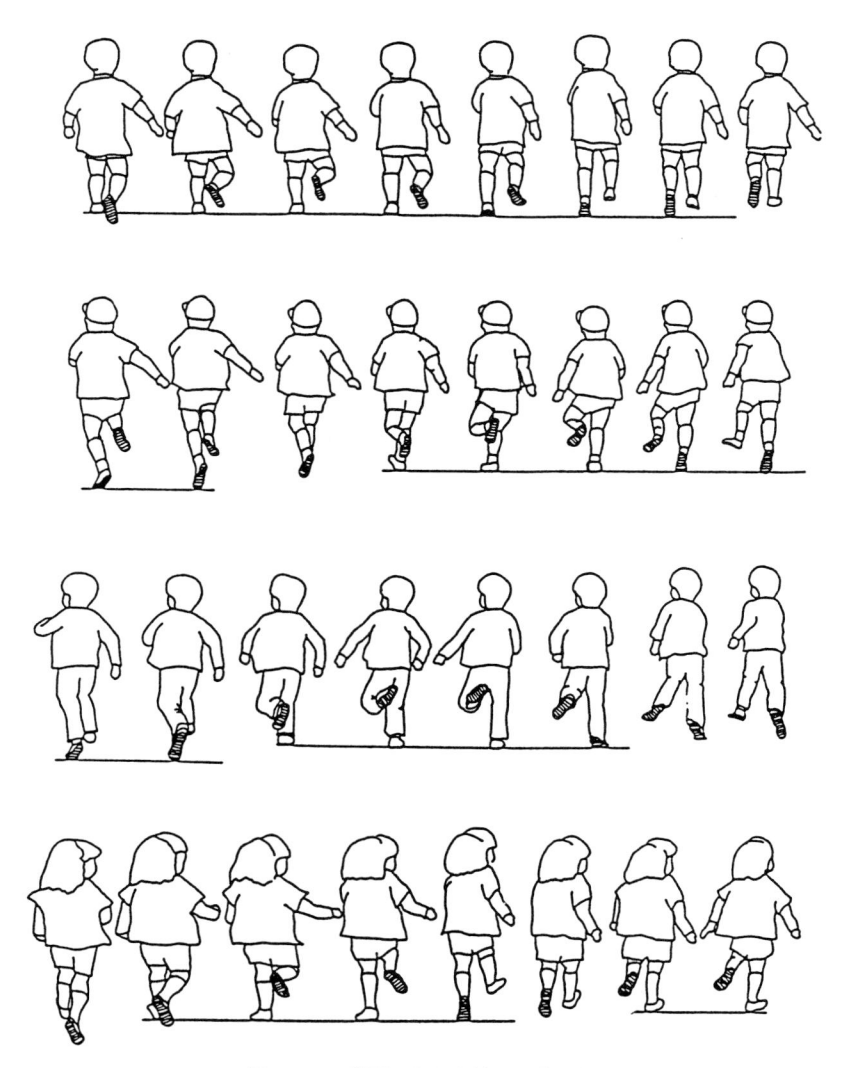

図Ⅱ-25 背面からみた幼児の走動作

b. 回復期の膝の動き（図Ⅱ-23参照）
　Type-D：両方の膝が内転する
　Type-E：両方の膝が外転する
　Type-F：一方の膝が外転し，他方はまっすぐに運ぶ
　Type-G：両方の膝をともにまっすぐに運ぶ
c. 後方への腕の動き（図Ⅱ-24参照）
　Type-H：両腕ともにほとんど動かされない
　Type-I：両腕とも後方で外側に伸ばして振る

Type-J：一方の腕を後方で外側に伸ばし，他方の腕は肘を曲げて振る
Type-K：両腕ともに肘を曲げて振る

2）結果と考察
(1) 背面からみた幼児の走動作
図Ⅱ-25は，背面からとらえた幼児の走動作の典型例を示している．

表Ⅱ-13　25m走タイム，歩幅(Step length)，歩隔(Step width)，歩隔／歩幅，歩隔／身長の年齢別平均値

年齢	被験者数	身長(cm)	25m走タイム(秒)	歩幅(cm)	歩隔(cm)	歩隔／歩幅(%)	歩隔／身長(%)
1歳男子	5 〔0〕	76.3 (3.8)	12.43 (2.03)	42.3 (8.7)	8.14 (2.53)	19.24	10.67
2歳男子	10 〔2〕	84.0 (4.2)	10.56 (1.86)	57.0 (8.9)	6.82 (3.37)	11.96	8.12
3歳男子	27 〔5〕	90.6 (4.7)	8.23 (1.27)	70.1 (9.1)	6.22 (4.18)	8.87	6.87
4歳男子	32 〔7〕	96.5 (4.0)	7.52 (0.82)	86.1 (5.8)	5.51 (3.35)	6.39	5.71
5歳男子	33 〔2〕	102.2 (4.7)	6.56 (0.54)	97.9 (6.4)	5.37 (4.38)	5.48	5.25

〔　〕の中の数字は各年齢の被験者数のうちの女子の人数を，(　)の中の数字は標準偏差を示す．

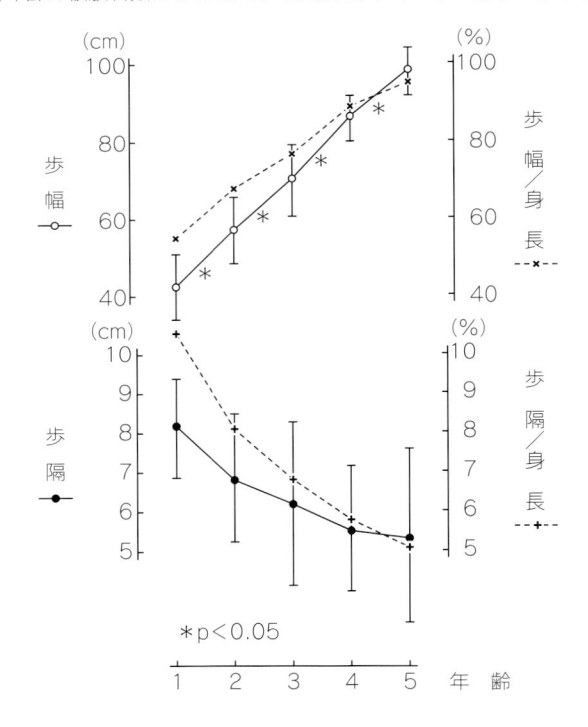

図Ⅱ-26　歩幅，歩幅／身長，歩隔，歩隔／身長の年齢変化

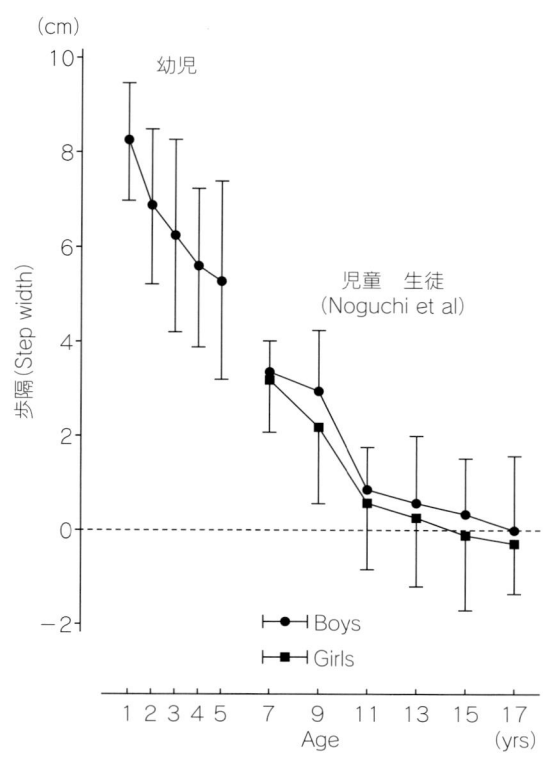

図Ⅱ-27 年齢にともなう歩隔の変化
（7～17歳の値は野口らの報告による）

　幼児の走運動パターンはさまざまであるが，共通する特徴は腕や脚の動きに身体の長軸まわりの回転運動がみられることである．一般に年少の幼児では，機嫌が良くはしゃぎながら走る時ほど，また，速く走ろうと頑張る時ほど，こうした動きが誇張されるようである．この図に示された事例においても，腕が後方で外側に振られたり，足先が外輪になったり，膝が外転するなど，幼児特有の走動作がとらえられる．これらの動作の年齢にともなう変化について考察した．

(2) 25m走のタイム，歩幅，歩隔

　25m走のタイム，歩幅，歩隔，歩隔／歩幅，歩隔／身長の年齢別平均値は**表Ⅱ-13**のようであった．25m走のタイムは，1歳児の平均12.43秒から5歳児の平均6.56秒まで年齢とともに顕著に短縮した．

　歩幅と歩隔，およびそれぞれの身長比の経年的変化は**図Ⅱ-26**のようであった．幼児の疾走中の歩幅は年齢とともに著しく増大し，この歩幅の増大が疾走速度の経年的増大の要因である．本研究の結果もこれまでの報告とほぼ同様に，歩幅および歩幅／身長は年齢とともに顕著に増大し，各年齢間の増大は統計的に有意（$p<0.05$）であった．

一方，疾走中の歩隔は，1歳児の平均8.14cmから5歳児の平均5.37cmまで年齢とともに減少したが，各年齢における標準偏差は大きく年齢間に有意な差はみられなかった．歩隔／身長も同様に経年的に減少した．
 このことは，幼児期には個人差はあるものの年齢とともに歩隔の絶対値およびその相対値が減少することを示している．
 疾走中の歩隔に関する資料は，7～17歳の児童・生徒について調べた野口ら（1952）の報告以外には見あたらないし，幼児の疾走中の歩隔に関する報告はない．したがって，本研究の結果は貴重な資料とみられる．図Ⅱ-27は，本研究で得られた結果に野口らの結果を加えて示したものである．
 野口らは，短距離走における足跡の間隔（歩隔：両爪先の間の左右方向の隔たりとしてとらえている）は，年齢が進むにしたがって狭くなり，その程度は7歳より11歳までがもっとも急激であると報告している．これらの結果から，疾走中の歩隔は幼児期から児童期において年齢とともに急激に減少し，11歳以降の減少は少なくなることがわかる．
 このことは，幼児期から児童期において走動作の習熟が顕著なことを示唆している．
 年齢にともなう歩幅の増大と歩隔の減少は，長育の伸びや筋力・パワーの向上とともに走動作そのものの習熟が要因とみられる．そこで，歩隔が減少する1～5歳の幼児の背面からみた走動作の特徴とその年齢変化を考察することにした．

（3）背面からみた走動作の特徴
a．回復期の足先の動き
 背面から撮影した画像から，全被験者の足先の動きを図Ⅱ-22のような典型的な3つのタイプ（Type-A，Type-B，Type-C）に分類し，各年齢における割合（％）を示したのが図Ⅱ-28である．1歳児では，全被験者が両方の足先ともに外輪になるType-Aであったが，年齢とともにその割合は減少し，一方，両方の足先がまっすぐに運ぶType-Cが3歳からしだいに増加する結果であった．

b．回復期の膝の動き
 図Ⅱ-29は，回復脚を前方に運ぶ局面での膝の動きを図Ⅱ-23のような典型的な4つのパターン（Type-D，Type-E，Type-F，Type-G）に分類し，各年齢における割合（％）を示している．1歳児では，すべてが両方の膝をともに外転させるType-Eであったが，年齢とともにその割合は減少した．しかし，各年齢にわたってType-Eと一方の膝が外転するType-Fが多くみられた．
 両方の膝がともにまっすぐに運ばれるType-Gは，5歳になってようやく39.4％であり，3～4歳ではきわめて少なかった．この年齢において，両膝あるいは一方の膝が外転するタイプがしだいに減少する傾向が明らかであった．
 走動作における足先の外輪（Toeig out）や内輪（Toeing in）は成人にもみられ，その原因は明確ではない．しかし，幼児に多く認められる理由は，幼

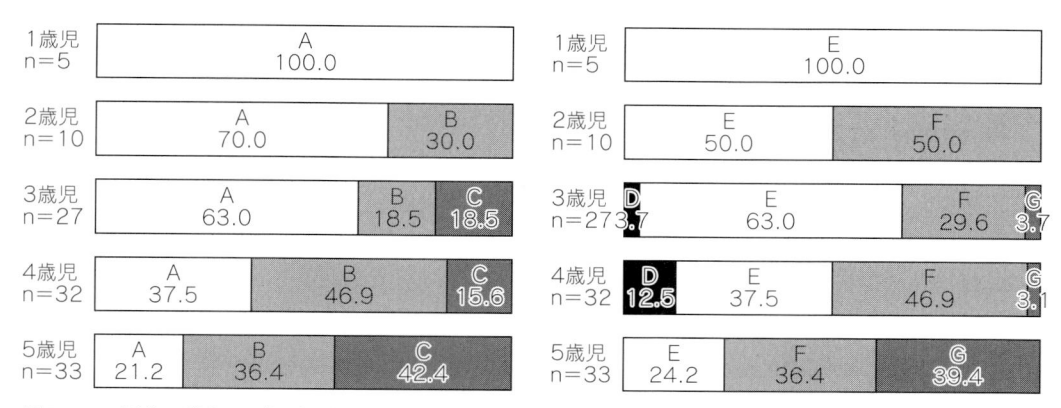

図Ⅱ-28　足先の動きの3類型の年齢変化
　Type-A：両方の足先が外輪になる
　Type-B：一方の足先が外輪，他方はまっすぐ
　Type-C：両方の足先がまっすぐ

図Ⅱ-29　膝の動きの4類型の年齢変化
　Type-D：両方の膝が内転する
　Type-E：両方の膝が外転する
　Type-F：一方の膝が外転し，他方はまっすぐ
　Type-G：両方の膝がまっすぐ

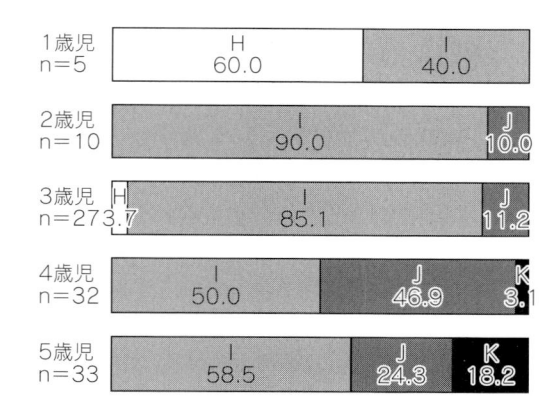

図Ⅱ-30　腕の動きの4類型の年齢変化
　Type-H：両腕ともほとんど動かさない
　Type-I：両腕とも後方で外側に伸ばす
　Type-J：一方の腕は後方で外側に伸ばし，他方の腕
　は肘を曲げている
　Type-K：両腕とも後方で肘を曲げている

　児の脚の動作そのものの未熟さと関連して膝の外転が多くみられ，その動きにともなって足先が外輪になるからだと考えられる．

　幼児に膝の外転が多いのは，質量の大きい脚をあまり高く上げることなく身体の長軸まわりに回して前方に引き出すからであり，筋力の乏しい幼児にとっては合理的な解決方法とみられる．やがて，筋力が向上し歩幅が増大するにつれ，膝の外転や足先の外輪はしだいに減少すると考えられる．こうした足先や膝の動きの年齢にともなう変容は，幼児期の疾走動作の発達にみる

特徴である．

　　c．後方への腕の動き

　図Ⅱ-30は，背面からとらえられる腕の動きを図Ⅱ-24のような典型的な4つのタイプ（Type-H，Type-I，Type-J，Type-K）に分類し，各年齢における割合（％）を示している．1歳児では，両腕をあまり動かさないType-Hが60％を占めていた．走り始めの初期段階では歩幅が極端に小さく，それに対応して腕の動きも少なく，両腕をやや引き上げて体側に置いて安定装置にするタイプがほとんどである（宮丸，1996）．Type-Hはそのタイプであった．

　2～3歳児では，後方で両腕をともに外側へ伸ばして振るType-Iが85～90％であった．4～5歳ではType-Iは減少し，5歳では後方で両腕の肘を曲げて振るType-Kが18.2％であった．

　このような腕の動きの年齢変化は，2～6歳の走動作の発達に関する宮丸の報告（1978）やWickstrom（1983）の考察とほぼ同様であった．

　幼児に多いType-IやType-Jでは，後方で腕を伸ばして外側に振り出した後，最後には腕の振りが内側へ弧を描くようにして前方へ運ぶタイプがほとんどであった．これは，脚の回転運動に対して均衡を保つためと考えられ，脚の動作に対応して現れる幼児の走動作の特徴であろう．

3）要　約

　1歳から5歳の幼児107名の走動作を側面と背面から撮影し，歩幅（Step length）と歩隔（Step width）の年齢にともなう変化をとらえるとともに，背面からみた幼児の走動作における腕と脚の動きの年齢にともなう変容を分析した．結果は以下のように要約された．

　①幼児の疾走における歩幅は年齢とともに顕著に増大するが，歩隔および歩隔の身長に対する比は経年的に減少した．

　②背面からみた幼児の走動作において，回復期の足先の外輪，膝の外転の動きが，年齢とともに減少する傾向が明らかになった．

　③後方への腕の動作において，腕を伸ばして外側へ振る動作が，年齢とともに減少する傾向が明らかになった．

　これらの結果は，背面からみた幼児の疾走動作の発達的特徴である．

　幼児期の疾走動作の発達をとらえるには，こうした背面からみた発達と側面からみた発達的特徴を併せて考察することが必要である．

3．身体重心の軌跡から見た幼児の走動作の発達

　幼少年期の走運動の発達に関するこれまでの研究には，疾走速度や疾走時間などのパフォーマンスを指標にしたものが多いが，この年代の運動発達の特性を考慮すれば，むしろそれらのパフォーマンスを生み出した走動作そのものの質的な変容過程に着目する必要がある．幼児期の走動作の発達に関する研究は，歩幅，歩数，走動作中の身体各部位の変位や関節角度，あるいは

地面反力や筋電図などを手がかりとして行われてきている（Amano, 1983；福永, 1984；後藤, 1979；宮丸, 1975；斉藤, 1981）．しかし，走動作中の身体重心や脚の重心の軌跡に着目して，幼児の走運動の発達をとらえた研究はほとんどみられず，限られた年齢の幼児について身体重心の鉛直変位を算出した報告（Fortney, 1983）があるにすぎない．

これは，適切な幼児の身体部分係数がなかったことによると思われる．2章-3は，横井ら（1986）の方法により求めた3～7歳の幼児の身体部分係数を用いて，幼児の疾走動作における身体重心および脚の重心の軌跡を求め，それらの水平・鉛直変位，および従来から用いられている各種のパラメータの経年的変化をもとにして，幼児の走動作の発達過程を明らかにしているものである．

1) 研究方法

表Ⅱ-14に示したような身体的特徴をもつ3歳から7歳の幼児200名（男子94名，女子106名）の25m全力疾走フォームを側方より16mmシネカメラ（Photosonics 1 LP）を用いて毎秒50コマで撮影した．フィルムスピードは，パルスジェネレータからのパルスをフィルムに写し込むことによって較正した．得られたフィルムを分析し，全身および脚の重心位置などを算出した．

また，接地時，身体重心の最下点，離地時，逆足の接地時での身体各部位の位置，角度などを求め，さらに，支持期前半，支持期後半，非支持期における身体重心の変位，速度，力積などを算出した．これらの変量を算出するため，3歳から7歳までの幼児の身体部分係数を数学的モデルによる方法（横井, 1986）を用いて求めた．

表Ⅱ-14 疾走速度，歩幅，歩幅/身長，歩数，非支持時間/支持時間の年齢による変化

		男子					女子			
		3yrs.	4yrs.	5yrs.	6yrs.	7yrs.	4yrs.	5yrs.	6yrs.	7yrs.
被験者数		5	13	29	24	23	10	34	33	29
身長(cm)	M	97.50	102.71	108.98	114.57	121.76	105.24	109.12	114.26	129.13
	SD	(3.78)	(4.75)	(5.16)	(4.88)	(4.42)	(5.26)	(4.28)	(5.39)	(4.67)
体重(kg)	M	16.88	16.79	18.68	20.29	24.11	17.40	19.34	21.37	22.31
	SD	(1.18)	(1.82)	(2.94)	(2.85)	(4.29)	(1.99)	(2.59)	(3.59)	(4.24)
疾走速度(m/s)	M	3.29	3.84	4.21	4.84	5.14	3.61	4.20	4.63	4.74
	SD	(0.31)	(0.35)	(0.42)	(0.25)	(0.34)	(0.35)	(0.39)	(0.38)	(0.23)
歩幅(cm)	M	77.40	88.70	93.40	109.80	114.80	90.30	103.20	112.30	122.20
	SD	(8.10)	(8.80)	(13.20)	(9.10)	(8.70)	(6.70)	(10.00)	(9.70)	(8.30)
歩幅/身長(%)	M	79.40	86.37	85.84	95.84	94.28	85.80	94.58	98.28	102.58
	SD	(7.20)	(6.30)	(11.10)	(6.40)	(6.70)	(4.60)	(7.00)	(8.60)	(6.20)
歩数(steps/s)	M	4.26	4.36	4.56	4.44	4.49	4.01	4.08	4.14	3.89
	SD	(0.16)	(0.49)	(0.41)	(0.37)	(0.30)	(0.40)	(0.30)	(0.33)	(0.21)
非支持時間/支持時間	M	0.31	0.49	0.48	0.54	0.65	0.52	0.61	0.62	0.69
	SD	(0.08)	(0.07)	(0.10)	(0.07)	(0.09)	(0.09)	(0.09)	(0.08)	(0.09)

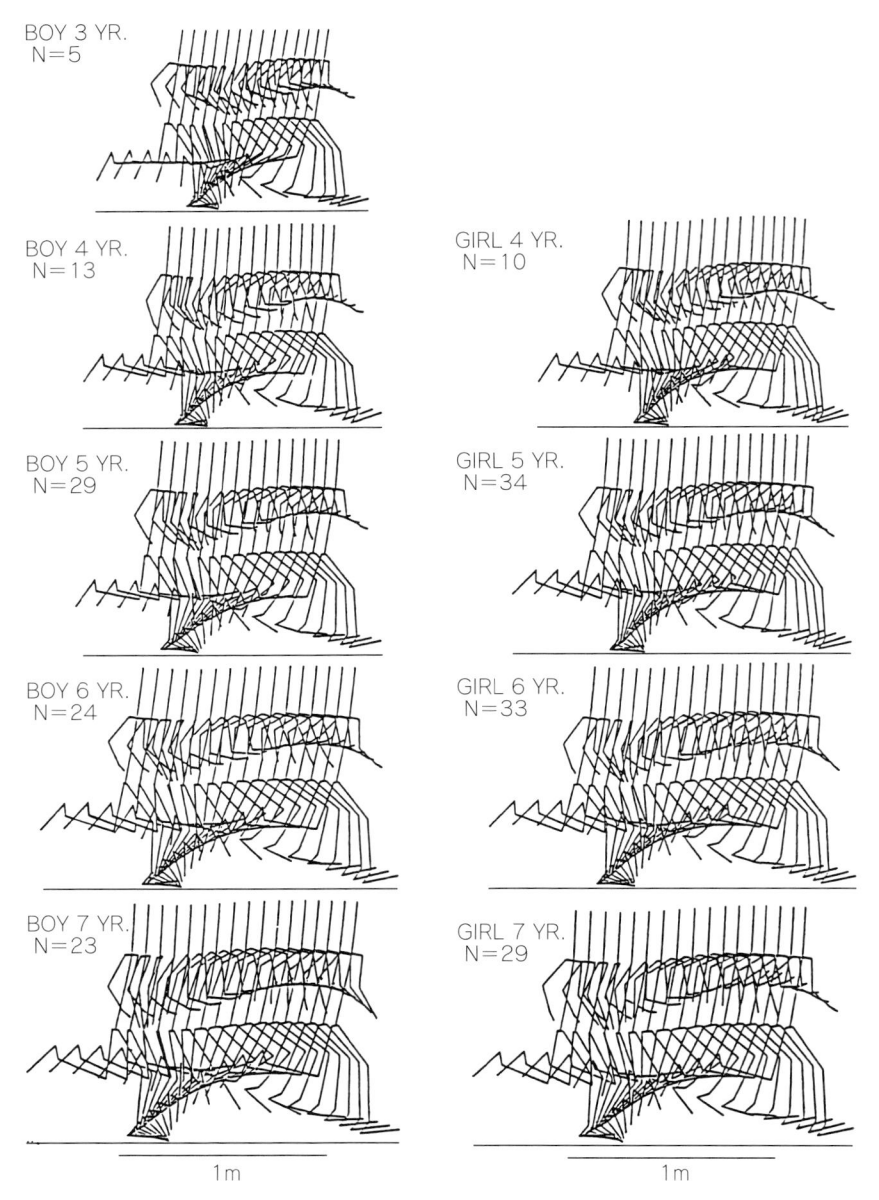

図Ⅱ-31 平均化した各年齢の幼児の疾走フォーム

2) 結　果
(1) 走速度，歩幅，歩数などの経年的変化

疾走速度，歩幅，歩幅／身長，歩数，跳躍比（非支持時間／支持時間）の年齢別，男女別の平均値および標準偏差は表Ⅱ-14のようであった．

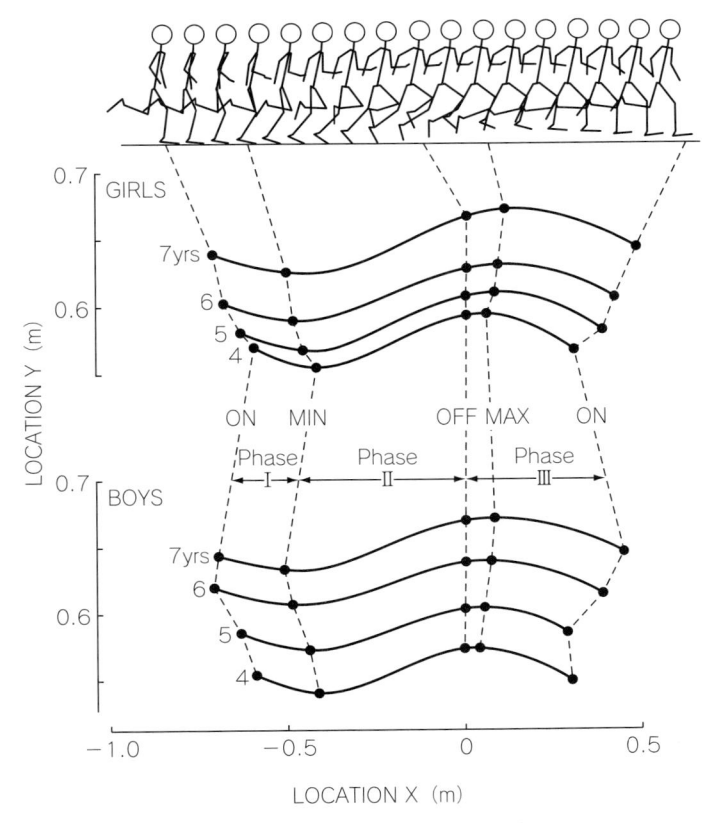

図Ⅱ-32 疾走中の身体重心の軌跡

　疾走速度は，男子3歳の3.29m/sから7歳の5.14m/sへ，女子4歳の3.61m/sから7歳の4.74m/sへと加齢につれて増大した．また歩幅および歩幅の身長比は，男子では3歳の77.4cm, 79.4％から7歳の114.8cm, 94.3％へ，女子では4歳の90.3cm, 85.8％から7歳の122.2cm, 102.6％へと，それぞれ経年的増大がみられた．しかし，1秒間あたりの歩数は，男子が4.26〜4.56step/s, 女子が3.89〜4.14steps/sの範囲にあり，男女とも経年的変化はみられなかった．非支持時間／支持時間は，男子3歳の0.31から7歳の0.65へ，女子の4歳の0.52から7歳の0.69へと加齢につれて増大した．疾走速度と歩数は各年齢とも男子のほうが女子より大きい値を示した．さらに，女子では支持時間，非支持時間とも同年齢の男子に比べて長くなっていた．

(2) 身体重心の軌跡

　被験者の疾走フォームを年齢別，男女別に平均化し，スティックピクチャーで示したのが図Ⅱ-31である．また，疾走中の身体重心の軌跡は図Ⅱ-32のようであった．さらに，身体重心の軌跡に関する各種の変量を年齢別に分析した結果は表Ⅱ-15のとおりであった．図Ⅱ-32の中のON, MIN, OFF,

表Ⅱ-15 疾走中の身体重心の軌跡に関する各種変量

Variable	男子					女子			
	3yrs.	4yrs.	5yrs.	6yrs.	7yrs.	4yrs.	5yrs.	6yrs.	7yrs.
身体重心高／身長									
接地時	0.53	0.54	0.53	0.54	0.53	0.54	0.53	0.53	0.53
接地中間時	0.52	0.53	0.52	0.53	0.53	0.53	0.52	0.52	0.52
離地時	0.56	0.56	0.55	0.56	0.56	0.56	0.56	0.55	0.56
最高時	0.56	0.56	0.55	0.56	0.56	0.56	0.56	0.55	0.56
身体重心の水平変位 (cm)									
1歩の水平変位	77.4	88.7	93.4	109.8	114.8	90.3	103.2	122.3	122.2
Phase Ⅰ	14.9	17.3	18.8	22.3	17.9	17.2	17.3	19.2	21.4
Phase Ⅱ	40.9	41.2	44.1	48.4	51.1	42.0	46.1	49.3	50.2
Phase Ⅲ	21.6	30.2	31.2	39.1	45.8	31.1	39.8	43.8	50.6
身体重心の水平変位 (one step) の身長比	0.79	0.86	0.86	0.96	0.94	0.86	0.94	0.98	1.02
身体重心の鉛直変位 (cm)									
最低点－接地	－1.3	－1.4	－1.3	－1.3	－1.0	－1.5	－1.3	－1.3	－1.5
離地－最低点	3.3	3.3	3.3	3.2	3.8	4.0	4.2	4.1	4.5
最高点－離地	0	0.1	0.1	0.1	0.2	0.1	0.3	0.3	0.5
最高点－最低点	3.3	3.4	3.4	3.3	4.0	4.1	4.5	4.4	5.0
身体重心の鉛直変位 (max-min) の身長比	0.033	0.033	0.031	0.029	0.033	0.039	0.041	0.038	0.042
身体重心の最下点から最高点への平均上昇角度	5.1	4.6	4.3	3.7	3.9	5.5	4.9	4.4	4.7

Phase Ⅰ＝支持局面の前半；Phase Ⅱ＝支持局面の後半；Phase Ⅲ＝非支持局面

ONは，左から順に接地時，身体重心の最下点，離地時，逆足の接地時を示しており，また，局面Ⅰ，Ⅱ，Ⅲはそれぞれ支持期前半，支持期後半，非支持期を示している．身体重心は，各年齢の男女とも局面Ⅰでは前下方へ，局面Ⅱでは前上方へ移動し，離地後は放物線を描いて移動し逆足の接地に至る軌跡となった．

離地時の身体重心高は，各年齢とも接地時より高く，身体重心の最高点は4～7歳の男女とも離地後わずかの時点で出現したが，3歳男子では離地時の身体重心高が高い値であった．身体重心高は身長の増大につれて経年的に増大したが，これらの身長に対する比（比重心高）は，接地時で0.53～0.54，最下点で0.52～0.53，離地時で0.55～0.56であり，明確な経年的変化や性差はみられなかった．

1歩中の身体重心の水平変位は，男子3歳の77.4cmから7歳の114.8cmへ，女子4歳の90.3cmから7歳の122.2cmへと経年的に増大し，水平変位の身長比も加齢につれてわずかな増加を示した．しかし，各局面の水平変位の身長

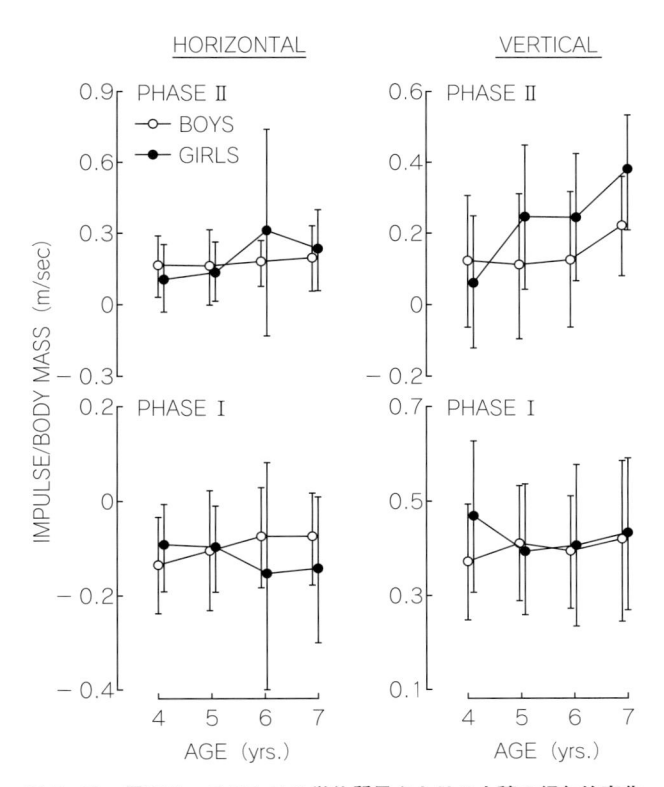

図Ⅱ-33 局面Ⅰ，Ⅱにおける単位質量あたりの力積の経年的変化

に対する比においては，局面Ⅲにおいてのみ経年的増大がみられた．また，局面Ⅲの水平変位は5，6，7歳で女子の方が男子よりも大きく，その身長比についても同様であった．

局面Ⅰ，Ⅱにおける身体重心の鉛直変位に経年的変化はみられなかった．

同様に最下点から最高点までの鉛直変位においても男女とも明確な経年的変化はみられず，男子は3.3〜4.0cm，女子は4.1〜5.0cmの範囲にあり，男子よりも女子の方が疾走中の身体重心の上下動がやや大きく，身長比においても同様であった．

身体重心の最下点から最高点に至る平均上昇角は，男子では3歳の5.1°から7歳の3.9°へ，女子では4歳の5.5°から7歳の4.7°へ経年的に減少し，各年齢とも女子は男子よりやや大きな上昇角を示した．

(3) 力積の経年的変化

図Ⅱ-33は，支持期の身体重心の速度から求めた局面Ⅰ，Ⅱにおける単位質量あたりの力積の経年的変化を，男女別に示したものである．

水平方向の力積は局面Ⅰ，Ⅱともほぼ一定で経年的変化はみられなかった．

一方，鉛直方向の力積は経年的増大の傾向を示し，特に局面Ⅱの増大が著しく，局面Ⅱの鉛直変位の力積では5歳以上の各年齢で女子が男子より大き

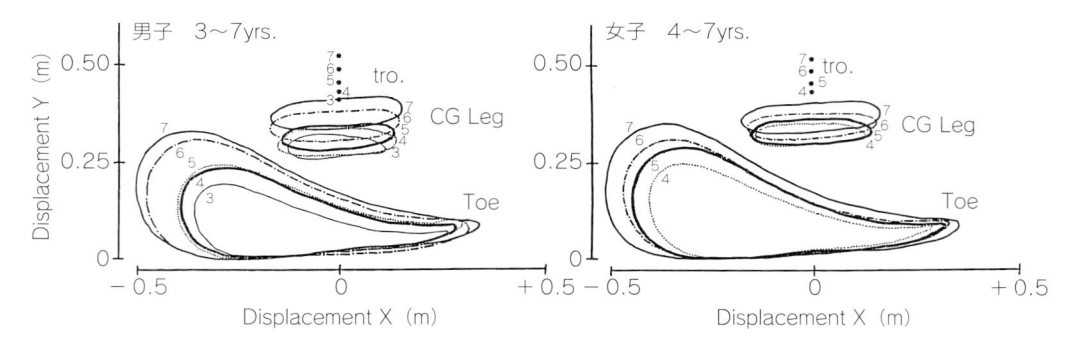

図Ⅱ-34 疾走動作1周期における脚の重心および足先点の軌跡
(大転子点を基点として示されている)

表Ⅱ-16 疾走動作1周期中の脚の重心および足先点の軌跡における水平変位，鉛直変位とその身長比

Variable		男子					女子			
		3 yrs.	4 yrs.	5 yrs.	6 yrs.	7 yrs.	4yrs.	5 yrs.	6 yrs.	7 yrs.
脚の重心の水平変位	(cm)	25.1	29.7	30.6	32.4	33.1	28.2	30.3	31.8	34.6
脚の重心の水平変位/身長	(%)	25.8	28.9	28.2	28.3	27.1	26.8	27.8	27.8	29.0
脚の重心の鉛直変位	(cm)	6.4	7.6	7.9	8.9	9.3	6.4	7.6	7.7	8.9
脚の重心の鉛直変位/身長	(%)	6.6	7.4	7.3	7.8	7.7	6.1	7.0	6.7	7.5
足先の軌跡の水平変位	(cm)	65.4	70.7	75.3	81.0	84.6	73.1	78.1	82.1	88.7
足先の軌跡の水平変位/身長	(%)	67.0	68.9	69.2	70.7	69.5	69.5	71.6	71.9	74.5
足先の軌跡の鉛直変位	(cm)	20.4	24.9	26.3	31.7	34.7	25.7	30.2	32.1	36.3
足先の軌跡の鉛直変位/身長	(%)	20.9	24.3	24.1	27.7	28.5	24.4	27.7	28.1	30.5

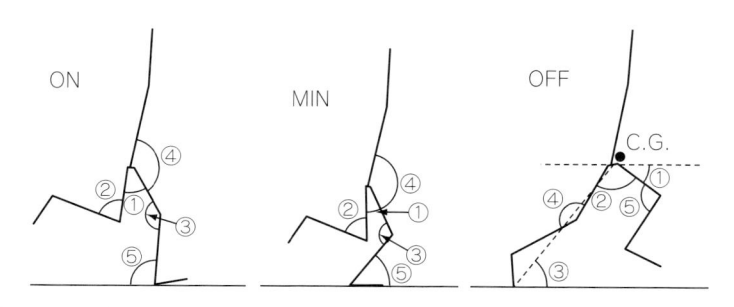

図Ⅱ-35 分析に用いた接地時，身体重心最下点，離地時における身体各部位間の角度

な値を示した．

（4） 脚の重心および足先点の軌跡

疾走動作1周期（2歩）中の脚の重心および足先点の軌跡を，大転子点を基点として示したのが図Ⅱ-34である．また，これらの軌跡の水平，鉛直変位とそれぞれの身長に対する比を年齢別に比較したのが表Ⅱ-16である．脚の重心の軌跡は，水平変位において男女とも経年的増大がみられ，その身長に対する比でも男子3歳の25.8％から7歳の27.1％へ，女子4歳の26.8％から7歳の29.0％へとそれぞれ増大していた．

一方，鉛直変位およびその身長に対する比において男女とも経年的増大がみられた．

足先点の軌跡における水平，鉛直変位はともに経年的に増大し，それらの身長に対する比においても経年的増大が認められた．

図Ⅱ-34からは，脚の重心の軌跡の回復期後半で前上方への動きが，また足先点の軌跡の回復期前半での後上方への動きが，それぞれ経年的に大きくなる傾向がとらえられる．

（5） 接地時，身体重心の最下点，離地時における身体各部位間の角度

図Ⅱ-35に示したような，接地時，身体重心の最下点，離地時における身体各部位間の角度を算出し，年齢別平均値を求めた結果は表Ⅱ-17のようであった．これらの角度の経年的変化をみてみると，まず接地時（On）では，自由脚の膝関節角度が男女とも加齢につれて著しく減少し，支持脚の膝関節角度においても減少がみられた．また，支持脚の下腿と地面とのなす角度は加齢につれて増大する傾向がみられた．

このことは，加齢につれて脚の接地のしかたが変容することを示している．

身体重心の最下点（Min）では，自由脚の膝関節角度に明確な経年的減少がみられた．また，支持脚の膝関節角度および支持脚の下腿と地面とのなす角度には加齢につれてやや減少する傾向がみられた．これらのことは，加齢につれて自由脚を身体により近づけ，支持脚をより屈曲させて局面Ⅱにおける脚の動作を引き出しやすくするように変容することを示している．

離地時（Off）では，自由脚の大腿の前上方への引き上げ角度と自由脚の膝関節角度が経年的に減少し，両大腿のなす角度は増大する傾向がみられた．

また，支持脚の前傾角度（身体重心と離地足とを結ぶ線が地面となす角度）が加齢につれて減少を示した．

3） 論 議

疾走速度が3～7歳まで顕著に増大し，歩幅も同様に経年的増大がみられたのに対して，歩数には経年的変化は認められなかった．走速度は歩数と歩幅の積であることを考えると，加齢にともなう走速度の増大は，主に歩幅の経年的増大に起因していると判断される．

これらの結果は，幼児や児童を対象とした宮丸（1975），斉藤ら（1981），辻野と後藤（1975）の報告と一致するものであり，また8～20歳の青少年を

表Ⅱ-17　接地時，身体重心最下点，離地時における身体各部位間の角度分析の結果

				3 yrs.	4 yrs.	5 yrs.	6 yrs.	7 yrs.
接地時	1	両大腿の角度	Boys	42.3	42.6	40.1	44.4	37.1
			Girls		42.5	43.4	48.4	44.2
	2	自由脚の膝角度	Boys	101.1	86.6	85.2	82.7	75.1
			Girls		89.6	82.3	83.2	76.9
	3	支持脚の膝角度	Boys	151.2	148.1	146.7	145.1	144.9
			Girls		150.5	147.3	144.2	146.5
	4	上体と支持脚の大腿との角度	Boys	133.5	135.2	135.2	133.1	136.2
			Girls		137.5	135.2	130.4	134.5
	5	支持脚の下腿と地面との角度	Boys	86.9	89.9	91.7	92.0	95.9
			Girls		88.9	91.0	91.5	91.2
身体重心の最下点	1	両大腿の角度	Boys	7.6	0.2	-1.1	2.0	6.3
			Girls		7.8	6.8	12.4	7.5
	2	自由脚の膝角度	Boys	80.1	62.3	63.4	60.7	56.8
			Girls		66.7	62.7	59.3	53.3
	3	支持脚の膝角度	Boys	142.7	140.2	139.9	137.4	138.2
			Girls		138.7	140.6	135.9	134.7
	4	上体と支持脚の大腿との角度	Boys	147.0	150.6	151.8	149.7	148.4
			Girls		147.9	148.8	143.7	147.1
	5	支持脚の下腿と地面との角度	Boys	71.5	66.7	65.5	63.2	65.1
			Girls		68.8	68.3	66.2	64.2
離地時	1	大腿の引きあげ角度	Boys	46.5	38.5	38.3	35.7	36.9
			Girls		45.8	40.6	38.7	38.1
	2	両大腿の角度	Boys	69.0	78.9	78.5	82.9	80.1
			Girls		71.7	78.8	79.8	79.4
	3	支持脚の前傾角度	Boys	57.1	57.1	56.3	53.7	55.4
			Girls		58.9	56.3	55.3	57.1
	4	支持脚の膝の伸展角度	Boys	149.9	147.4	146.3	145.3	145.2
			Girls		151.4	151.1	147.9	147.4
	5	自由脚の膝角度	Boys	131.1	114.6	113.9	103.8	96.6
			Girls		126.5	113.7	102.6	103.7

表中の数値は角度を示す

対象とした福永ら（1984），松尾ら（1985）の報告でも同様であった．

歩幅は体肢の長さに正比例するとみなされるが，歩幅の身長に対する比においても男女とも加齢にともなう確かな増大がみられ，さらには跳躍比の経年的増大が認められたことを考え合わせれば，幼児期の走動作は加齢につれて歩幅や跳躍比を大きくするような動きへと変容することが示唆される．ここでは幼児期の走動作の変容を身体重心や脚の重心の軌跡から得られた各種の変量などとの関係から考察する．

加齢にともなう歩幅の増大は，疾走中の身体重心の水平変位の増大を意味する．身体重心の水平変位は経年的に増大したが，その増大は主として支持期後半と非支持期の水平変位の増大に起因していた．支持期前半の水平変位は加齢による明確な変化はみられなかった．このことは，局面Ⅰでの支持脚

の動作の変容を示唆しており，接地時において支持脚の下腿が地面となす角度や膝の屈曲が経年的に増大することからも推察される．水平変位の身長に対する比においては，非支持期においてのみ経年的増大がみられた．非支持期の水平変位は，主として離地時の身体重心の水平および鉛直速度に依存するものであり，さらにこれらの速度は支持期に生ずる力積と関連するといえる．図Ⅱ-33にみられたような鉛直方向の単位質量あたりの力積の経年的増大にともなう鉛直速度，および走速度の増大が，加齢にともなう滞空期の水平変位の増大をもたらしたと考えられる．さらに局面Ⅱの鉛直方向における力積の経年的増大と局面Ⅱの支持時間の経年的減少から判断すれば，加齢につれて支持期後半での脚の伸展パワーを大きくし，短時間により大きなキック力を発揮して前方への加速と非支持期の水平変位を増大させるような走動作への変容が示唆される．

接地時，身体重心の最下点，離地時における身体重心高は，体肢長の増大につれて経年的に高くなっていたが，比重心高には明確な経年的変化はみられなかった．このことは，疾走中の身体重心高の経年的増大の要因に身長の伸びがあることを示している．

疾走中の身体重心の最下点から最高点までの鉛直変位は，男子が3～4cm，女子が4～5cmの範囲にあり，その身長に対する比（％）も3～4％で明確な経年的変化はみられなかった．Fortney（1983）は，2歳，4歳，6歳児の疾走中の身体重心の鉛直変位を算出し，2歳児の平均3.6cm，4歳児の平均が5.7cm，6歳児の平均が6.2cmであったと報告している．

これらは，本研究の結果よりやや大きな値であり，各年齢間に統計的に有意な差は認められなかったと報告しているものの，経年的にやや大きくなる傾向がみられる．福永ら（1984）は，地面反力から8～20歳の青少年の疾走における鉛直変位を算出し，その身長に対する比（％）が8歳児の男子3.16％，女子3.65％であったと報告しているが，この値は，本研究の結果とほぼ同じであった．また，Muraseら（1976）は，一般成人と短距離走者の疾走中の身体重心の鉛直変位を算出し，一般成人では4.0～6.9cm，走者では5.6～8.1cmであったと報告している．これらと比較すれば，幼児の鉛直変位はかなり小さい値であった．

身体重心の最下点から最高点に至る平均上昇角は，男女とも経年的に減少した．これは，疾走中の水平速度が離地時の鉛直速度に比べて著しい経年的増大を示したことによると推察される．

Wickstrom（1983）は，初期のBouncing motionから加齢につれてMinimal bounceへと変化することを，幼児期の走動作の発達にみられる特徴のひとつであるとしている．前述したように，疾走中の鉛直変位そのものに明確な経年的変化はみられないが，水平変位の著しい経年的増大との関係からいえば，走動作は加齢につれて相対的にBouncingの小さいパターンへ変容すると考えてよいであろう．本研究で明らかになった平均上昇角の経年的減少は，Wickstromの指摘を支持するものであった．

疾走中の身体重心の軌跡にみられた経年的変化は，疾走中の脚の動作の変容と関連するとみられる．そこで，加齢にともなう脚の動作の変容を知るために走動作中の脚の重心を求め，大転子を基点としてその軌跡をとらえると，水平・鉛直変位およびそれらの身長に対する比は，ともに経年的増大がみられた．このことは，加齢につれて脚の動作における前後方向への振動の動きと屈曲伸展の動きがともに大きくなることを示している．

幼児の脚の重心の鉛直変位は，6.4〜9.3cmの範囲であり，Maraseら（1976）が移動座標でとらえた成人の鉛直変位が16.1〜20.9cmであったのに比べるとはるかに小さい値であった．

小野（1963）は，ヒトの走行の速度は着地中の足先の後方への速度であり，ランニングの脚の運動は脚を前後に往復させるのではなく，脚を回して走るのがよいと指摘している．同様に小林（1975）も，足先が速く動くためには脚の重心は全体的に丸味をもった回転運動をするのが望ましいと述べている．こうした観点からみると，本研究の幼児の脚の重心の鉛直変位は経年的に増大しており，加齢につれて疾走中の脚の動作が振動型から回転振動型へと変容することを示唆している．足先点の軌跡においても，脚の重心の軌跡と同様に鉛直変位の経年的増大が顕著であった．

こうした脚の重心や足先点の軌跡の経年的変化から判断すれば，幼児の疾走中の脚の動作に次のような経年的変容が明確になる．

すなわち，回復期前半では自由脚の各関節の屈曲を大きくし，回復脚の慣性モーメントを小さくして前方への振り出しを容易にする．また，回復期後半では，自由脚を前上方へ引き上げて有利な着地のための先取り動作を引き出し，脚を伸展させながら後方へ振りもどして接地での足先の後方への速度を大きくするなどである．

これらの変容は，**表Ⅱ–17**に示されたような接地時，身体重心の最下点，離地時における自由脚の膝関節角度が加齢につれて減少すること，および離地時における自由脚の大腿の引き上げが加齢につれて高くなることからも確かめられる．

図Ⅱ–36は，3歳と7歳の男子および4歳と7歳の女子の接地時，身体重心の最下点，離地時での走動作を平均化し，支持脚の足先の位置を中心に重ね合わせたものであり，同時に各年齢の平均化した身体重心の軌跡を比較している．この図はこれまで述べてきたような走動作の経年的変容を端的に表している．加齢につれて上体の前傾，支持脚の下腿の前傾，自由脚の膝の屈曲，自由脚の引きつけ，さらには離地時での自由脚の前方への引き上げと支持脚による身体の前方への押し出しなどが，それぞれ大きくなることが示されている．そして，走動作全体は相対的に上下動を小さくし，水平方向の速度を大きくすることができる動作様式へと変容すると考えられる．

図Ⅱ–37は，各年齢の男子と女子の疾走中の身体重心の軌跡を，それぞれの年齢について接地時の位置を重ね合わせて比較したものである．各年齢とも女子の身体重心の鉛直変位は男子より大きく，水平変位，とりわけ非支持

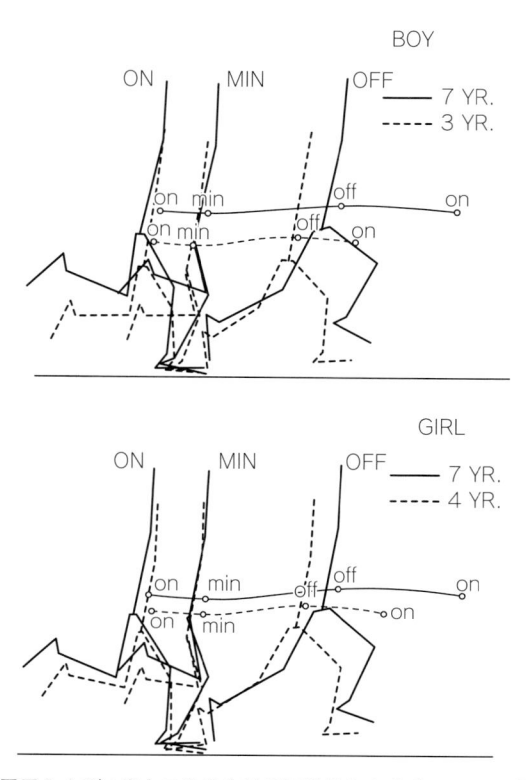

図Ⅱ-36 3歳と7歳の男子および4歳と7歳の女子の平均化した疾走フォームと身体重心の軌跡の比較

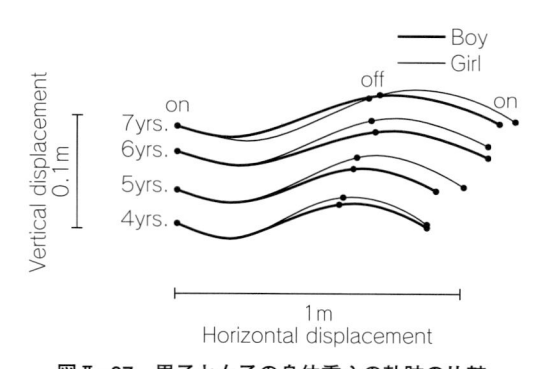

図Ⅱ-37 男子と女子の身体重心の軌跡の比較
各年齢について男女の接地時の身体重心の位置を重ね合わせて比較している

 期での水平変位も女子の方が男子よりも大きいものであった．このことは，幼児の走動作に性差があることを示唆している．各年齢とも女子の歩数は男子よりもやや小さく，歩幅は男子よりやや大きかった．支持時間，非支持時間，跳躍比および身体重心の最下点から最高点までの平均上昇角はともに女

子の方が男子より大きな値であった．

　これらの性差は，支持期後半の鉛直方向の力積が女子の方が大きく，女子では離地時の鉛直速度が男子より大きいことによって生じたとみられる．福永ら（1984）は8～20歳の男女の走能力特性について報告し，女子は男子と比較していずれの年齢においても上に高くとびあがるような走り方であり，速度が遅くかつエネルギーのロスの多い走り方をしていると述べている．

　本研究の幼児においても同様の性差が認められ，4歳からすでに女子は男子より身体重心の上下動がやや大きく，非支持期の長い動作をしていることがとらえられた．

4）要　約

　疾走動作中の身体重心，脚の重心の軌跡に着目して，3～7歳の幼児の走動作の経年的変容をとらえた結果は，以下のように要約される．

　①疾走中の身体重心の最下点から最高点までの鉛直変位は，経年的変化はみられず，幼児の疾走中の身体重心の上下動は男子で3～4cm，女子では4～5cmの範囲であった．

　②疾走中の身体重心高は，経年的に増加したが，比重心高は各年齢ともほぼ同様であり，その値は接地時で0.53～0.54，身体重心の最下点で0.52～0.53，離地時で0.55～0.56であった．

　③疾走中の身体重心の水平変位は，各局面とも経年的に増加したが，それらの身長に対する比では，非支持期において経年的増大が著しかった．身体重心の最下点から最高点に至る平均上昇角は経年的に減少した．これらの結果は，走速度が離地時の鉛直速度に比べて経年的増大が著しいことによると考えられる．したがって，経年的に Bouncing motion の小さい走動作へと変容するとみられる．

　④支持期の単位質量あたりの力積は，水平方向および支持期前半の鉛直方向では経年的変化はみられなかったが，支持期後半の鉛直方向において経年的増大がみられた．支持期後半の時間が経年的に減少することから，支持期後半では加齢につれて短期間に大きなキック力が発揮されるようになるとみられる．

　⑤大転子を基点とする座標でとらえた疾走中の脚の重心と足先点の軌跡は，水平・鉛直変位ともに経年的増大がみられた．また，走動作中の自由脚の屈曲，自由脚の引きつけ，離地時での自由脚の前方への引き上げなどが加齢につれて増大した．これらの結果は，疾走中の脚の動作様式が加齢につれてモーションの大きい回転振動型へ変容することを示している．

　⑥各年齢において女子は男子より歩数が小さく，跳躍比，身体重心の水平変位と鉛直変位，身体重心の平均上昇角，支持期後半の鉛直方向の力積などがいずれも大きい値であった．これらは幼児の走動作に性差があることを示している．

4. 観察的評価による幼児の走動作の発達

　　幼児期は,「基本的運動」を獲得する時期であり, 走る, 跳ぶ, 投げる, 捕る, 打つ, 蹴る, 転がる, 押す, 引くなど, 多くの基本的運動を習得するとともに, それぞれの運動における「動作の仕方」（動作パターン）が経年的に発達するのが特徴である. この時期の運動発達を,「動作の仕方」の質的変容によって把握することがなされている（Seefeldt et al., 1982）. 低年齢の子どもの動作の仕方は極めて未熟であるが, 年齢とともにしだいに成熟した, 合目的的な動作の仕方へと発達する. こうした動作の仕方の変容は, 運動の各局面（準備局面, 主要局面, 終末局面）での各身体部位（上肢, 下肢, 胴体など）の動きの時間的（運動の遅速）, 空間的（運動の範囲, 軌跡など）, 力動的（出力の大小など）な違いによって特徴づけられる. そこで, それぞれの基本的運動の特徴を説明する「動作カテゴリー」（Developmental Sequence Checklist）を設定し, それに依拠して子どもの動作の仕方を類型化（未熟型→初歩型→成熟型）する方法がとられる. McClenaghan and Gallahue（1978）, Gallahue and Ozmun（1997）, Williams（1983）, Roberton（1984）などは, いずれも, 走運動を含む代表的な基本的運動をとりあげ, 動作カテゴリーに依拠して3段階（Initial stage, Elementary stage, Mature stage あるいは, Stage 1, Stage 2, Stage 3）にパターン分類して「動作の仕方」の発達をとらえている. こうした方法の利点は, 特別な実験をすることなく観察的に動作の発達を評価することが可能となり, 保育現場の指導者や親にも適用できる点である.

　　しかし, 上記の研究者らはいずれも動作パターンの分類について述べているものの, 実験的に確かめた報告ではない.

　　2章-4は, 幼児期の走動作をとらえるための「動作カテゴリー」を検討し, 走動作の発達を観察的に評価する方法を作成するとともに, その方法によって, 横断的および縦断的データを用いて幼児期の走動作の発達過程を明らかにしたもの（中村ほか, 1992）である.

1）研究方法
（1）対　象

　　横断的データとして, 表Ⅱ-18に示したような身体的特徴を持つ3歳から5歳までの男子259名, 女子252名, 計511名の幼児を被験児とした. また, その被験児の中の男子8名, 女子13名, 計21名の幼児を対象に, 3〜5歳までの3年間にわたって縦断的に測定を実施した.

（2）実験方法

　　被験児に25mの全力疾走を行わせ, 中間地点（スタートから10〜20mの区間）において疾走運動1サイクル中の走動作を側方よりビデオカメラを用

表Ⅱ-18 被験児の身体的特性

		3歳		4歳		5歳
人数	男子	67		101		91
	女子	60		82		110
暦年齢 (月齢)	男子	43.4±5.7	**	57.5±3.3	**	68.8±3.4
	女子	43.6±4.5	**	57.0±4.0	**	68.6±3.5
身長 (cm)	男子	97.1±4.2	**	105.4±4.5	**	111.3±4.8
					**	*
	女子	95.7±4.3	**	102.8±4.3	**	109.8±4.7
体重 (kg)	男子	15.1±1.5	**	18.0±3.3	**	20.3±3.8
					**	*
	女子	14.7±1.8	**	16.8±2.4	**	19.2±2.5
カウプ指数	男子	1.60±0.12		1.61±0.19		1.63±0.21
	女子	1.61±0.10		1.58±0.15		1.59±0.13

Means±SD, **:p<0.01, *:p<0.05

表Ⅱ-19 幼児期の疾走動作の発達をとらえるための15のカテゴリーと5つの動作発達段階

動作カテゴリー	カテゴリー番号	動作パターン	動作得点
腕の動作 　1.両腕のスウィング動作がない. 　2.Hock Motionを伴う消極的な両腕のスウィング動作がある. 　3.両肘の屈曲が十分に保持された，大きな振幅での両腕のスウィング動作がある.	① 4 7 (10 or 11) 13	pattern 1	1
接地のしかた 　4.足の裏全体で接地する. 　5.かかとから接地する. 　6.つま先あるいは足の裏の外側から接地する.	② (4 or 5) (7 or 8) 11 (13 or 14)	pattern 2	2
離地時のキック脚の動作 　7.膝が屈曲したままであり，主に垂直方向にキックされる. 　8.主に水平方向にキックされるが，十分な膝の伸展はない. 　9.膝が十分に伸展し，水平方向にキックされる.	2 (5 or 6) 8 ⑫　　　14	pattern 3	3
非支持期前半の空中脚の動作 　10.足の蹴り上げはほとんどない 　11.小さな足の蹴り上げがある. 　12.回復期後半の大腿の引き上げにつながる十分な足の蹴り上げがある	③ (5 or 6) 8 12　　　14	pattern 4	4
非支持期後半の空中脚の動作 　13.大腿の引き上げはほとんどない. 　14.わずかな大腿の引き上げがある. 　15.ほぼ地面と水平までの大腿の引き上げがある.	3　6　⑨ 12　15	pattern 5	5

○…Key category

Pattern 1

Pattern 2

Pattern 3

Pattern 4

Pattern 5

図Ⅱ-38 5つの動作発達段階における典型的な疾走フォーム

いて撮影した（60fps）．同時に25m走のタイムを測定した．
(3) 疾走動作の評価方法
　ビデオカメラで記録した幼児の疾走動作をモニター画面上で観察し，走動作を評価するための動作カテゴリーを検討した．その検討に当たっては，McClenaghan and Gallahue（1978），Gallahue and Ozmun（1997），Williams

（1983），Roberton（1984）らが走動作の評価に用いた「動作カテゴリー」（Developmental Action Components, or Developmental Sequence Checklist），および，先行研究（Wickstrom, 1983；宮丸，1975；辻野ら，1975；斎藤ら，1981）で明らかにされた幼児の走動作の発達的な特徴を参考にした．その結果，幼児の走動作の発達を「腕の動作」，「接地のしかた」，「離地時のキック脚の動作」，「非支持期前半の空中脚の動作」，「非支持期後半の空中脚の動作」という5つの評価項目に分け，それぞれの項目について3段階の動作カテゴリー，計15の動作カテゴリーを設定した．これらの動作カテゴリーの組合せによって，幼児の疾走動作を未熟なパターン1から，成熟型であるパターン5までの5段階の走動作パターンに分類した．また，各パターンに1点から5点までの動作得点を与えて疾走動作の発達を数量化して処理した．

2）結果および考察
（1）動作カテゴリーからみた幼児の疾走動作

表Ⅱ-19は，幼児期の疾走動作の発達をとらえる15の動作カテゴリーとその組合せによる5つの発達段階を示したものである．用いた5つの評価項目における個々の動作の発達の傾向は，以下のようであった．

①腕の動作：両腕でのスウィング動作がない状態から，消極的なスウィング動作を経て，大きなスウィング動作へ変容する．

②接地のしかた：足の裏全体での接地から，踵からの接地，そして，つま先あるいは足裏の外側からの接地へ変容する．

③離地時のキック脚の動作：膝が屈曲したままの主に垂直方向へのキックから，水平方向へのキックへ，さらに，膝が十分に伸展したキックに変容する．

④非支持期前半の空中脚の動作：足の蹴り上げがほとんどない状態から，蹴り上げの出現へ，さらに，非支持期後半の大腿の引き上げにつながる十分な蹴り上げにまで変容する．

⑤非支持期後半の空中脚の動作：大腿の引き上げがほとんどみられない状態から，ほぼ地面に水平な大腿の引き上げにまで変容する．

図Ⅱ-38は，5つの疾走動作パターンの典型的なフォームを図示したものであり，未熟な走動作であるパターン1から，大きなキックアップ動作，脚の動作に効果的な腕のスウィング動作，キック脚の膝の伸展，大腿の引き上げなどを特徴とするパターン5までの発達の様相を示している．

（2）横断的データからみた疾走動作の発達

図Ⅱ-39は，3～5歳の幼児511名の疾走動作を観察的に評価し，各走動作パターンの度数分布を男女別に示したものである．男女とも分布は正規性をもっており，この研究に用いた走動作の観察的な評価方法が，妥当性をもつことを示唆している．

図Ⅱ-40は，5つの走動作パターンの出現月齢の平均値と標準偏差を男女別に示したものである．男子では，パターン1が38.3±7.4ヵ月，パターン2

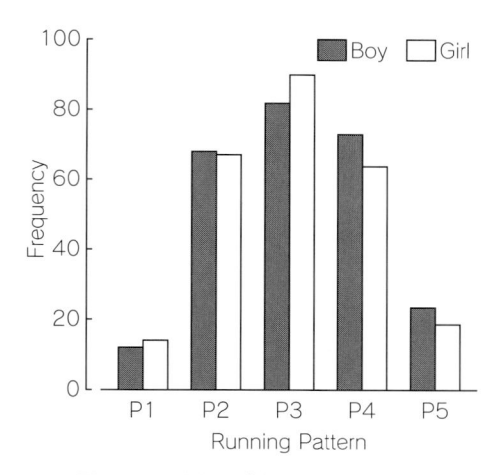

図Ⅱ-39 動作発達段階別の度数分布

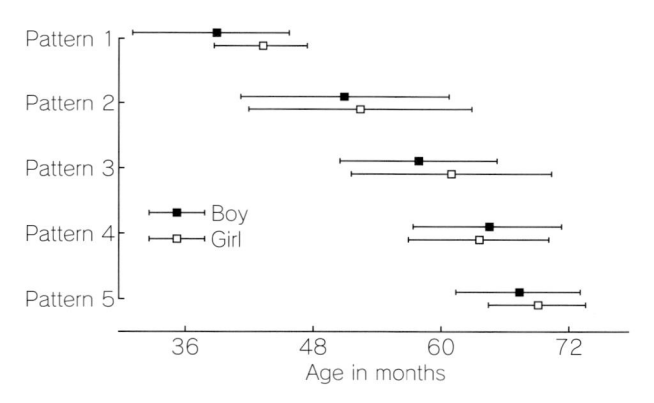

図Ⅱ-40 動作発達段階別にみた平均月齢と標準偏差

が50.9±9.8ヵ月，パターン3が57.8±7.4ヵ月，パターン4が64.5±7.1ヵ月，パターン5が67.3±5.8ヵ月であった．女子では，パターン1が43.1±4.3ヵ月，パターン2が52.3±10.4ヵ月，パターン3が61.0±9.4ヵ月，パターン4が63.6±6.6ヵ月，パターン5が69.0±4.6ヵ月であった．この結果は，月齢が増大するにつれて未熟型から成熟型へと走動作パターンが変化すること，それぞれの走動作パターンの出現に明確な性差がないことを示している．また，5歳を過ぎても未熟なパターン2やパターン3の段階にとどまっている幼児が多く，走動作の発達にかなりの個人差があることが示唆される．

表Ⅱ-20は，横断的なデータにおける走動作得点と走タイムの男女別年齢別の平均値と標準偏差を示している．5点満点で評価された走動作得点は，男子の3歳児で2.2±0.8点，4歳児で3.1±0.8点，5歳児で3.8±0.8点，女子の3歳児で2.1±0.8点，4歳児で3.0±0.9点，5歳児で3.5±0.9点と，男女とも各年齢間で1％水準で有意な年齢差が認められた．

表Ⅱ-20　年齢別男女別にみた走動作得点と走タイムの平均値および標準偏差（横断的データ）

		3歳		4歳		5歳
走動作得点	男子	2.2±0.8	**	3.1±0.8	**	3.8±0.8
	女子	2.1±0.8	**	3.0±0.9	**	* 3.5±0.9
走タイム(sec.)	男子	8.8±1.8	**	7.1±0.7	**	6.5±0.5
	女子	9.2±1.2	**	** 7.7±0.8	**	** 6.8±0.7

Means±SD, **: $p<0.01$, *: $p<0.05$

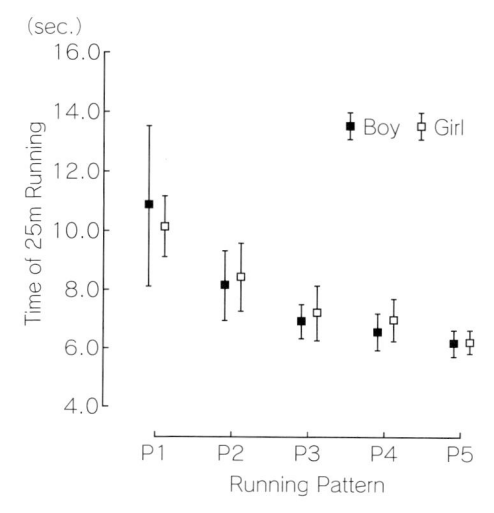

図Ⅱ-41　動作発達段階別にみた走タイムの平均値と標準偏差

　一方，25m走タイムは，男子の3歳児で8.8±1.8秒，4歳児で7.1±0.7秒，5歳児で6.5±0.5秒，女子の3歳児で9.2±1.2秒，4歳児で7.7±0.8秒，5歳児で6.8±0.7秒と，走動作得点と同様に男女とも各年齢間で1％水準で有意な年齢差が認められた．性差について検討すると，走動作得点においては5歳児で5％水準の性差が認められたものの3歳児・4歳児では有意な差は示されなかった．また，走タイムでは4歳児と5歳児において1％水準の有意差が示された．
　この結果から，走動作が加齢につれて顕著に改善され，未熟型から成熟型へと変容すること，走タイムもまた年齢とともに有意に短縮されることが明らかになった．
　25m走タイムと走動作パターンの関係は，図Ⅱ-41のようであった．
男子ではパターン1が10.9±2.7秒，パターン2が8.2秒±1.2秒，パターン

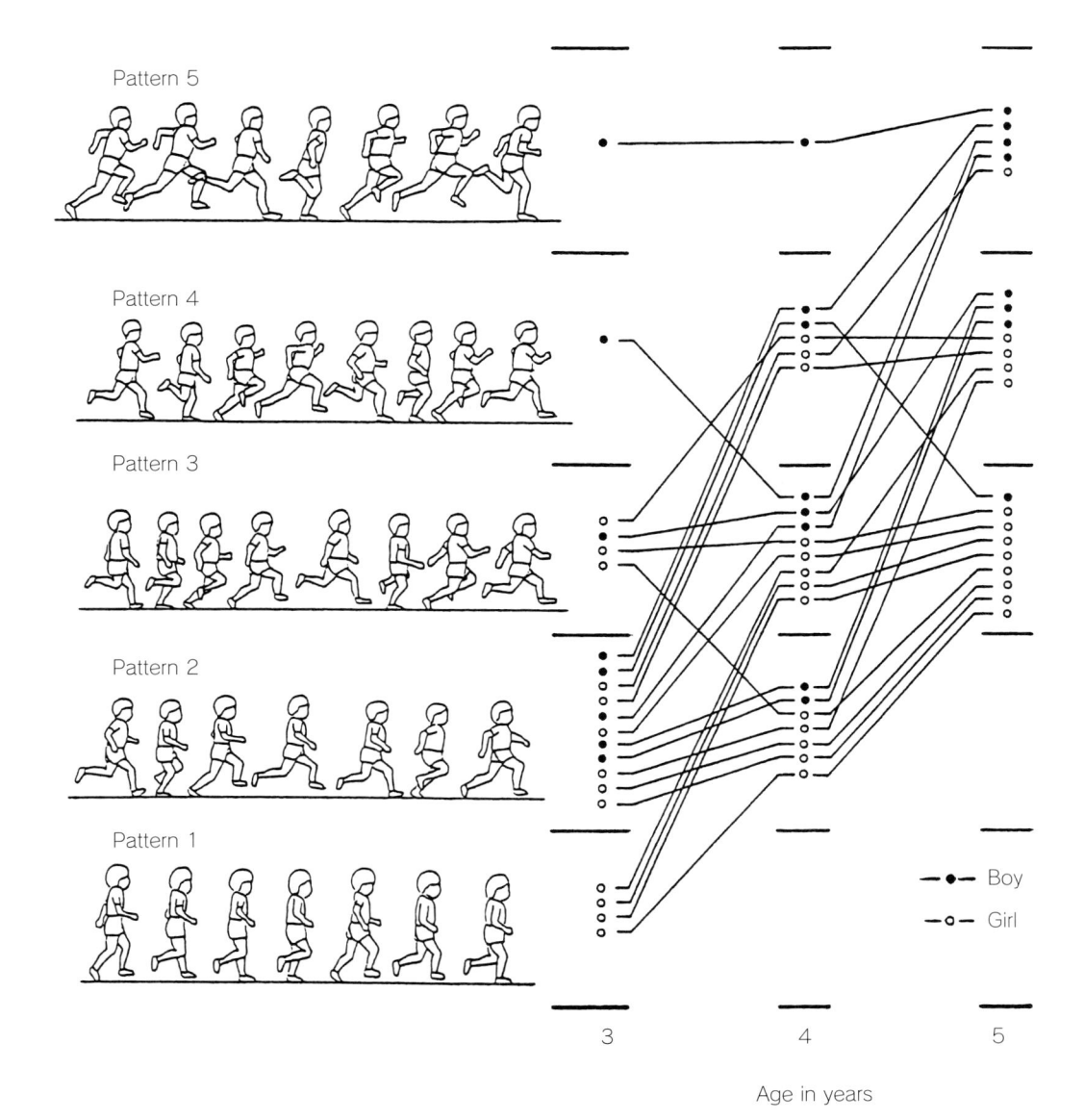

図Ⅱ-42 疾走動作発達段階の縦断的変化

3が7.0±0.6秒,パターン4が6.7±0.6秒,パターン5が6.3±0.5秒であり,女子ではパターン1が10.2±1.0秒,パターン2が8.5±1.2秒,パターン3が7.3±0.9秒,パターン4が7.1±0.7秒,パターン5が6.4±0.4秒であった.
　この結果は,男女ともに走動作が未熟型から成熟型へと変容するにつれて,25m走のタイムが短縮されることを示している.

(3) 縦断的データからみた疾走動作の発達

　図Ⅱ-42は,男子8名女子13名,計21名の幼児の走動作を3～5歳まで縦

68　II　成長にともなう疾走能力の発達

表II-21　年齢別男女別にみた走動作得点と走タイムの平均値および標準偏差（縦断的データ）

		3歳	4歳	5歳
走動作得点	男子	2.8±1.1　(0.7)	3.5±0.9　(0.9)	4.4±0.7
	女子	1.9±0.7　(1.0)	2.9±0.8　(0.6)	3.5±0.6
走タイム(sec.)	男子	8.1±0.8　(-1.2)	6.9±0.5　(-0.6)	6.3±0.3
	女子	9.3±1.1　(-1.5)	7.8±0.8　(-0.9)	6.9±0.5

(　)：年齢間の変化量　　　　　　　　　　　　　　　　　　　　　　Means±SD

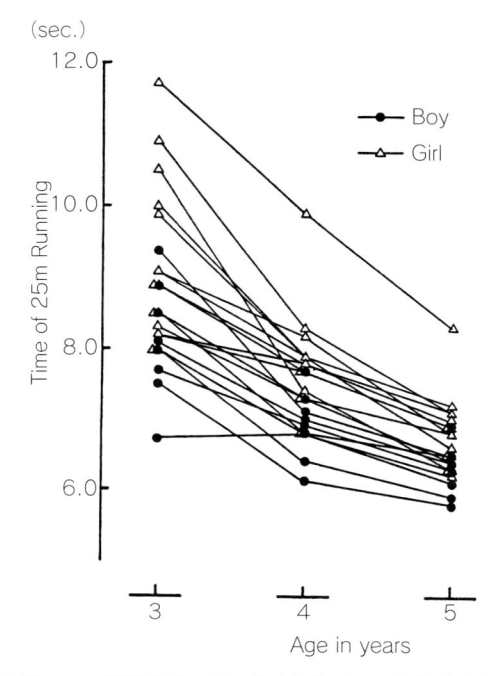

図II-43　縦断的データによる走タイムの経年的変化

断的に記録し，その走動作を観察的に評価した結果を図示したものである．それぞれの子どもの走動作が経年的にどのように変容したかを読みとることができる．表II-21は，縦断的データにおける走動作得点と25m走タイムの男女別年齢別の平均値と標準偏差であり，括弧内の数値は1年間の変化量を示している．

3歳においては，女子4名がパターン1に，男子5名と女子6名がパターン2に，男子1名と女子3名がパターン3に，パターン4とパターン5に男子が各1名ずつであった．その後の走動作の変容をみると，3歳〜4歳間および4歳〜5歳間ともに，それぞれ11名がより成熟した動作パターンに変わっていた．2年間に走動作の変容が認められなかった幼児が2名存在した．このう

ちの1名は，3歳ですでに最も成熟した段階であるパターン5にある男子であった．また，1年後に走動作がより未熟な段階に変容した幼児が3名存在したが，その要因は明確にならなかった．5歳では，男子1名と女子8名がパターン3，男子3名と女子4名がパターン4，また，男子4名と女子1名がパターン5であり，未熟なパターン1，パターン2はみられなかった．

走動作得点の縦断的変化をみると，男子では3歳～4歳間で0.7点，4歳～5歳間で0.9点，女子では3歳～4歳間で1.0点，4歳～5歳間で0.6点の増大がみられ，この結果からもこの時期の走動作の変容が確かめられた．

加藤ら（1987）は，疾走能力の優れている幼児と劣っている幼児の疾走動作を比較して，4歳からすでに走動作に顕著な個人差があることを報告しているが，この縦断的な研究も同様の結果であった．

図Ⅱ-43は，個々の幼児の25m走タイムの縦断的変化を示したものであり，年齢とともに疾走能力が発達することを示している．

また，走タイムの年間変化量をみると，男子では3歳～4歳間で1.2秒，4歳～5歳間で0.6秒，女子では3歳～4歳間で1.5秒，4歳～5歳間で0.9秒，それぞれ短縮していた．これらの結果は，この時期の疾走能力が加齢につれて向上すること，とくに3歳から4歳の間においてその向上が顕著なことを示している．

3）要　約

幼児の疾走動作の発達を観察的に評価する方法を作成し，横断的データと縦断的データを用いて，3～5歳の幼児の疾走動作の発達について検討した結果は以下のように要約される．

①幼児期の疾走動作の発達を評価するために，「腕の動作」「接地のしかた」「離地時のキック脚の動作」「非支持期前半の空中脚の動作」「非支持期後半の空中脚の動作」という5つの評価項目を選択し，各項目について3段階の動作カテゴリー，合計15の動作カテゴリーを設定した．それらのカテゴリーの組合せによる5つの走動作パターンによって幼児期の走動作の発達を観察的に評価することができた．

②横断的および縦断的データを用いて幼児の疾走動作を観察的に評価した結果，疾走動作は3～5歳まで，加齢につれて著しく発達することが明確になった．とくに，縦断的データから個々の子どもの走動作の変容が詳細にとらえられた．しかし，その発達にはかなりの個人差があることも明らかになった．

③幼児期においては，疾走動作の発達と25m走のタイムの短縮との間に密接な関係が認められ，疾走動作が発達するにつれて走タイムが短縮されることが明らかになった．

3章　児童期の疾走能力の発達

　1章および2章で述べたように，走運動は生後17ヵ月から24ヵ月頃にその原初形態が発生し，その後，幼児期に顕著な発達を遂げ，6，7歳頃までに基本的な走運動形態が定着するとともに，疾走能力や疾走動作はかなりの発達水準に達する．3章は，その後の児童期における疾走能力，疾走動作の発達を縦断的に考察するとともに，小学生を対象にしたスプリントトレーニングが疾走能力に及ぼす効果についてまとめたものである．

1. 疾走能力の縦断的発達

　発育期の走運動の発達に関する研究の多くは，疾走速度，歩幅，歩数，走運動中の身体各部位の変位，関節角度，地面反力，筋電図などの面から横断的方法（後藤ら，1979；福永ら，1984；斉藤ら，1981）によってなされており，児童期に疾走能力が著しく向上することが報告されている．また，4歳頃に走能力が著しく優れている子どもはその後もずっと優れ，4歳頃に劣っている子どもはその後もずっと劣っていることが報告（Amanoet et al., 1983；1987）されている．このことは，疾走能力が他の運動能力に比して生得的要因の関わりが強いことを示唆しているが，児童期の発達におけるこれらの詳細は明らかではない．

　3章-1は，児童期の疾走能力の発達を縦断的に調べることによって，疾走能力の異なる個々の子どもの発達変化，疾走能力と発育との関係をとらえるとともに，疾走1歩中の身体重心，脚の重心，足先点の軌跡などの変量を手がかりに児童期の疾走動作の年齢にともなう変容を明らかにするものである．

1）研究方法

　小学校1年生の児童44名（男子21名，女子23名）を対象にして，1年生から6年生まで（1983年から1988年まで），毎年11月中旬に50m疾走を実験的に行わせ，その全力疾走フォームを側方30mより，1年生から3年生までは16mmシネカメラ（50fps）で，4年目以降はビデオカメラ（60fps）で撮影した．撮影範囲はスタートから30mの地点を中心にその前後4mであった．

　被験者の身体的特徴やその経年的変化は表II-22のようであった．小学校1年生から6年生まで，実験時期との関連からそれぞれの年齢は7～12歳とした．得られた画像を分析し，全身および脚の重心位置，疾走速度，歩幅，歩数，歩幅／身長などを求めた．また，疾走中の足先，脚の重心と大転子と

表Ⅱ-22 被験者の身体的特徴

年齢		7	8	9	10	11	12
身長 (m)	男子	1.218 (.047)	1.256 (.057)	1.309 (.056)	1.387 (.057)	1.449 (.061)	1.535 (.073)
	女子	1.192 (.053)	1.227 (.055)	1.284 (.057)	1.368 (.066)	1.430 (.075)	1.497 (.076)
体重 (kg)	男子	24.2 (4.6)	27.1 (5.0)	30.5 (5.7)	35.1 (8.3)	40.2 (9.7)	48.0 (11.1)
	女子	22.4 (4.8)	24.5 (4.9)	27.6 (6.2)	31.6 (8.3)	35.1 (8.9)	41.2 (10.1)

表中の数値は平均値(標準偏差)を示す

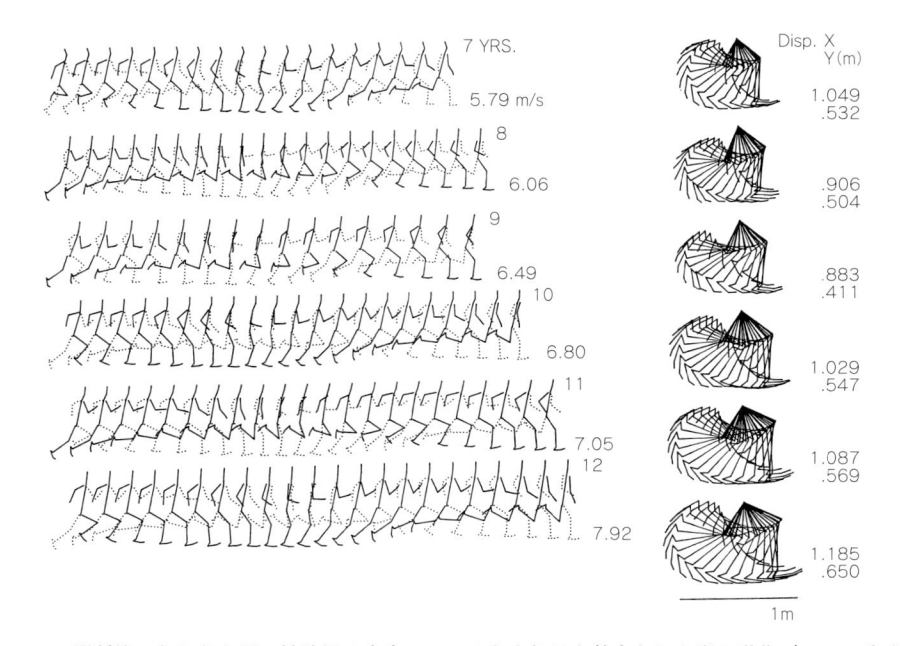

図Ⅱ-44 縦断的にとらえた同一被験児の疾走フォームと大転子を基点とした脚の動作 (7〜12歳まで)

の位置関係に着目し，大転子を基点とした足先，脚の重心の軌跡，それらの軌跡の水平および鉛直方向における最大変位を求めた．

2) 結果と考察

図Ⅱ-44は，同一被験者の小学校1年から6年までの疾走フォームのスティックピクチャーおよび大転子を基点にとらえた脚の動作の経年的変容の事例を示している．全被験者についての疾走動作の分析から以下のような結果と考察がなされた．

(1) 疾走速度，歩幅，歩数，歩幅／身長，歩数の経年的変化

表Ⅱ-23は，疾走速度，歩幅，歩幅／身長，歩数の経年的変化，およびそ

表 II-23 身長，体重，疾走速度，歩数，歩幅，歩幅/身長の経年的変化

年齢			7	8	9	10	11	12
身長(m)	Mean±SD	男子	1.219±.047	1.256±.057	1.309±.056	1.387±.057	1.449±.061	1.535±.073
		女子	1.192±.053	1.227±.055	1.284±.057	1.368±.066	1.430±.075	1.497±.076
	年間増加量	男子		.037***	.053***	.078***	.062***	.087***
		女子		.035***	.056***	.085***	.062***	.068***
体重(kg)	Mean±SD	男子	24.2±4.6	27.1±5.0	30.5±5.7	35.1±8.3	40.2±9.7	48.0±11.1 *
		女子	22.4±4.8	24.5±4.9	27.6±6.2	31.6±8.3	35.1±8.9	41.2±10.1
	年間増加量	男子		2.8***	3.4***	4.6***	5.1***	7.8***
		女子		2.1***	3.1***	4.1***	3.5***	6.1***
疾走速度(m/s)	Mean±SD	男子	5.17±.34	5.53±.46 ***	5.71±.47 **	5.80±.56 **	6.33±.61 **	6.90±.59 ***
		女子	4.75±.22	5.16±.23	5.34±.29	5.38±.32	5.81±.37	6.14±.43
	年間増加量	男子		.359***	.188***	.082	.530***	.570***
		女子		.402***	.188***	.037	.430***	.333***
歩数(steps/s)	Mean±SD	男子	4.46±.30 ***	4.37±.25 ***	4.37±.23 ***	4.15±.22 ***	4.08±.23 ***	4.11±.22 ***
		女子	3.87±.22	4.09±.24	4.08±.29	3.88±.26	3.84±.18	3.84±.20
	年間増加量	男子		-.089	.003	-.228***	-.067	.027
		女子		.220***	-.006	-.199***	-.047	.005
歩幅(m)	Mean±SD	男子	1.161±.082 **	1.265±.084	1.301±.067	1.396±.097	1.549±.095	1.680±.115 *
		女子	1.232±.077	1.264±.060	1.312±.064	1.389±.081	1.516±.079	1.601±.090
	年間増加量	男子		.104***	.040*	.091***	.152***	.131***
		女子		.033*	.048**	.077***	.127***	.085***
歩幅/身長	Mean±SD	男子	.953±.062 ***	1.009±.073	.998±.055	1.009±.081	1.070±.071	1.095±.067
		女子	1.034±.068	1.031±.046	1.024±.060	1.018±.064	1.062±.065	1.071±.069
	年間増加量	男子		.056*	-.010	.010	.062***	.024*
		女子		-.003	-.007	-.007	.046***	.009

*p<.05 **p<.01 ***p<.001

れらの年間増加量を示している．

　疾走速度は，男子では7歳の平均5.17m/sから，12歳の平均6.90m/sまで，女子では7歳の平均4.75m/sから，12歳の平均6.14m/sまで経年的に増大した．また，すべての年齢で男子の疾走速度は女子より大きく，有意な性差がみられた．各年齢間の変化をみると，男女とも9～10歳を除くすべての年齢間で有意な増大を示した．とくに，年間増加量が顕著であったのは，男子では10～11歳，および11～12歳，女子では7～8歳，および10～11歳であった．

　歩幅は，7～12歳まで男女とも著しく増大し，しかもすべての年齢間で有意な増大であった．身長の伸びを考慮して歩幅/身長をみてみると，男女とも経年的にやや増大の傾向であるが，10～11歳の増大のほかには著しい変

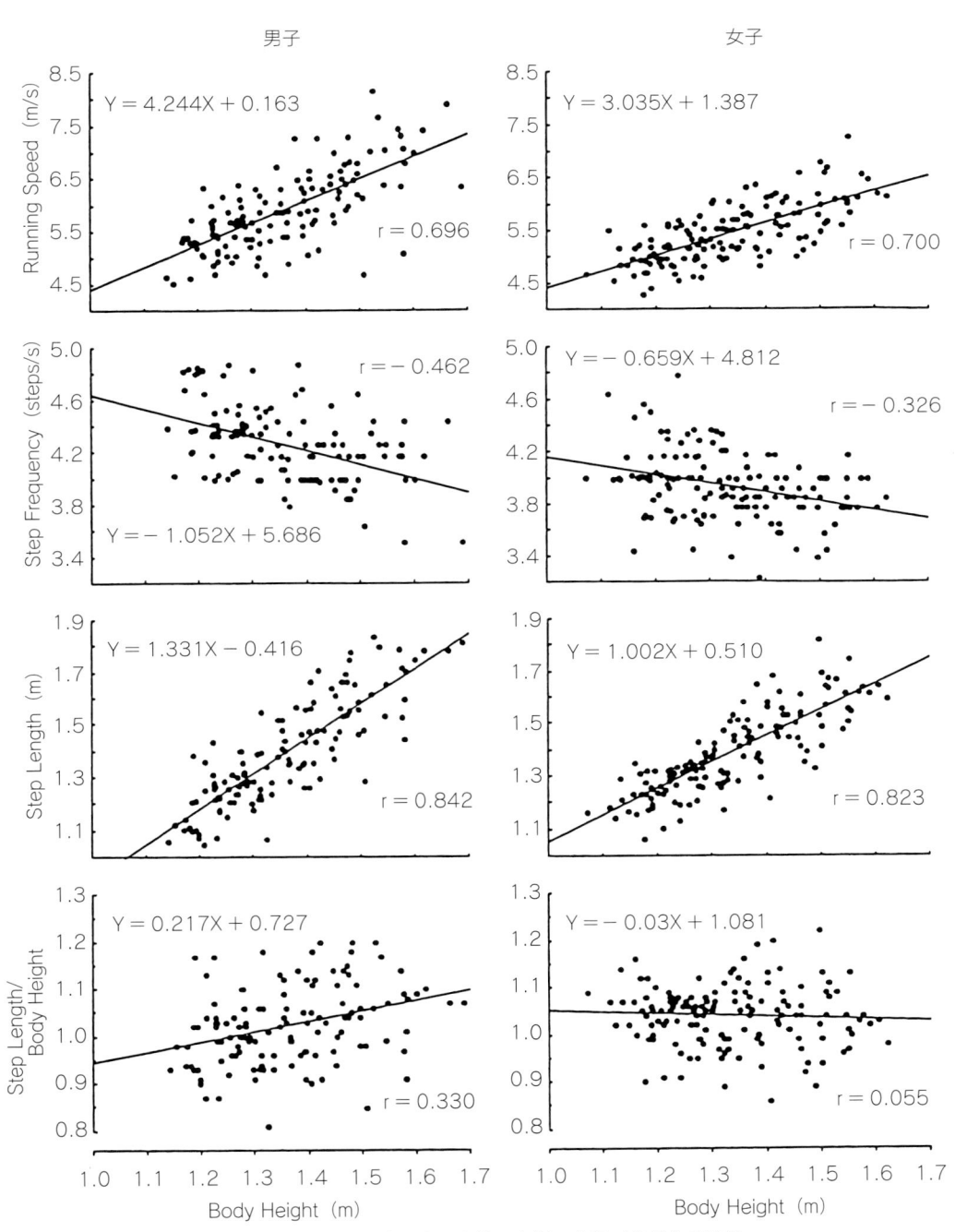

図Ⅱ-45 身長と疾走速度，歩数，歩幅，歩幅／身長との関係

化はなかった．これまでの報告（宮丸，1975；1987；1990）では，歩幅の身長比が経年的に著しく増加するのは，走動作が加齢につれて急速に変容する2～6歳の時期であり，それ以降の年齢ではその値がほぼ1.0で年齢による大きな変化はみられなかった．したがって，このことは児童期には幼児期のような著しい疾走動作の変容はないことを示唆している．

一方，歩数は，男子では4.11～4.46steps/sの範囲でやや減少の傾向であり，女子では3.84～4.09steps/sの範囲で年齢にともなう大きな変化はみられなかった．全体的には経年的にやや減少の傾向がみられる．

すべての年齢で男子の歩数は女子より大きく，性差が認められた．

これらの結果から，児童期の疾走速度の加齢にともなう増大は，おもに歩幅の増大によるものであり，各年齢での疾走速度の性差は，おもに歩数の違いによるとみられた．

(2) 発育との関係からみた疾走能力の変化

疾走能力と発育の関係をとらえるために，7～12歳までの身長と疾走速度，歩数，歩幅，歩幅／身長との関係を示したのが図Ⅱ-45である．疾走速度は，男女とも身長の増大につれて直線的に増大し，有意な相関関係を示した．歩数は，男女とも身長の伸びにつれて減少の傾向を示した．これまでの報告（斉藤ら，1981；宮丸ら，1995）は，いずれも歩数は経年的に変わらないとしている．しかし，本研究の結果は縦断的な資料であり，この年代の発育特性を考えればこの時期には身長の急速な増大につれて歩数はやや減少する傾向にあるとみられる．

一方，歩幅は身長の伸びにつれて顕著に増大し，高い相関関係がみられた．

したがって，この時期には発育につれて歩幅が増大し，それによって疾走速度が増大するといえる．しかし，歩幅の身長比をみると男女でやや違いがみられた．すなわち，男子の歩幅は身長比にしてもやや増大するのに対して，女子ではやや減少する傾向であった．この違いはこの年代の男女の形態発育や体力の発達の違いと関連するものであろう．

表Ⅱ-24は，疾走速度の年間増加量と身長，体重などの各変量の年間増加量との間の相関を求め，有意相関関係が認められた変量について示したものである．この結果をみると，男子では疾走速度の増加量が最も著しい10～11歳，11～12歳において身長の増加，ローレル指数の減少が疾走速度の増大と有意に関連しており，女子では11～12歳で体重およびローレル指数の増大が疾走速度と負の相関関係にあることが示されており，第二次性徴と疾走能力の関係を示唆している．

歩数は男女ともに成長につれて減少の傾向がみられた．したがって，歩数の年間増加量が大きい子どもほど疾走速度の年間増加量がより大きい関係にあるとみられる．表Ⅱ-24では，男女ともに9～10歳，10歳～11歳，11歳～12歳でこの関係が示されている．

8～20歳の男女について，身長と疾走速度との関係を調べた研究（福永ら，1984）によれば，疾走速度は身長の増大とともにほぼ直線的に増加し，その

表Ⅱ-24 疾走速度の年間増加量と相関関係がみられた変数と相関係数

この表では，疾走速度の年間増加量と各変数の年間増加量との相関関係を調べ，統計的に有意な相関関係がみられた変数についてのみ，その相関係数を示している．

	疾走速度（男子）						疾走速度（女子）				
年齢	7—8	8—9	9—10	10—11	11—12	年齢	7—8	8—9	9—10	10—11	11—12
BH				.731**	.625**	BH					
BW						BW					−.466*
RI				−.514*	−.541*	RI					−.527**
SL	.491*				.683***	SL				.425*	.510*
SL/BH	.469*				.562**	SL/BH				.466*	.482*
SF			.639**	.643*	.548**	SF	.427*		.652***	.602**	.486*

BH ＝身長　　SL ＝歩幅
BW ＝体重　　SL/BH ＝歩幅／身長
RI ＝ローレル指数　SF ＝歩数

*p＜.05　**p＜.01　***p＜.001

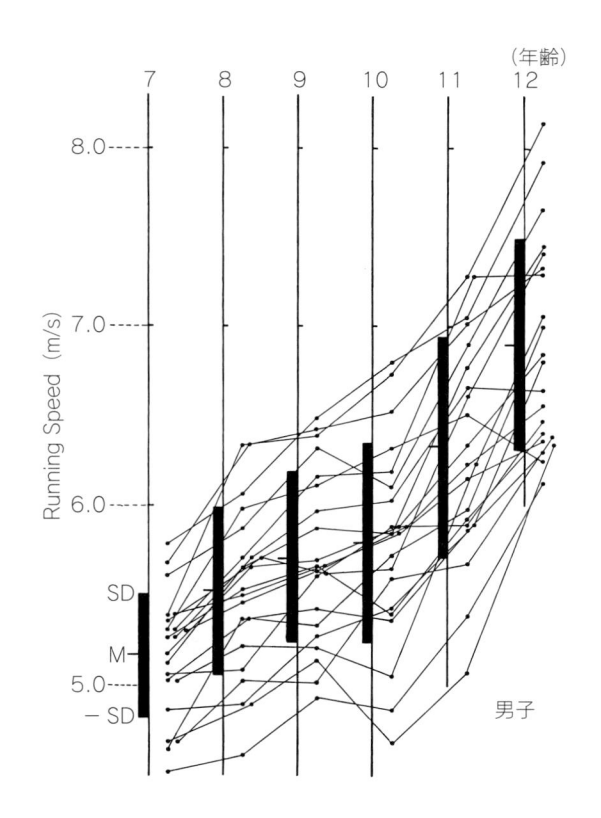

図Ⅱ-46 男子の疾走速度の縦断的変化

最高値は男子では身長165cmの頃，女子では155cmの頃であり，身長125cmくらいの8歳頃の疾走速度には大きな性差はないが，それ以後身長の増加に

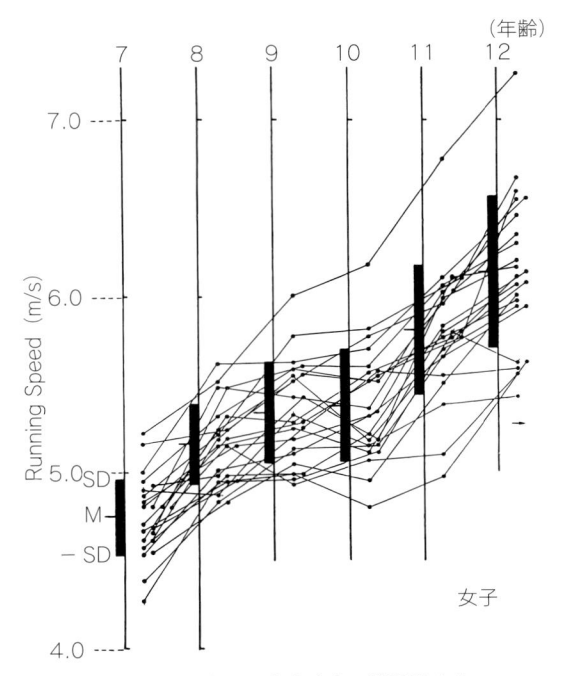

図Ⅱ-47 女子の疾走速度の縦断的変化

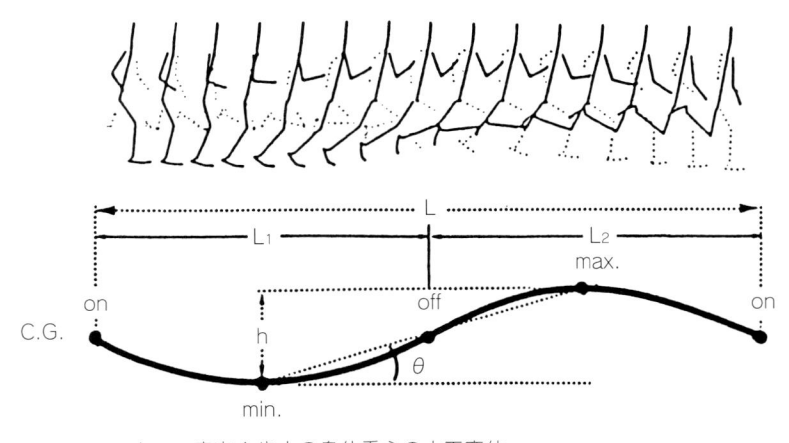

L ：疾走1歩中の身体重心の水平変位
L1 ：支持局面での身体重心の水平変位
L2 ：非支持局面での身体重心の水平変位
h ：身体重心の鉛直変位
θ ：身体重心の最下点から最高点までの平均上昇角度

図Ⅱ-48 疾走中の身体重心の軌跡に関する分析項目

つれて性差が増大すると報告している．本研究の縦断的なデータも発育と疾走速度の関係についてはほぼ同様の結果であった．本研究の被験者の12歳での平均身長から判断すると，その発育は疾走速度の最高値を示すまでにはいたっておらず，さらに疾走能力が発達する過程にあるとみられる．同時にまた，疾走能力の性差がこれまで以上に拡大する時期にあるといえる．

(3) 疾走能力の縦断的発達

一卵性双生児の運動能力の類似度に関する研究（水野，1956）によると，疾走能力（50m疾走）のような敏捷性連続運動では遺伝的，先天的要因の関与が大きいことが報告されている．そこで，7～12歳までそれぞれの子どもの疾走速度の縦断的な変化をみてみると，男子は図Ⅱ-46，女子は図Ⅱ-47のようであった．個々には変動があるものの，全般的にみて7歳で速い子どもはその後も速く，7歳で遅い子どもはその後も遅いという傾向がみられる．さらに，7歳での疾走能力とその後の各年齢での疾走能力の変動をみるために，男女の7歳における疾走速度を基準にして各年齢の疾走速度との相関関係を求めた．その結果，男子では0.58～0.87，女子では0.34～0.68であった．男子ではいずれの年齢でも有意な相関関係がみられたが，女子では10歳までは有意な相関関係にあったが，11歳以降では有意な相関関係は認められなかった．また，個人の各年齢における疾走速度の相対的位置（各年齢の疾走速度の平均値と標準偏差に基づく5段階評価による）が変化するかどうかをみた結果，男子では7～12歳まで相対評価が2段階以上変動したのは21名中わずかに1名のみであった．一方女子では男子より変動がみられ，2段階以上変動したのは23名中3名であった．これらの3名の女子は，いずれも肥満化，瘦身化の傾向であった．これらの結果から，男子は7歳で疾走能力の高い子どもはその後も各年齢で高く，7歳で疾走能力の低い子どもはいずれの年齢でも低い傾向にあるとみられる．女子では同様の傾向はあるものの児童後期になると男子よりは疾走能力の順位に変動があり，男子ほど明瞭な傾向はみられなかった．

このようにみてくると，特別なトレーニングがされない限り児童期に疾走能力水準が大きく変わる可能性は少ないことが示唆される．

(4) 身体重心の軌跡からみた疾走動作の発達

図Ⅱ-48は，分析に用いた疾走1歩中の身体重心に関する変量，すなわち，身体重心の水平変位，鉛直変位，支持期と非支持期における水平変位，および身体重心の最下点から最高点までの平均上昇角を示している．

表Ⅱ-25は，これらの身体重心の軌跡に関する各変量の年齢別，男女別平均値と標準偏差である．疾走1歩中の身体重心の水平変位の平均は，男子7歳の1.161mから12歳の1.672mへ，女子7歳の1.232mから12歳の1.590mへと経年的に増大した．水平変位の身長に対する比では男子は経年的に増大したが，女子では加齢にともなう明確な増大はみられなかった．

身体重心の最下点から最高点までの鉛直変位とその身長比（％）は，7～12歳にかけて男子では0.040m（3.3％）から0.061m（4.2％），女子では

表 II-25　疾走中の身体重心の軌跡に関する変量の経年的変化

年齢	7	8	9	10	11	12
身体重心の水平変位(m)						
男子	1.161±.082 ***	1.266±.084	1.299±.069 ***	1.403±.083 ***	1.523±.096 ***	1.672±.103 **
女子	1.232±.077 **	1.256±.069 **	1.310±.075 ***	1.415±.103 ***	1.489±.081 ***	1.590±.093
身体重心の水平変位／身長						
男子	.953±.062 *	1.009±.071	.993±.053	1.013±.068 ***	1.053±.072 **	1.090±.060
女子	1.034±.068 ***	1.024±.058	1.023±.071	1.035±.078	1.043±.064	1.063±.070
身体重心の鉛直変位(m)						
男子	.040±.012 **	.049±.009 *	.043±.007 *	.049±.008 **	.061±.012	.056±.014
女子	.050±.009 * **	.054±.009	.050±.014 *	.058±.014 **	.063±.012	.062±.008
身体重心の鉛直変位／身長						
男子	.033±.010 *	.039±.008 **	.033±.005 *	.035±.007 **	.042±.009 *	.037±.009 *
女子	.042±.008 **	.044±.007	.039±.011	.043±.010	.045±.009	.042±.006
非支持局面の水平変位／支持局面の水平変位						
男子	.678±.176 ***	.985±.138	1.035±.156	1.013±.201 *	1.077±.188	1.107±.149 *
女子	.728±.156 ***	.953±.156	.996±.170 *	1.064±.154	1.088±.166	1.072±.175
身体重心の平均上昇角度						
男子	3.813±1.10 **	3.733±.808 ***	3.622±.684 *	3.401±.810 *	3.298±.798 *	3.102±.645 **
女子	4.743±1.17	4.733±1.03	4.383±1.17	4.055±.801	3.840±.727	3.794±.645

*p<.05　**p<.01　***p<.001

　0.050m（3.9％）から0.063m（4.5％）の範囲であり，明確な経年的変化はみられなかった．鉛直変位やその身長比は，各年齢で男子より女子の方が大きい値であった．また，非支持期の水平変位／支持期の水平変位は，男女とも7～12歳にかけてやや増大を示した．

　身体重心の最下点から最高点に至る平均上昇角度は，男子では7歳の3.81°から12歳の3.10°へ，女子は7歳の4.74°から12歳の3.79°へ経年的に減少し，各年齢とも女子の値が男子より有意に大きかった．

　幼児期の走動作の発達の特徴のひとつに，疾走中の上下動が年齢とともに減少することが指摘されている（Wickstrom, 1983；宮丸ら, 1987）．

　これらの結果は，児童期においても疾走中の身体重心の上下動が年齢とともに少なくなること，また，各年齢で女子の方が男子より上下動が大きい走り方をしていることを示唆している．

表 II-26 疾走中の脚の重心と足先の軌跡に関する変量の経年的変化

年齢	7	8	9	10	11	12
脚の重心の水平変位(m)						
男子	.343±.020***	.299±.024**	.280±.025***	.326±.024***	.348±.020	***.381±.029
女子	.354±.025***	.303±.022*	.292±.025***	.339±.025***	.367±.027]*	.373±.030
脚の重心の水平変位／身長						
男子	.282±.018]*****	.238±.018***	.214±.022]***	.235±.018]*	.240±.015]*	.249±.018
女子	.297±.020]***	.247±.016***	.228±.017]***	.248±.017]**	.257±.017]*	.250±.018
脚の重心の鉛直変位(m)						
男子	.104±.021	.112±.014	.115±.014	.121±.012	.124±.014	.131±.017
女子	.100±.015***	.118±.010***	.107±.013***	.123±.013	.123±.012	.121±.017
脚の重心の鉛直変位／身長						
男子	.085±.016	.089±.011	.088±.011	.088±.010	.086±.009	.085±.012
女子	.084±.013***	.096±.007]* ***	.083±.010**	.090±.009**	.086±.009*	.081±.012
足先の軌跡の水平変位(m)						
男子	.879±.068	.887±.059	.879±.042***	.968±.051***	1.036±.057	***1.140±.082
女子	.918±.057***	.876±.052	.886±.064***	.988±.058***	1.056±.075	***1.117±.062
足先の軌跡の水平変位／身長						
男子	.721±.044	.707±.043***	.672±.033**	.698±.031	.715±.036*	.742±.046
女子	.770±.042***	.714±.036**	.690±.043***	.722±.033	.739±.041	.747±.037
足先の軌跡の鉛直変位(m)						
男子	.379±.061***	.463±.065	.474±.050	.496±.059	.568±.057	.585±.086
女子	.405±.070*	.436±.068	.438±.080	.496±.080	.534±.082	.550±.113
足先の軌跡の鉛直変位／身長						
男子	.311±.050]***	.369±.051	.363±.043	.359±.050]**	.393±.042]*	.382±.058
女子	.340±.058]***	.355±.056	.342±.065*	.363±.058]*	.374±.060]*	.368±.078
水平変位(1)⁺(m)						
男子	.279±.042*	.256±.037]*	.255±.040	.267±.042*	.309±.035*	.336±.054
女子	.297±.031	.290±.057]*	.278±.065	.278±.056*	.316±.043*	.360±.051
水平変位(2)⁺(m)						
男子	.248±.068***	.346±.043]*	.349±.043**	.391±.043**	.350±.047**	.396±.035
女子	.281±.067	.304±.071]*	.324±.073***	.390±.069	.362±.046*	.387±.030

*p<.05　**p<.01　***p<.001
⁺(1) 接地時の足先と大転子点との水平変位
⁺(2) 離地時の足先と大転子点との水平変位

(5) 足先および脚の重心の軌跡からみた疾走動作の発達

表 II-26 は，大転子を基点とした疾走中の脚の重心と足先の軌跡から，それぞれの水平変位と鉛直変位，およびその身長比を男女別，年齢別に示している．脚の重心の軌跡では，水平変位，鉛直変位，それぞれの身長比ともに年齢にともなう明瞭な変化はみられなかった．一方，足先の軌跡では，水平変位，鉛直変位，およびそれらの身長比が男女とも経年的に増大した．これらの結果は，児童期の疾走動作において年齢とともに下肢関節の屈曲，伸展が増大し，自由脚大腿の前上方への引き上げが高くなるなど，疾走動作がやや改善されることを示唆している．

また，支持期前半での大転子と足先の水平距離は，すべての年齢で女子が

男子より大きい値であった．このことは，児童期の疾走動作に性差があることを示唆している．

3）要　約

小学校1年生（7歳）の児童44名（男子21名，女子23名）を対象に，6年生（12歳）まで毎年同じ時期に疾走能力を調べ，6年間の発達を縦断的にとらえた結果は，以下のように要約される．

①疾走速度は，男女とも9〜10歳を除くすべての年齢間で有意な増大であった．疾走速度の年間増加量は，男子では10〜11歳，および11〜12歳で，女子は7〜8歳および10〜11歳にかけて顕著に大きかった．

②歩幅は，男女ともすべての年齢間で有意に増大した．歩幅／身長では男女とも10〜11歳での増大が顕著であった．一方，歩数は男子では経年的にやや減少する傾向であり，女子ではあまり大きな変化はみられなかった．これらの結果から，児童期の疾走速度の経年的増大はおもに歩幅の増大によるといえる．

③身長の伸びと疾走能力の関係をみると，疾走速度は男女とも身長の増大につれて著しく増大したが，歩数は身長の増大につれて減少する傾向であった．疾走速度の年間増加量と身長・体重の年間増加量との関係をみると，男子では疾走速度の増加量が最も著しい10〜11歳，11〜12歳において，身長の増加，ローレル指数の減少が疾走速度の増加と有意な相関関係にあった．一方，女子では11〜12歳で，体重およびローレル指数の増大が疾走速度の年間増加量と負の相関関係にあった．

④疾走能力の発達を縦断的にとらえた結果，男子では7歳で疾走能力の高い子どもはその後もそれぞれの年齢で高く，7歳で疾走能力の低い子どもはいずれの年齢でも低い傾向にあった．女子でも同様の傾向があるが，児童後期になると男子ほど明確な傾向はみられなかった．全体的にみて，児童期に疾走能力水準が大きく変わる可能性は少ないといえる．

⑤疾走1歩中の身体重心の軌跡，および大転子を基点とした脚の重心，足先の軌跡の水平変位，鉛直変位の分析から，児童期の疾走動作には以下のような特徴と年齢にともなう変化がみられた．

・疾走中の身体重心の鉛直変位が男女とも経年的に減少し，年齢とともに上下動の少ない疾走動作に変容する．

・疾走中の脚の動作において，年齢とともに下肢関節の屈曲，伸展が増大し，自由脚の前上方の引き上げが高くなるなど動作の改善がみられる．

⑥各年齢において，女子の方が身体重心の軌跡における鉛直変位，鉛直変位／身長，最下点から最高点までの平均上昇角，支持期前半での大転子と足先点の水平距離が男子より大きな値であった．これらのことから，どの年齢でも女子の方が上下動のやや大きい走り方をしており，児童期の疾走動作に性差があることが明らかになった．

2．疾走能力のトーニング効果

　発育期の子どもの疾走速度は加齢につれて著しく増大し，その増大はおもに歩幅の経年的増大に起因することが報告されている（宮丸，1975；辻野，1975）．しかし，子どもの疾走能力がスプリントトレーニングによってどの程度改善されるのかは検討されておらず，そのトレーニング効果は明らかにされていない．一方，疾走能力はその他の運動能力に比べ遺伝的な要因に影響されることが知られている（水野，1956）．したがって，子どもの疾走能力がトレーニングによってどのように変わるかは興味深い問題である．

　3章-2は，スプリントトレーニングが小学生の50m疾走タイム，疾走速度，および疾走中の歩幅や歩数に及ぼす効果を捉えるとともに，疾走能力と関連する脚の伸展および屈曲パワーや敏捷性に及ぼす影響について検討したものである．

1）研究方法

　被験者は，2つの小学校の3年生および6年生の児童であり，実験の手順は図Ⅱ-49のようであった．スプリントトレーニングを行ったM校の児童（トレーニング群：3年生17名，6年生25名）に対して昭和62年5月11日から6月20日までの6週間にわたって，日曜日を除く毎朝20分間と毎週3回の体育授業の15分間，トレーニングが行われた．トレーニング内容は表Ⅱ-27に示すとおりである．一方，N校の児童（コントロール群：3年生37名，6年生35名）には，特別なトレーニングを実施しなかった．トレーニング期間の前後に，両群に対して以下のような同一の測定を行った．50m疾走タイムを計測するとともに側方よりビデオカメラを用いて疾走フォームを毎秒60コマで撮影した．得られたフィルムを分析し，疾走速度，歩幅，歩数な

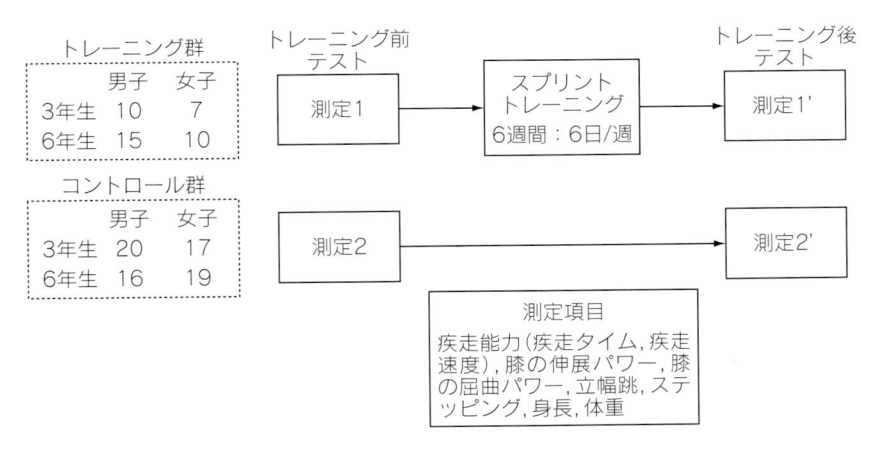

図Ⅱ-49　実験の手順と測定項目

表Ⅱ-27 実験群に用いたトレーニング内容

トレーニングの時期		1週目	2週目	3週目	4週目	5週目	6週目
Agility exercise	（立位ステッピング・もも上げなど）	10s×3	10s×3				
Power exercise	（両足交互跳び・片足跳びなど）	5m×2×2	20m×2	20m×3	30m×2		
Start dash training	（スタート）	10m×10		10m×5	30m×3	30m×3	30m×3
Sprint training	（全力疾走）	10m×1	30m×1	10m×1	30m×1	30m×2	50m×2
	（リレー競走）	20m×2	20m×3	20m×3	100m×1	100m×1	100m×1

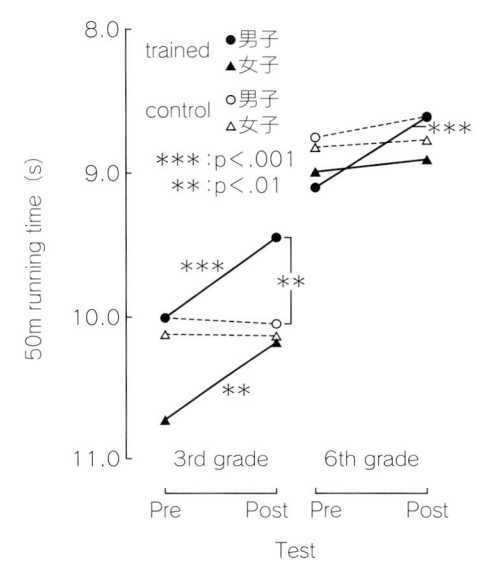

図Ⅱ-50 50m疾走タイムのトレーニング効果

どを求めた．

脚筋出力はCybex Ⅱ（Lumex社製）を用いて3種類の速度（30°，60°，180°/s）における等速性膝伸展力および膝屈曲力を測定した．また，立幅跳や座位ステッピング，および身長，体重など形態の測定を行った．

トレーニング効果を調べるために各測定値について両群間の平均値の差のt検定，および各被験者の値を対とする対差のt検定を行った．

2）結果および考察

図Ⅱ-50は，6週間のトレーニング前後におけるトレーニング群（以下T群）とコントロール群（以下C群）の50m疾走タイムの変化を学年別，男女別にそれぞれ示したものである．疾走速度，歩数，歩幅および歩幅の身長比

表Ⅱ-28 疾走速度，歩数，歩幅，歩幅／身長のトレーニングによる変化

		3 rd grade				6 th grade			
		男子		女子		男子		女子	
		Pre	Post	Pre	Post	Pre	Post	Pre	Post
疾走速度 (m/s)	trained	5.49	5.76↗**	5.08	5.34↗**	6.16	6.51↗***	6.08	6.28↗**
	control	5.48	5.57	5.37	5.46	6.28	6.48↗*	6.20	6.33↗*
歩数 (steps/s)	trained	4.21	4.23	4.01	4.12	4.03	4.23↗**	4.02	3.97
	control	4.19	4.16	4.01	4.01	4.08	4.16	3.97	3.98
歩幅(m)	trained	1.308	1.362↗**	1.266	1.297	1.529	1.542	1.517	1.585↗**
	control	1.315	1.344	1.341	1.365	1.544	1.559	1.561	1.590↗**
歩幅／身長	trained	1.03	1.07↗*	1.01	1.03	1.05	1.05	1.03	1.07↗**
	control	1.02	1.04	1.05	1.07	1.07	1.07	1.07	1.09↗*

＊：p＜.05， ＊＊：p＜.01， ＊＊＊：p＜.001

の変化を表Ⅱ-28に示した．膝の伸展および屈曲動作におけるピーク・トルク，立幅跳，座位ステッピングの変化は表Ⅱ-29のとおりであった．

　トレーニング前の50m疾走タイムは，両群の各学年男女の平均値に有意な差はみられなかったが，トレーニング後の値では，3年生男子にのみ有意差が認められた．両群の各学年男女別に50m疾走タイムのトレーニング前後の変化をみると，T群は6年生女子を除くすべてに0.1～1％水準で有意な短縮がみられた．一方，C群は各学年男女とも著しい短縮は認められなかった．

　疾走速度においてもトレーニング前には両群間で有意な差はみられなかった．しかし，トレーニング後の値は，T群では各学年男女とも0.1～1％水準で有意な増大が認められたのに対して，C群では6年生男女で5％水準で有意な増大を示したが，3年生男女には有意な増大はみられなかった．

　また，トレーニング前後における歩数と歩幅およびその身長比の変化をみると，歩数はT群の6年生男子で有意な増大を示したのみであり，歩幅はT群では6年生男子を除き増大の傾向を示し，3年生男子と6年生女子に有意な増大がみられた．C群では6年生女子にのみ有意な増大がみられた．そして，その身長比はT群の3年生男子と6年生女子およびC群の6年生女子に有意な増大がみられた．これらのことから，T群にみられる疾走速度の向上は6年生男子を除き，歩数よりもおもに歩幅の増大によることが示唆された．

　トレーニング群の50m疾走タイムと疾走速度について，トレーニング前後の値の相関係数を算出してみた．50m疾走タイムは3年生男子を除くすべてにr＝.884～.928，疾走速度ではすべてのグループにr＝.806～.963で，ともに1～0.1％水準で有意な相関が認められた．したがって，トレーニングによる疾走能力の順位の変化はあまりみられなかったといえる．また，トレーニング群の各学年男女のトレーニング前の50m疾走タイムの平均値（M）と標準偏差（SD）をもとに，それぞれ疾走タイムがM－SD以下のものを上

表Ⅱ-29 トレーニング前後の膝の伸展・屈曲パワー，立幅跳，座位ステッピングの変化

		3rd grade				6th grade			
		男子		女子		男子		女子	
		Pre	Post	Pre	Post	Pre	Post	Pre	Post
膝の伸展パワー(ft-lbs)									
5 rpm	trained	35.96	31.83	37.80	35.64	61.15	71.39↗**	55.55	65.54
	control	37.69	29.54↘***	31.89	30.85	67.96	56.33↘**	67.95	55.41↘***
10 rpm	trained	21.47	23.18	20.16	26.31↗*	41.77	48.89↗*	38.81	51.89
	control	22.49	20.30↘*	18.76	20.69	43.68	41.59	46.55	39.61↘**
30 rpm	trained	14.37	16.06	11.70	15.81↗*	23.34	32.76↗*	25.03	32.33
	control	13.92	12.42	11.14	12.48	25.38	28.84	28.21	25.27
膝の屈曲パワー(ft-lbs)									
5 rpm	trained	22.61	22.27	21.70	20.16	45.25	49.92	41.56	39.28
	control	28.51	21.75↘**	22.51	20.18↘*	44.08	34.83↘***	41.02	35.47↘*
10 rpm	trained	16.76	19.58	14.97	19.94↗**	32.98	39.75↗**	26.50	34.27↗*
	control	19.52	19.04	16.18	18.23	35.74	31.60	34.64	32.85
30 rpm	trained	12.76	16.86↗**	10.71	14.91↗***	19.73	30.28↗***	17.84	25.58↗*
	control	14.04	14.36	10.79	14.00↗*	23.01	24.78	23.24	25.54
立幅跳(m)	trained	1.508	1.622↗*	1.349	1.419	1.713	1.757↗*	1.616	1.687↗**
	control	1.438	1.491	1.366	1.376	1.740	1.758	1.665	1.769↗**
ステッピング(times/30 s)	trained	89.9	92.8	84.9	93.0↗*	108.7	110.7	98.1	106.0↗*
	control	93.7	91.8	81.9	90.8↗***	107.4	102.2↘*	97.4	99.8

＊：p<.05, ＊＊：p<.01, ＊＊＊：p<.001

位群，－SD～＋SDのものを平均群，M＋SD以上のものを下位群に分け，トレーニング後，各群のタイムの変化量を算出した．トレーニング後のその変化は，6年生女子をのぞき下位群が最も大きく，0.65～1.05秒の短縮を示した．そして，6年生女子をのぞく平均群のタイムは，0.43～0.62秒，上位群のタイムは0.27～0.30秒，それぞれ短縮した．この結果では，下位群のタイムの短縮が最も大きかった．しかし，6年生女子の下位群，平均群には顕著なタイムの短縮がみられなかった．

T群の各学年男女で，疾走速度が顕著に増大した事例のトレーニング前後の疾走フォームは図Ⅱ-51のようであった．この図では，疾走動作1周期中の同一局面（例えば，接地，離地の瞬間）をそれぞれ比較して示している．

これらの事例では，トレーニング後に疾走フォームの改善が認められた．

表Ⅱ-29は，トレーニング前後の膝の伸展・屈曲パワー，立幅跳，座位ステッピングの変化を示している．

膝の伸展および屈曲動作におけるピーク・トルクをみると，T群はいずれの動作も10rpmと30rpmの負荷において各学年男女で顕著な増大を示した．

とくに，屈曲動作の30rpmではT群のすべてに有意な増大が認められた．そして，これらの負荷において伸展動作よりも屈曲動作の方に有意水準の高

図Ⅱ-51 トレーニング前後の疾走フォームの比較（図中の1，3は離地時2，4は接地時）

い増大がみられた．5rpmの負荷では6年生男子の伸展および屈曲動作に増加がみられたが，他のグループには増加はみられなかった．一方，C群はいずれの動作や負荷においてもT群のような明かな増加を示さなかった．とりわけ，5rpmの負荷に対しては減少がみられた．また，瞬発力の指標となる立幅跳では，T群は各学年男女に増加の傾向がみられ，3年生女子を除き，他のグループは有意に増大した．

一方，C群はT群のような顕著な増大は示さず，6年生女子にのみ有意な増大がみられた．さらに，座位ステッピングは，T群の3年生および6年生女子，C群の3年生女子に有意な増大，C群の6年生男子には有意な減少を示したが，両群とも明確な変化はみられなかった．

以上のことは，T群には脚筋パワーにおいてトレーニング効果があったことを示している．

3）要 約

　小学校3年生と6年生の児童を対象として，6週間のスプリントトレーニングを実施した結果は，以下のように要約される．

　①T群において，3年生男女と6年生男子の50m疾走タイム，および疾走速度，6年生女子の疾走速度に0.1〜1％水準で有意なトレーニング効果が認められた．しかし，C群の6年生の疾走速度にも5％水準で有意な増大がみられた．T群のトレーニングによる50m疾走タイムの短縮は，疾走能力の上位群や平均群より下位群で大きかった．

　②T群の疾走速度の増大は，6年生男子を除き，歩数よりもおもに歩幅の増大によるものであった．

　③膝の伸展および屈曲動作におけるピーク・トルクをみると，T群はいずれの動作も10rpmと30rpmの負荷において各学年男女で顕著な増大がみられ，とくに屈曲動作の30rpmではT群のすべてに有意な増大がみられた．

　④瞬発力の指標となる立幅跳では，T群は増加の傾向を示したが，C群には明かな変化がみられなかった．

4章　思春期以降の疾走能力の発達

　1章から3章で考察したように，幼児期から児童期における疾走能力の発達には明確な性差はみられなかった．しかし，その後発育スパート期を迎え性的成熟が始まると，男女の形態発育や機能の発達に顕著な違いがみられるようになり，疾走能力においても顕著な性差が出現する．また，性的成熟期の後半になると，疾走能力の発達はピークを迎えることになる．
　4章は，性差が顕著になる思春期以降の疾走能力について，中学生，高校生，大学生（成人）の時期の発達過程を明らかにするとともに，それぞれの時期の特徴をとらえたものである．

1．中学生の疾走能力の発達

　走運動は，2歳前後に出現し，幼児・児童期にかけて急速に発達する．したがって，その時期の走運動の発達に関する研究（Amano et al., 1983；Clouse, 1959；Dittmer, 1962；Fortney, 1964；宮丸，1975；能勢ら，1970；斎藤ら，1981；佐藤，1973；辻野・後藤，1975）は多いが，児童期以降を対象として疾走運動の発達をとらえた研究はあまりみられない．
　4章-1は，発育スパート期にある中学生の疾走能力の発達を縦断的に把握し，疾走運動の効果的な指導を行うための基礎的な知見を得ようとしたものである．

1）研究方法

　被験者は，土浦市内にあるG中学校に昭和56年に入学した生徒54名（男子24名，女子30名）であった．実験は昭和56年から58年まで，毎年6月に同じ生徒を対象として行う縦断的手法によるものであった．実験走は，50m全力疾走とした．1/100秒単位の時間をデジタル表示として組み入れたビデオカメラによって，各被験者の50m疾走を中間地点より録画し，ビデオ分析から疾走タイムを算出した．また，同時に25〜35m区間での疾走動作を16mmシネカメラ（Bolex 16H，64fps）で撮影し，解析装置（Nac社製Sportias GP-2000）を用いて分析した．
　疾走運動1サイクルにおける疾走速度，歩幅，歩数を求め，疾走中の接地および離地時の身体各関節角度を算出した．離地時については，①大腿の引き上げ角度，②自由脚の膝関節角度，③キック脚の前傾角度を，また，接地時については，④自由脚の膝関節角度，⑤接地脚の後傾角度を求めた．
　さらに，疾走中の股関節および膝関節の可動範囲，腰（大転子点）を基点

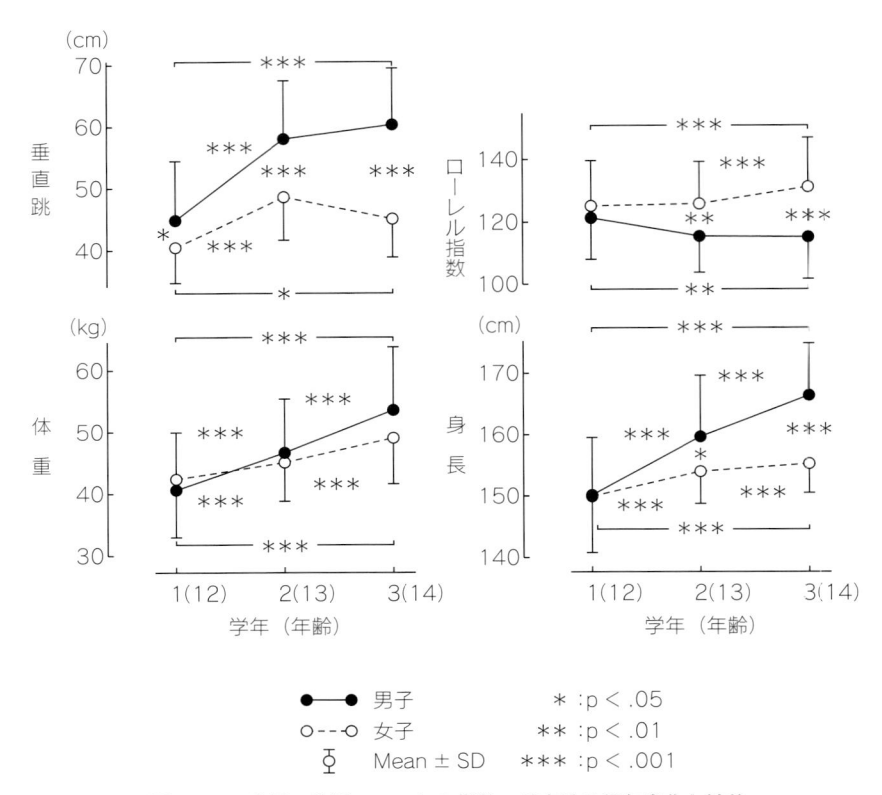

図Ⅱ-52 身長，体重，ローレル指数，垂直跳の経年変化と性差

とした足先点の軌跡を求めた．足先点の軌跡については，その水平変位，鉛直変位を分析項目とした．被験者の形態や機能については，身長，体重，ローレル指数，運動能力および体力診断テストの各種目を分析項目とした．得られた全データは，大型電算機を用いて統計的な処理を施した．

2) 結 果
(1) 形態および機能

1年生から3年生にかけての身長，体重，ローレル指数，垂直跳の経年的変化とその性差は図Ⅱ-52のようであった．運動能力および体力診断テストの全項目と50m疾走タイムとの相関係数を算出した結果，各学年にわたって男女ともに統計的に有意な相関関係にあったのは垂直跳であった．

男女とも身長，体重は経年的に有意な増加を示した．一方，ローレル指数をみると男子は経年的に減少しているのに対して，女子は増加を示し，とりわけ，2年生から3年生への増加は統計的に有意であった．また，垂直跳は，男女とも経年的に増加した．とくに，男子は著しい増大がみられたが，女子では，2年生から3年生にかけて減少を示し，いずれの学年においても有意

表Ⅱ-30　50m疾走タイム，歩幅，歩数，歩幅／身長の経年変化と性差

学年		1		性差	2		性差	3		性差	学年差(学年)		
		M	SD		M	SD		M	SD		1	2	3
疾走タイム(50 m, sec)	M	8.66	0.59	—	8.01	0.62	***	7.59	0.51	***	*** *** ***		
	F	8.81	0.41		8.67	0.42		8.67	0.40		** *		
歩幅(cm)	M	161.1	13.6	—	174.5	14.3	**	186.2	13.1	***	*** *** ***		
	F	160.0	6.2		162.8	7.0		164.3	7.3		*** **		
歩数(steps/sec)	M	4.05	0.13	—	4.09	0.14	—	4.06	0.18	—	*		
	F	4.04	0.15		4.04	0.14		4.01	0.14				
歩幅／身長	M	1.08	0.08	—	1.10	0.06	*	1.12	0.07	***	** **		
	F	1.07	0.04		1.06	0.05		1.06	0.05				

*：p<0.05　**：p<0.01　***：p<0.001

な性差が認められた．

(2) 疾走能力

1年生から3年生にかけての疾走タイム，歩幅，歩幅の身長比および歩数の経年的変化を表Ⅱ-30に示した．男子をみると疾走タイムは，経年的に著しく短縮し，歩幅や歩幅の身長比は経年的に増大した．一方，女子では疾走タイムの経年的な短縮はみられず，歩幅や歩幅の身長比も経年的な変化はほとんどみられなかった．歩数は男女とも1年生から3年生まで4.01〜4.09歩／秒の範囲であり，経年的な変化はほとんどみられなかった．

(3) 疾走動作

1年生から3年生にわたる疾走動作の変化をみると，次のような著しい経年的変容がとらえられた．男子では離地時において，①大腿の引き上げが増大した．②自由脚の膝の屈曲が増大した．③キック脚の前傾が増大した．また，④股関節および膝関節の可動範囲が増大した．⑤腰（大転子点）を基点とした疾走動作1サイクル中の足先点の軌跡における水平および鉛直変位がともに増大した．

一方，女子では離地時において，①自由脚の膝の屈曲が減少した．②キック脚の前傾が増大した，③腰（大転子点）を基点とした疾走動作1サイクル中の足先点の軌跡における水平変位が増大した．

(4) 疾走能力の縦断的変化

全被験者の疾走能力の変化を縦断的に追跡し，疾走能力に違いのみられる生徒の経年的変化を示すと図Ⅱ-53のようであった．男女とも1年生で疾走能力の高い生徒は，3年生でも高く，1年生で疾走能力の低い生徒は3年生でも低い傾向であり，相対的に大きな変化はみられなかった．しかし，男子の中には1年生での疾走能力が平均的なレベルにありながら，2，3年生にかけて著しく向上した図中のB1のような事例が認められた．一方，女子の中には図のG1のように平均的レベルから学年を追って著しく低下した事例が認

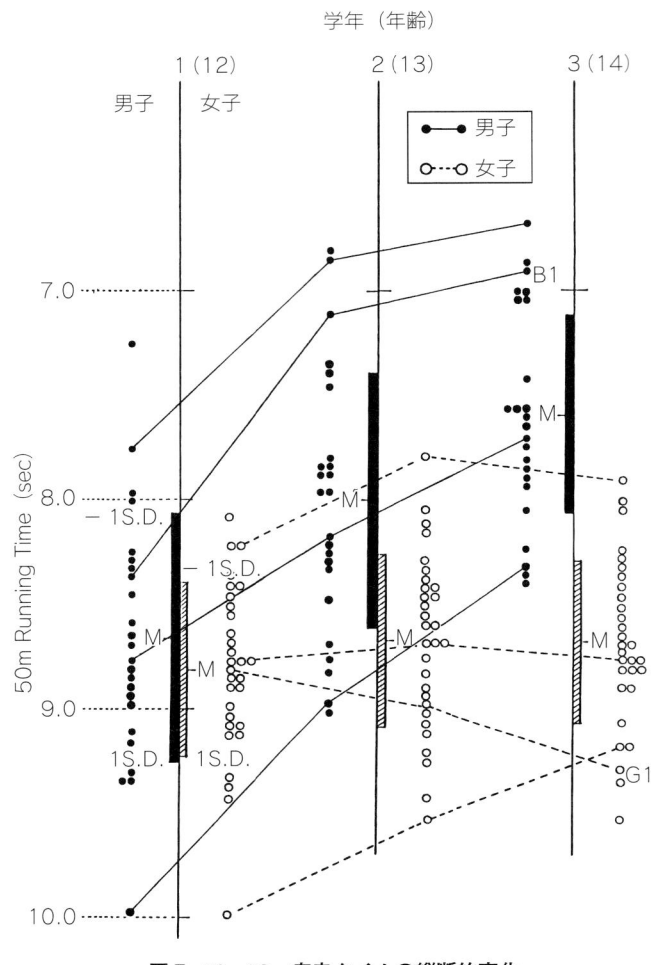

図Ⅱ-53 50m疾走タイムの縦断的変化

められた．

3) 論　議

　2～14歳までの男女の疾走速度，歩幅，歩幅の身長比および歩数の経年的変化を示したものが図Ⅱ-54である．この図は，2～11歳の幼児・児童に関する斎藤ら（1981）の報告と本研究の12～14歳の結果に基づいて作成したものである．疾走速度は，幼児期から児童期まで加齢とともに増大し，顕著な性差は認められない．しかし，12歳以降，疾走速度に性差が生じた．すなわち，男子は12歳以降，さらに疾走速度が経年的に著しく増大し，歩幅や歩幅の身長比も同時に増大の傾向を示した．一方，女子の疾走速度，歩幅，歩幅の身長比は男子のような経年的増大がみられず，むしろ停滞する傾向で

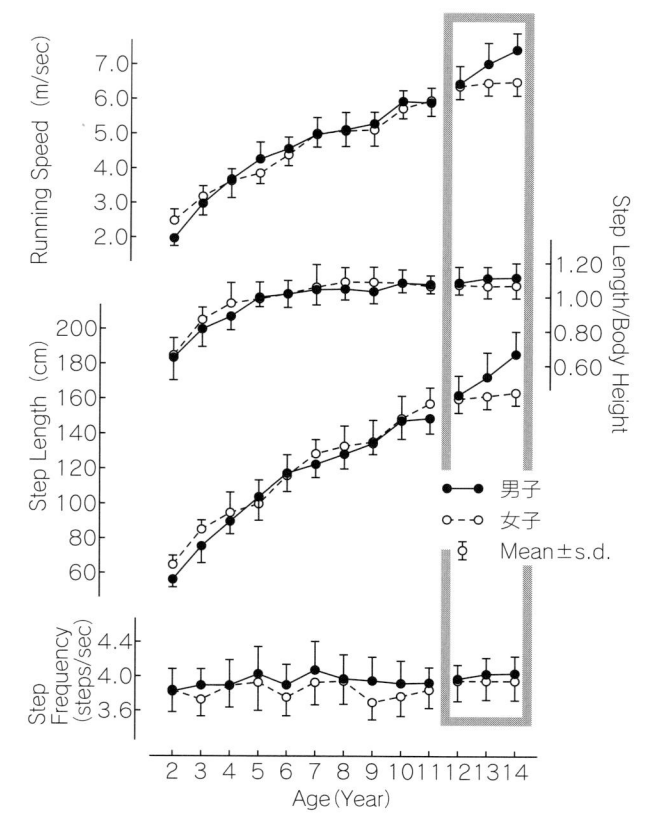

**図Ⅱ-54　2～14歳までの疾走速度，歩幅，歩幅／身長，
　　　　　歩数の変化**
　　　　（2～11歳の値は，斉藤ら（1981）による）

あった．しかしながら，歩数は男女とも幼児・児童期と変わらぬ値を示し，経年的変化は認められなかった．

　幼児・児童期の加齢にともなう疾走速度の増大は，歩数よりも主に歩幅の増大に起因していると報告されている（Dittmer，1962；宮丸，1975；斎藤ら，1981；Wickstrom，1977）．中学生を対象とした本研究においても同様の結果であった．

　これまでの報告（斎藤ら，1981；Wickstrom，1977）によれば，加齢にともなう疾走速度の増大は，形態的な発育，瞬発筋力の発達，疾走動作の変容に依拠するとされている．また，松浦（1982）は，青年前期は瞬発筋力の発達に大きく依存して疾走能力の発達が生ずると述べている．

　本研究では，瞬発筋力の指標として疾走タイムと最も関連性が高かった垂直跳を取り上げることにした．そこで，本研究の被験者にみられた形態的発育や瞬発筋力の発達の傾向をみると，男子では1年生から3年生にかけて，

身長や体重が経年的に著しく増加したが，ローレル指数は有意な減少を示した．また，垂直跳は経年的に著しく増大し，とりわけ，1年生から2年生への増大が顕著であった．したがって，男子にみられたこれらの形態や瞬発筋力の加齢にともなう増大が，疾走能力の経年的発達に関与したものと思われる．一方，女子では身長，体重がともに経年的に有意な増加を示し，ローレル指数も経年的に増大した．とくに，2年生から3年生への増大が顕著であった．しかし，垂直跳でとらえた瞬発筋力は，明確な経年的増大がみられず，むしろ，2年生から3年生にかけては減少を示した．女子では，12, 13歳以後女性ホルモンの分泌などの影響によって，身体の女性らしさがしだいに明白となり，瞬発筋力の発揮が女性の筋の特性から不適になってくることが知られている．

本研究にみられた女子の疾走能力の停滞傾向には，これらの形態や機能の変化が影響しているものとみられる．

ところで，加齢にともなう疾走能力の発達には，疾走動作の経年的変容も関与していると思われる．本研究でとらえた1年生から3年生にかけての疾走動作の変容をみてみると，男子では疾走中の脚の動作にみられる膝関節・股関節可動範囲の経年的増大が顕著に認められた．また，疾走動作1サイクル中の大転子点を基点とした足先点の軌跡においては，その水平変位・鉛直変位がともに経年的に増大した．このような加齢にともなう疾走動作の変容は，幼児・児童期においても認められるもの（Fortney, 1964；宮丸, 1978；Wickstrom, 1977）であるが，男子においては12歳以後も引き続き疾走動作が経年的に発達すると判断される．

一方，女子では，疾走動作における膝関節・股関節の可動範囲は，加齢による変化がみられなかった．足先点の軌跡においては水平変位のみが経年的にやや増大した．しかし，下肢の各関節の屈曲・伸展は経年的変化はみられず，足先点の水平変位の増大は，動作の変容によるものではなく，むしろ，長育の伸びによるものと判断される．このことは，女子においては，12歳以後疾走動作に経年的変容がみられなくなることを示している．

幼児・児童期の疾走能力を縦断的に追跡した研究（Amano et al., 1983）によれば，4歳で疾走能力が高い子どもは，7歳まで各年齢を通じて高く，4歳で低い場合には，各年齢ともに低いという発達傾向を報告している．また，3章-1で述べたように児童期でも同様の傾向が認められた．本研究の結果は，中学校期においても同様の発達傾向が認められることを明らかにした．

本研究では，すべての被験者について，疾走能力の発達を縦断的に把握しており，その結果から，特徴的な事例をとらえることができた．

男子にみられた典型的な事例は，1年生では平均的な疾走能力であったのが2, 3年生において高くなったもの（図Ⅱ-53のB1）であり，女子の代表的な事例は1年生では平均的な疾走能力であったのが2, 3年生にかけて低くなったもの（図Ⅱ-53のG1）であった．これらの事例の特徴をみると，B1は，垂直跳が1年生の46cmから3年生の66cmへと著しく増大し，疾走動作

は股関節可動範囲などの経年的増大にみられるような発達傾向を示した．一方，女子のG1はローレル指数が1年生の129から3年生の147まで著しく増大し，疾走動作では，経年的変化はみられず，むしろ足先点の軌跡から求めた足先の水平および鉛直変位などが経年的に減少した．ここに取り上げた事例（B1, G1）は，中学校期の男子，女子の疾走能力の発達の傾向を顕著に示す典型的な例であった．

本研究の結果は，中学生における疾走運動の指導において，男女それぞれの形態の発育や体力の発達にみられる特徴や傾向を十分踏まえておかねばならないことを示唆している．

4）要　約

思春期の発育スパート期にある中学1年生から3年生を対象として，疾走能力の発達を縦断的に追跡した結果，次のような発達傾向がとらえられた．

①50m疾走タイムは，1年生から3年生にかけて男子では，8.66秒から7.59秒へ経年的に著しく短縮したが，女子では8.81秒から8.67秒まで，その経年的短縮はわずかであった．

②歩幅や歩幅の身長比は，1年生から3年生にかけて男子では，ともに経年的に著しく増大したが，女子では歩幅の増大はわずかであり，歩幅の身長比はむしろ経年的に減少した．

③歩数は，男女とも1年生から3年生までほぼ一定であり，経年的変化はみられなかった．

④疾走動作の経年的発達は，男子では顕著にみられ，とくに膝関節および股関節可動範囲の増大や疾走動作中の足先点の軌跡における水平および鉛直変位の増大が著しかった．女子では，身体各関節の可動範囲などの経年的変化はなく，疾走動作の経年的変容はほとんどみられなかった．

⑤疾走能力の発達に影響を及ぼす形態や瞬発筋力の経年的な変化は，以下のようであった．すなわち，身長，体重は男女ともそれぞれ増加したが，ローレル指数では，男子が減少したのに対し，女子では顕著な増大がみられた．

また，垂直跳は男子では著しく増大したのに対して，女子では顕著な伸びはみられなかった．

⑥疾走能力の発達を縦断的にみた結果，男女とも1年生で疾走能力が高いものは3年生でも高く，1年生で疾走能力が低いものは3年生でも低いという発達傾向がとらえられた．男子は，形態や瞬発筋力および疾走動作にみられた経年的変化を背景として疾走能力がさらに向上するが，女子は，加齢による形態や瞬発筋力および疾走動作の変化が疾走能力の発達にマイナスの影響を及ぼし，この時期に疾走能力が停滞することが明らかになった．

2. 男子高校生の疾走能力の発達

疾走能力の発達に関する研究は，これまでに多くの報告がなされている．

とりわけ，幼児から中学生までの子どもの疾走能力の発達に関する研究は多く，疾走タイム，疾走速度，歩数や歩幅などの経年的変化の観点（能勢ら，1970；佐藤，1973；斉藤ら，1981；加藤ら，1985）から，あるいは疾走フォームの変容の観点（宮丸，1975；辻野・後藤，1975；Fortney，1983；Marino and Mcdonald，1986；宮丸ら，1987；加藤ら，1990）からさまざまな報告がなされている．しかし，疾走能力がもっとも高い水準に達する高校生を対象にした報告は少なく，疾走速度の変化をみたもの（猪飼ら，1963）はあっても，歩数，歩幅や疾走フォームの質的な変容などの観点から高校生の疾走能力の発達をとらえた研究はみられない．

ところで，ヒトが運動を遂行する能力は体内でその運動に必要なエネルギーを産出・供給する能力に大きく依存している．そして，この能力は，おもにエネルギーの産出・供給能力の違いによって，非乳酸性能力，乳酸性能力，有酸素性能力の3つに分類されている．その中で，短距離走のような短時間内に大きなパワーを発揮しなければならない種目では，おもに非乳酸性能力によってエネルギーが供給されていると考えられている（Fox，1979）．したがって，疾走能力の発達をとらえるには，非乳酸性能力が主体となるパワー，すなわち，最大無酸素パワーの発達もあわせてとらえることが必要となる．また，立幅跳や垂直跳などの瞬発的な体力要素がピークに近づく高校期における疾走能力や最大無酸素パワーの発達を明らかにすることは，この時期における体育の学習指導や競技スポーツのコーチングのあり方を検討する上で意義あるものといえる．

4章-2は，男子高校生の疾走能力および最大無酸素パワーの発達を横断的に把握するとともに，短距離走を効果的に指導するための基礎的資料を得ようとしたものである．

1) 研究方法
(1) 被験者
被験者は，栃木県立の高等学校男子生徒134名（1年生46名，2年生42名，3年生46名）であった．被験者の身体的特徴は，表Ⅱ-31のとおりである．

なお本研究では，1年生から3年生までの年齢を15歳から17歳とした．
(2) 実験およびデータ処理
a. 疾走フォームの撮影

50m走の疾走フォームを被験者の右側方50m地点からビデオカメラ（ナシ

表Ⅱ-31　被験者の身体的特徴

年齢	15	16	17
被験者数	46	42	46
身長(m)	1.701±.044	1.697±.050	1.705±.047
体重(kg)	61.2±7.5	62.7±9.4	64.6±9.3

ョナルAG-350）を用いて，毎秒60フィールド，露出時間1/1000秒で撮影した．撮影範囲はスタートから30m地点を中心に前後4mであった．撮影されたビデオ画像をコンピュータの画面にスーパーインポーズし，1コマごとに27個の分析点の座標を少なくとも2歩にわたって，パーソナルコンピュータ（NEC PC9801-VF）に取り込んだ．また，後の平滑化や演算処理などを考慮して，分析範囲の前後10コマを加えた．ビデオフィルムに写し込んだスケールマークをもとに各点の座標を実長に換算した後，デジタルフィルター（Wilcock and Kirsner, 1969）により，6Hzで平滑化した．

得られた画像データをもとに疾走中の身体重心の位置（Chandler et al., 1975）を算出し，身体重心の最下点から最高点の鉛直変位や身体重心の最下点から最高点にいたる平均上昇角度を求めた．また，1歩中の身体重心の水平変位を歩幅とした．歩数は，ビデオフィルムに1/100秒単位で写し込んだビデオタイマー（FOR-A VTG-33）から1歩に要した時間を求め，その逆数とした．同様にして，支持時間や非支持時間を求めた．疾走速度は歩幅と歩数の積から算出した．なお，歩幅，歩数，支持時間および非支持時間の値は，いずれも2歩の平均値とした．

　b．最大無酸素パワー，垂直跳および走幅跳

全被験者に対して最大無酸素パワーの測定を実施した．測定は，パワーマックスV（コンビ社製）を用い，2分間の休息をはさんで，異なる3種類の負荷について6～10秒間の全力ペダリングを行わせた．各試行の最大ペダル回転数と負荷との関係を一次回帰し，中村ら（1984）の方法によって最大無酸素パワー（以下「MAnP」と略す）および体重あたりの最大無酸素パワー（以下「MAnP/BW」と略す）を算出した．また，体力診断テストおよび運動能力テストの中から各被験者の垂直跳と走幅跳の記録も結果として用いた．

　c．統計処理

15～17歳の年齢間で一要因の分散分析を行った．また，疾走能力，体力要素，および形態に関する項目間で相関関係を検討した．これらの統計処理の有意差検定では5％未満を有意とした．

2）結　果
(1) 15～17歳の各年齢における疾走能力や体力要素

表Ⅱ-32は各年齢における50m走タイム，疾走速度，歩数，歩幅，その身長比，MAnP，MAnP/BW，垂直跳および走幅跳の記録を示したものである．

15～17歳の50m走タイムは，7.44±.35秒から7.14±.37秒の範囲であった．これらの値を日本人の体力標準値（東京都立大学体育学研究室編，1989）と比較すると，その差はいずれの年齢においてもきわめて小さく，0.03～0.07秒の間であった．したがって，本被験者の50m走タイムは，15～17歳における標準的なものと判断されよう．

50m走タイムは，15～17歳へと短縮し，15歳と17歳の間には有意な差が

表Ⅱ-32　年齢別の疾走能力，最大無酸素パワー，垂直跳，走幅跳の平均値と標準偏差

年齢	15	16	17	分散分析	多重比較
50m走タイム(s)	7.44±.35	7.30±.39	7.14±.37	***	15>17
疾走速度(m/s)	7.70±.41	7.89±.41	8.00±.47	**	15<17
歩数(steps/s)	4.14±.24	4.29±.25	4.35±.30	**	15<16, 15<17
歩幅(m)	1.86±.08	1.84±.10	1.85±.12		
歩幅／身長	1.09±.05	1.09±.06	1.08±.06		
最大無酸素パワー(W)	766.0±108.4	788.6±123.2	823.6±118.8		
最大無酸素パワー／体重(W/kg)	12.51±1.00	12.61±1.28	12.80±1.28		
垂直跳(cm)	61.2±6.2	65.1±7.5	65.4±6.2	**	15<16, 15<17
走幅跳(m)	4.27±.48	4.59±.43	4.61±.49	***	15<16, 15<17

〈　〉*：p<.05, **：p<.01, ***：p<.001

みられた．疾走速度は，15歳の7.70±.41m/sから17歳の8.00±.47m/sへと有意に増大し，15歳と16歳の間にも有意な増大がみられた．歩数も，15歳の4.14±.24歩／秒から17歳の4.35±.30歩／秒へ有意に増大し，15歳と16歳の間にも有意な差がみられた．

一方，歩幅やその身長比は，15～17歳にかけて，それぞれ1.84m，1.08から1.86m，1.09の範囲にあり，有意な変化はみられなかった．

MAnPの平均値は，15～17歳にかけて766.0～823.6Wへ増大し，15歳と17歳の間には有意な差がみられた．しかし，MAnP/BWの平均値では，15～17歳にかけて12.51～12.80の範囲にあり，各年齢間で有意な差はみられなかった．

また，瞬発力の指標として用いられている垂直跳と走幅跳の記録の平均値をみると，15～17歳にかけて，それぞれ61.2cm，4.27mから65.4cm，4.61mへ増大し，いずれも15歳と16歳および15歳と17歳の間に有意な差がみられた．

(2) 疾走能力，体力要素および形態の関係

表Ⅱ-33は15～17歳の疾走能力，体力要素および形態に関する項目間の関係を示したものである．

a．疾走速度と歩数，歩幅，その身長比の関係

15～17歳の疾走速度は，15歳の歩幅の身長比を除き，各年齢の歩数，歩幅およびその身長比との間に有意な相関がみられた．

b．疾走速度とMAnP，MAnP/BW，垂直跳，走幅跳，身長，体重およびローレル指数の関係

15～17歳の疾走速度は，各年齢のMAnP/BW，垂直跳および走幅跳との間に，1％水準で有意な相関がみられた．また，17歳の疾走速度は，体重およびローレル指数と負の相関がみられた．

c．MAnP/BWと垂直跳および走幅跳の関係

表Ⅱ-33 疾走能力, 体力要素および形態の各項目間の相関マトリックス

	①	②	③	④	⑤	⑥	⑦	⑧	⑨	⑩	⑪	⑫
①		-.926***	-.652***	.288	-.233	-.377***	-.476***	-.403**	-.405**	-.062	-.134	-.088
②	-.906***		.695***	.312*	.274	.451**	.475**	.458***	.486***	.030	.222	.200
③	-.405**	.462**		-.465**	-.375*	.294*	.175	.118	.154	-.128	.240	.314*
④	-.428**	.451**	-.582**		.841***	.163	.354*	.409**	.398**	.195	-.048	-.166
⑤	-.405**	.439**	-.470***	.868***		-.002	.346*	.465***	.480***	-.363*	-.232	.009
⑥	-.299	.381*	.056	.308*	-.047		.525***	.299*	.189	.308*	.813***	.637***
⑦	-.606***	.654***	.166	.436**	.403**	.523***		.315*	.311*	-.012	-.063	-.051
⑧	-.669***	.682***	.193	.441**	.332*	.410**	.529***		.526***	-.105	.136	.211
⑨	-.748***	.744***	.154	.535***	.366*	.444**	.530***	.725***		-.188	.007	.135
⑩	-.012	-.009	-.212	.220	-.290	.691***	.036	.176	.301		.360*	-.282
⑪	.110	-.053	-.037	.002	-.372*	.754***	-.154	.060	.103	.756***		.791***
⑫	.154	-.043	.151	-.183	-.291	.543***	-.214	-.042	-.090	.241	.821***	
①		-.933***	-.629***	.908***	-.059							
②	-.433**	.493***		-.528***	.121							
③	-.365*	.363*	-.629***		.013							
④	-.340*	.383**	-.528***	.908***								
⑤	-.251	.170	.013	.121		-.059						
⑥	-.730***	.697***	.387**	.199	.218	.435**						
⑦	-.529***	.411**	.075	.281	.186	.336*	.462**					
⑧	-.808***	.816***	.353*	.351*	.357*	.320*	.768***	.488***				
⑨	-.155	.057	-.351*	.431**	.015	.428**	.034	.291*	.093			
⑩	.286	-.348*	-.287	-.016	-.212	.002	-.278	.002	-.251	.412**		
⑪	.416**	-.419**	-.100	-.282	-.238	.739***	-.330*	-.177	-.333*	-.171	.826***	
⑫						.529***						

① 50m走タイム ② 疾走速度 ③ 歩数 ④ 歩幅 ⑤ 歩幅/身長 ⑥ 最大無酸素パワー
⑦ 最大無酸素パワー/体重 ⑧ 垂直跳 ⑨ 走幅跳 ⑩ 身長 ⑪ 体重 ⑫ ローレル指数

疾走能力　　　体力要素　　　形態

上段：1年生　中段：2年生　下段：3年生

* p<.05
** p<.01
*** p<.001

表Ⅱ-34 疾走中の支持時間，非支持時間および身体重心の軌跡から求めた変量の経年的変化

年齢	15	16	17	分散分析	多重比較
支持時間(s)	.115±.012	.113±.013	.114±.014		
非支持時間(s)	.128±.010	.122±.011	.118±.013	***	15＞17
非支持時間／支持時間	1.13±.17	1.10±.19	1.06±.20		
身体重心の鉛直変位(m)	.056±.009	.057±.012	.053±.008		
身体重心の鉛直変位／身長(%)	3.30±.49	3.36±.67	3.09±.50		
身体重心の平均上昇角度(deg.)	3.04±.59	2.88±.67	3.08±.56		

〈 〉＊：$p<.05$，＊＊＊：$p<.001$

表Ⅱ-35 各年齢における疾走速度と支持時間，非支持時間，身体重心に関する変量との相関関係

年齢	15	16	17
①	−.698***	−.598***	−.795***
②	−.099	.103	.227
③	.460**	.453**	.641***
④	−.319*	−.314*	−.333*
⑤	−.333*	−.317*	−.343*
⑥	−.439**	−.387*	−.463**

*$p<.01$，**$p<.01$，***$p<.001$
①支持時間
②非支持時間
③非支持時間／支持時間
④身体重心の鉛直変位
⑤身体重心の鉛直変位／身長
⑥身体重心の平均上昇角度

　すべての年齢において，MAnP/BWは垂直跳および走幅跳との間に有意な相関がみられた．
(3) 疾走中の支持時間，非支持時間および身体重心の軌跡から求めた変量
　表Ⅱ-34は疾走中の支持時間，非支持時間および身体重心の軌跡から求めた変量の経年的変容を示したものである．15～17歳にかけて有意な変化を示したものは，非支持時間が15歳の平均値0.128秒から16歳の平均値0.122秒へ短縮し，さらに17歳ではその平均値が0.118秒に短縮した．身体重心の鉛直変位の平均値は16～17歳にかけて，0.057から0.053mへ減少した．その身長比は，17歳の方が15歳より小さく，16歳と17歳では17歳の方が小さい値であった．
(4) 疾走速度と疾走フォームの関係
　表Ⅱ-35は各年齢の疾走速度と疾走中の支持時間，非支持時間および身体重心に関する変量の関係を示したものである．各年齢における疾走速度は支持時間，身体重心の鉛直変位，その身長比および身体重心の平均上昇角度の

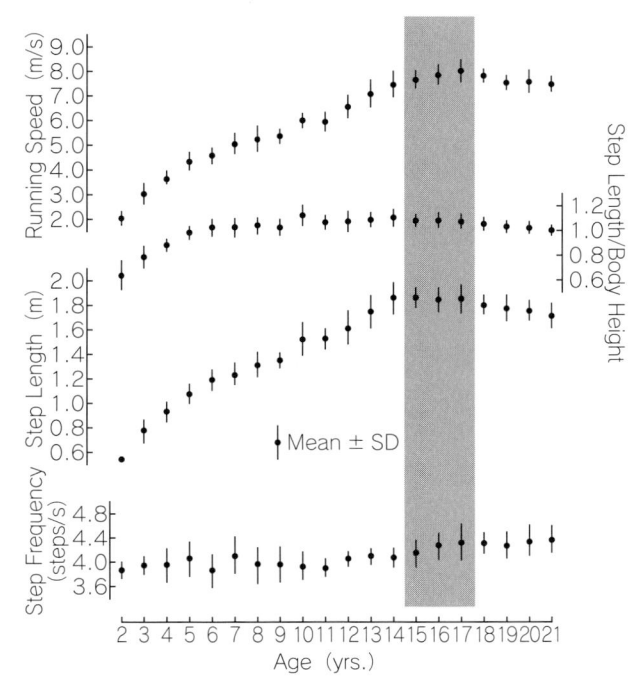

図Ⅱ-55　疾走速度，歩幅，歩幅／身長，歩数の年齢にともなう変化
（2〜11歳の値は斉藤ら（1981），12〜14歳の値は加藤ら（1985），18〜21歳の値は加藤ら（1987）の報告による）

間に負の，支持時間に対する非支持時間の比との間には正の相関がみられた．

3）論　議
（1）疾走能力の発達
　図Ⅱ-55は本研究における各年齢の疾走能力の発達をとらえるために，これまでの先行研究の結果をあわせて示したものである．2〜11歳の値は斉藤ら（1981），12〜14歳の値は加藤ら（1985），18〜21歳の値は加藤ら（1987）の報告によるものである．
　本研究の対象となった15〜17歳にかけて疾走速度および歩数は増大したが，歩幅やその身長比の増大は認められなかった．
　この結果は，幼児から児童（宮丸，1975；辻野・後藤，1975；斉藤ら，1981；宮丸ら，1987），中学生（加藤ら，1985）を対象とした報告とは異なるものであった．すなわち，男子高校生の疾走速度の増大は，歩幅の増大によるものではなく，おもに歩数の増大によるものであった．
　中学1年生である12歳から高校3年生の17歳まで疾走速度は加齢につれて増大している．しかし，大学1年生の18歳になると高校2年生よりも低く，さらに大学4年生である21歳では高校1年生よりも低く，中学3年生とほぼ

同じレベルであった．

　本研究の歩幅やその身長比の値を，中学生（加藤ら，1985）および一般学生（加藤ら，1987）の値と比較すると，いずれの学年においても中学3年生の値とほぼ同じであったが，中学1，2年生および一般学生の値よりも大きいものであった．そして，一般学生の疾走能力は歩幅の減少とともに，疾走速度が低下する傾向であった．

　以上のことを考慮すれば，男子の疾走速度や歩幅は高校期がピークであると考えられる．

　一方，歩数は一般学生の値と比較すると顕著な違いはみられなかったが，中学生の値と本研究の値を比べると，本研究の高校生の方が大きいものであった．また，本研究の高校1年生と2年生および高校1年生と3年生の間では有意な増大がみられた．

　ところで，松井（1966），星川ら（1971）によれば，走速度は低速から高速へ増大するにつれ，歩幅の増大よりも歩数の増大の果たす役割が大きくなることが報告されている．幼児期から高校期までの疾走速度，歩幅，歩数の変化の過程は，このような走速度が低速から高速へ増加する過程と類似しており，幼児期から中学校期の疾走速度の増大は，おもに歩幅の増大が関与し，歩幅の増大が頭打ちになった高校期の疾走速度の増大は，歩数の増大に依存する割合が大きくなると考えられる．

　また，各年齢において疾走速度の平均値（M）と標準偏差（SD）をもとに，それぞれの年齢で疾走速度のきわめて優れている生徒（M＋1.5SD以上）と疾走速度のきわめて劣っている生徒（M－1.5SD以下）の人数を調べると，各年齢で疾走速度のきわめて優れている生徒は2,3名，疾走速度のきわめて劣っている生徒は2～5名程度みられた．両者の間には1m/s以上の違いがみられ，しかも疾走速度がきわめて劣っている生徒の疾走速度は中学1年生から2年生の間のレベルにとどまっていることが明らかになった．

　このことは，高校期における疾走運動の指導において十分考慮されねばならないことを示唆している．

　（2）MAnPの発達

　これまで，最大無酸素パワーはスプリント能力と高い相関関係にあることが報告されている（生田ら，1972；Fox，1979）．本研究においても疾走速度とMAnP/BWとの間には，それぞれの年齢で$r＝0.475～0.697$（いずれも$p<.001$）の相関を示した．生田と猪飼（1972）は，モナーク社製自転車エルゴメータを用いて，1kpから9kpの負荷をかけ8秒間の全力ペダリングを行う方法で，6～20歳までの無酸素パワーの発達をとらえている．その中で，男子の最大無酸素パワーは，12,13歳頃から急速に発達し，18歳頃にピークに達すると報告している．

　Blimkieら（1986）は，Wingate Anaerobic Power Testを用いて男女のMAnPおよびMAnP/BWの発達を横断的にとらえている．男子の値についてみると，MAnPは経年的に増加し，18.7歳の898.9W±185.8Wが最も大きい値であっ

た．MAnP/BWは14.5歳の10.6W/kgから18.7歳の12.5W/kgの範囲であり，MAnPのような著しい経年的増加を示していない．本研究の15～17歳におけるMAnPは766.0～823.6Wであり，MAnP/BWは12.51～12.80W/kgの範囲であった．MAnPやMAnP/BWは15歳と17歳の値を比較すると，17歳の方が大きい値であったが，有意な差はみられなかった．このことから，本研究においてもBlimkieらと同様に，15～17歳における相対的なパワーの経年的増大はみられなかったといえる．

　本研究の値は，Blimkieらの値と比較すると，各年齢間で若干異なるが，MAnPで13.7～87.0W，MAnP/BWで約1.3～2.6W/kg大きかった．

　このような測定値の差はMAnPを測定する際の自転車エルゴメータの全力ペダリングに要する時間の違いなどによるものと考えられる．また，一般学生のMAnP/BWは10～11W/kg程度という指摘（小林，1990）があり，高校生を対象とした本研究の値より低いものであった．これらのことから，MAnP/BWは高校期がピークであると考えられる．

　ところで，日本の男子高校生の一流短距離選手のMAnPおよびMAnP/BWは，それぞれ881～1,192W，13.8～18.3W/kgの値であることが報告（深代・小林，1990；小林・松井，1988）されている．

　これらの値を一般高校生を対象とした本研究の値と比較すると，大きな差がみられ高校生男子の一流短距離選手のMAnPが優れていることがわかる．ちなみに100m日本記録保持者であった不破弘樹選手のMAnPおよびMAnP/BWは1,000W，17.2W/kgという非常に大きなものであった（小林，1990）．

（3）疾走速度と疾走フォームの関係

　身体重心の軌跡から求めた各変量では，15～17歳にかけて身体重心の鉛直変位の身長比は減少したが，幼児期から児童期にみられた加齢による身体重心の平均上昇角度の減少や歩幅の増大はみられなかった．このことは，Wickstrom（1983）が疾走フォームの発達過程の中で指摘しているBouncing MotionからMinimal Bounceへの変容が高校期において明確にみられなかったことを示しており，この時期には疾走フォームの変容がみられなくなることを示唆している．しかし，この時期が疾走能力の最高レベルにあることを考慮すれば，疾走速度と疾走フォームに関する各変量間の関係を明らかにすることは意味のあることであろう．

　疾走速度と疾走中の支持時間，非支持時間および身体重心から求めた変量の関係から，疾走速度を高めるには，疾走中の支持時間が短いこと，歩数が大きいこと，身体重心の上下動が少ないことが重要であると考えられた．このことは陸上競技の専門書（宮丸ら，1976）にみられるコーチングのポイントと一致しているものであった．

　本研究の男子高校生にみられた疾走速度の増大は，歩幅よりも歩数の増大によるものであることは前述した．このときの体力要素をみると，最大無酸素パワーよりも垂直跳や走幅跳からみた脚筋パワーが有意な増大を示した．

したがって，高校期における脚筋パワーの増大は，歩幅を増大させるよりも歩数の増大に関係していると考えられる．このことは，疾走速度と疾走中の支持時間の間に負の高い相関があることからも推察される．

(4) 疾走能力における身体資源としての体力と技術の関係

猪飼（1973）は，パフォーマンス（P）をスキル（C），体力（E），そして意欲（M）の関数としてつぎのように表している．

$$P = C \int E (M)$$

対象となった被験者全員が最大努力で走ったもの（意欲は一定）と仮定して，本研究では疾走能力に関係のある体力要素としてMAnP/BWをとりあげた．図Ⅱ-56は3年生の疾走速度とMAnP/BWの関係を示しており，MAnP/BWの値の大きいものほど疾走速度が高い．このことはMAnP/BWが大きく，疾走速度の高いF1とMAnP/BWが小さく，疾走速度の低いS1をみても明らかである．しかし，MAnP/BWがほとんど同じでも疾走速度が高いF2と疾走速度が低いS2がみられる．この疾走速度の差は，ランニングのスキルによるものと考えられる．つまり，同程度のMAnP/BWを持っていても疾走フォームの良い者は，疾走フォームの悪い者よりも疾走速度は高くなると考えられる．そこで，以上の事例について疾走能力，体力要素および疾走フォームなどをもとに比較・検討した．

F1とS1およびF2とS2について比較したものを表Ⅱ-36に示した．

この表は疾走能力や体力要素，疾走中の支持時間，非支持時間および身体重心の軌跡から求めた変量を示したものである．

MAnP/BWはF1が15.3W/kg，S1が10.7W/kg，と大きく異なるものであった．また，垂直跳や走幅跳の記録もF1の方がS1よりもきわめて大きく，両者の体力要素には大きな差がみられた．F1とS1の疾走能力および疾走フォームをみると，歩数や歩幅はともにF1の方がはるかに大きく，F1の身体重心の鉛直変位やその身長比および身体重心の平均上昇角度はS1より小さい

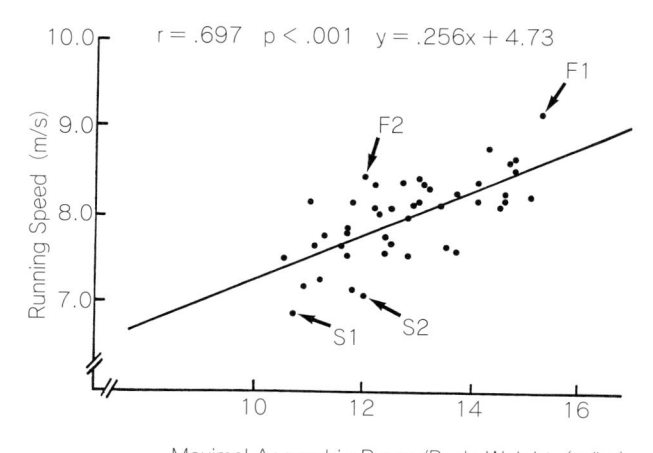

図Ⅱ-56 疾走速度と体重あたりの最大無酸素パワーの関係（17歳男子）

表Ⅱ-36 被験者F1とS1およびF2とS2の疾走能力，体力要素，支持時間，非支持時間，身体重心に関する変量の比較

変量	F1	S1	F2	S2
50m走タイム(s)	6.29	7.98	6.84	7.75
疾走速度(m/s)	9.17	6.90	8.46	7.11
歩数(steps/s)	4.44	3.70	4.65	4.26
歩幅(m)	2.07	1.86	1.82	1.67
歩幅/身長	1.19	1.08	1.01	.98
最大無酸素パワー(W)	1053	1110	963	962
最大無酸素パワー/体重(W/kg)	15.3	10.7	12.0	12.0
垂直跳(cm)	73	62	67	65
走幅跳(m)	5.80	3.48	4.80	4.05
支持時間(s)	.095	.145	.115	.145
非支持時間(s)	.130	.125	.100	.090
非支持時間/支持時間	1.37	.86	.87	.62
身体重心の鉛直変位(m)	.046	.069	.048	.059
身体重心の鉛直変位/身長(％)	2.6	4.0	2.7	3.5
身体重心の平均上昇角度(deg.)	2.09	4.43	2.60	4.23

ものであった．すなわち，F1の方がS1よりも身体重心の上下動が少ない疾走フォームであるといえる．

一方，MAnP/BWが同じであるF2とS2を比較すると，垂直跳をみてもほとんど同じ値であった．F2の歩数や歩幅はS2よりも大きく，身体重心に関する変量からみた疾走フォームではF1とS1の間にみられた違いと同様であった．すなわち，F2の方がS2よりも身体重心の上下動が少ない疾走フォームであった．

以上のように，F1とS1の疾走能力の差は体力およびスキルが顕著に異なること，またF2とS2の疾走能力の差は，スキルの違いによるものであることが明確であった．すなわち，疾走能力は身体資源としての体力やスキルが密接にかかわっていることを示している．

三浦ら（1976）は長距離選手を対象にして走スピード，最大酸素摂取量，走フォームの関係から，天野ら（1984）は男子児童の30m疾走能力，最大無酸素性脚筋パワー，疾走フォームの関係から身体資源と走技術について報告しており，いずれも本研究と同様の指摘を行っている．

(5) 男子高校生の短距離走の指導への応用

短距離走の指導を効果的に行うには，学習者の疾走能力の評価を単にパフォーマンスだけではなく，それを規定する歩数や歩幅などの要因，体力要素などを考慮して行う必要があろう．

表Ⅱ-37は本研究で得られた各年齢の疾走速度の平均値と標準偏差（SD）をもとに，疾走速度を5段階に分けてそれぞれの段階ごとに歩数，歩幅，歩幅の身長比，50m走タイム，MAnP/BW，垂直跳および走幅跳の平均値を示

表Ⅱ-37 各年齢における疾走能力(5段階)別の疾走速度，歩数，歩幅，50m走タイム，体重あたりの最大無酸素パワー，垂直跳，走幅跳の平均値

段階	項目	年齢	n	疾走速度 (m/s)	歩数 (steps/s)	歩幅 (m)	歩幅/身長	50m走タイム (s)	体重あたりの最大無酸素パワー (W/kg)	垂直跳 (cm)	走幅跳 (m)
5	+1.5 SD〜	15	3	8.32〜	4.35	1.93	1.11	6.98	13.5	67	5.00
		16	3	8.50〜	4.26	2.02	1.17	6.89	14.1	71	5.12
		17	2	8.70〜	4.55	1.98	1.15	6.44	14.8	70	5.75
4	+0.5 SD〜+1.5 SD	15	10	7.91〜8.32	4.37	1.87	1.11	7.08	12.7	65	4.52
		16	12	8.09〜8.50	4.46	1.84	1.09	6.99	13.4	68	4.82
		17	13	8.23〜8.70	4.52	1.87	1.10	6.85	13.7	67	4.91
3	−0.5 SD〜+0.5 SD	15	21	7.50〜7.91	4.12	1.87	1.10	7.45	12.7	61	4.23
		16	13	7.68〜8.09	4.28	1.85	1.09	7.25	12.5	68	4.67
		17	16	7.76〜8.23	4.33	1.87	1.09	7.08	12.6	67	4.64
2	−1.5 SD〜−0.5 SD	15	7	7.09〜7.50	3.96	1.86	1.09	7.70	11.8	58	3.98
		16	12	7.28〜7.68	4.19	1.81	1.06	7.61	11.8	60	4.29
		17	10	7.29〜7.76	4.27	1.79	1.05	7.43	12.2	62	4.27
1	〜−1.5 SD	15	5	〜7.09	3.89	1.79	1.06	8.06	11.7	57	3.93
		16	2	〜7.28	3.93	1.74	1.04	8.33	11.1	49	3.67
		17	5	〜7.29	4.00	1.79	1.06	7.80	11.3	62	3.94

したものである．

　この表から平均的な疾走能力をとらえる場合には，段階3の歩数や歩幅などの値から判断できる．例えば，15歳（1年生）の段階3では歩数が4.12歩／秒で，歩幅が身長の1.10倍で走れることがその基準となる．

　しかし，各年齢において疾走能力の個人差は大きくみられる．段階5の生徒と段階1の生徒を比較すると各年齢でやや異なるが，歩数では0.33〜0.55歩／秒，歩幅の身長比では0.05〜0.13と大きな違いがみられ，いずれも段階5の生徒の方が大きな値であった．すなわち，疾走能力の高い生徒の方が疾走能力の低い生徒よりも歩数や歩幅がかなり大きなものであった．これらのことから，実際の短距離走の指導は走タイムだけでなく，歩数や歩幅の個人差をも考慮する必要のあることが示唆される．

　疾走能力はMAnP/BW，垂直跳，走幅跳の間に有意な相関があることはこれまでにも述べてきた．また，MAnP/BWは垂直跳や走幅跳にも有意な相関があることから，現場では疾走能力とかかわり深い体力要素として垂直跳や走幅跳を取り上げることができると考えられる．

　例えば，15歳（1年生）の場合，垂直跳が60cmで50m走タイムが7秒5であれば，その生徒は自分の瞬発力に見合った疾走能力を示していると考えられるが，垂直跳が60cmで50m走タイムが8秒以上であれば，その生徒の疾走能力は劣っていると評価できる．反対に，垂直跳が60cmで50m走タイムが6秒台であれば，その生徒の疾走能力は優れていることになる．また，走幅跳からも同様のことがいえるであろう．

4）要　約

　本研究では，高校生男子15歳（1年生）から17歳（3年生）における疾走能力，疾走フォームおよび最大無酸素パワーの発達を横断的にとらえた．その結果は，以下のように要約できる．

　①15～17歳にかけて50m走タイムは，7.44±.35秒から7.14±.37秒へと短縮し，疾走速度は，7.70±.41m/sから8.00±.47m/sへと増大した．歩数は経年的に増大したが，歩幅やその身長比は経年的な変化はみられなかった．したがって，この時期における疾走速度の増大は，おもに歩数の増大によるものであることがわかった．

　②最大無酸素パワーは，15歳の平均766.0Wから17歳の平均823.6Wへと経年的に増大の傾向を示したが，体重あたりの最大無酸素パワーでは顕著な経年的変化はみられなかった．

　③各年齢において，疾走速度は15歳の歩幅の身長比を除き，歩数，歩幅およびその身長比と有意な相関が得られた．また，各年齢とも疾走速度は最大無酸素パワーなどの瞬発的な体力要素と有意な相関がみられ，とくに体重あたりの最大無酸素パワーは，すべての年齢において0.1％水準で有意な相関があった．

　④疾走速度と身体重心の軌跡などから求めた疾走フォームに関する変量との関係から，疾走速度を高めるには，疾走中の支持時間が短いこと，歩数が大きいこと，身体重心の上下動が少ないことが重要であると考えられた．

　⑤各年齢の疾走速度の平均値と標準偏差をもとに，疾走能力を5段階に分け，各段階ごとに歩数，歩幅，その身長比，垂直跳および走幅跳などの平均値を示した．これらの知見は学校において疾走能力や体力の個人差に応じた疾走運動の指導を行うための基礎的資料になると考えられる．

3．女子高校生の疾走能力の発達

　疾走能力の発達は垂直跳，立幅跳などの瞬発的な脚筋パワー（金子，1965；辻野ら，1974；東京都立大学体育学研究室編，1989）や自転車エルゴメータから測定される無酸素性パワー（生田・猪飼，1972）の発達に類似している．また，その能力は脚筋パワーや無酸素性パワーのようなアネロビックパワーと相関関係があることが報告されている（生田ら，1972；Fox，1979；生田ら，1981；加百ら，1989；加藤，1992）．したがって，疾走能力はアネロビックパワーとの関連からその発達水準を検討する必要がある．

　疾走速度は，思春期を迎えるとその発達に明確な男女差がみられる（加藤ら，1985）．すなわち，それ以後男子ではさらに疾走速度が増大するのに対して，女子では12歳以降著しい増大はみられない．このことは他でもなく，女子は男子とは異なり思春期を境に形態や機能の変化が疾走能力の発達に対して積極的に作用しないことを示唆している．しかし，女子の思春期後期におけるからだの発達にともなう疾走能力や疾走フォームを検討したものはほ

とんどみられない．とくに，女子の高校期は身体的成熟に達する（高石ら，1981）ことから，この時期における疾走能力や疾走フォームおよびアネロビックパワーなどの体力要素の発達を明らかにすることは，体育の学習指導や競技スポーツのコーチングのあり方を検討する上で意味あるものといえる．

4章-3は，女子高校生の疾走能力，疾走フォームおよび最大無酸素パワーの発達を横断的に把握するとともに短距離走を効果的に指導するための基礎的資料を得ようとしたものである．

1）研究方法

（1）被験者

被験者は，栃木県立の高等学校女子生徒130名（1年生41名，2年生44名，3年生45名）であった．被験者の身体的特徴は**表Ⅱ-38**のとおりである．なお本研究では，1年生から3年生までの年齢をそれぞれ15〜17歳とした．

（2）実験およびデータ処理

a．疾走能力および疾走フォーム

50m走の疾走フォームを被験者の右側方50m地点からビデオカメラ（ナショナルAG-350）を用いて，毎秒60フィールド，露出時間1/1000秒で撮影した．撮影範囲はスタートから30m地点を中心に前後4mであった．

撮影されたビデオフィルムをコンピュータの画面にスーパーインポーズさせ，1コマごとに27個の分析点の座標を少なくとも2歩にわたって，パーソナルコンピュータ（NEC PC9801-VF）に取り込んだ．また，後の平滑化や演算処理などを考慮して，分析範囲の前後10コマを加えた．ビデオフィルムに写し込んだスケールマークをもとに各点の座標を実長に換算した後，デジタルフィルター（Wilcock and Kirsner，1969）により，6Hzで平滑化した．

得られたビデオフィルムのデータをもとに疾走中の身体重心の位置（Chandler et al.，1975）を算出し，身体重心の最下点から最高点の鉛直変位や身体重心の最下点から最高点にいたる平均上昇角度を求めた．また，1歩中の身体重心の水平変位を歩幅とした．

歩数は，ビデオフィルムに1/100秒単位で写し込んだビデオタイマー

表Ⅱ-38 被験者の身体的特徴

年齢	15	16	17	Total
被験者数	41	44	45	130
身長(m)	1.560±.040	1.569±.051	1.571±.051	1.567±.048
体重(kg)	52.9±7.7	52.6±5.9	51.9±5.8	52.5±6.5
ローレル指数	139.4±18.8	137.0±14.8	133.8±12.3	136.6±15.6
体脂肪率(%)	24.5±6.1	24.5±4.2	23.5±4.3	24.2±4.9
除脂肪体重(kg)	39.6±4.3	39.8±4.0	39.5±3.5	39.7±3.9
皮下脂肪(上腕)(mm)	17.9±4.6	18.0±3.5	17.0±3.8	17.6±4.0
皮下脂肪(背部)(mm)	14.1±4.8	14.0±3.5	13.6±3.3	13.9±3.9

（FOR-A VTG-33）から1歩に要した時間を求め，その逆数とした．同様にして，支持時間や非支持時間を求めた．疾走速度は歩幅と歩数の積から算出した．

 b．最大無酸素パワー，皮下脂肪，垂直跳および走幅跳

 全被験者に対して最大無酸素パワーおよび皮下脂肪の測定を実施した．最大無酸素パワーの測定はパワーマックスV（コンビ社製）を用いて2分間の休息をはさんで，異なる3種類の負荷について6～10秒間の全力ペダリングを行った．各試行の最大ペダル回転数と負荷との関係を一次回帰し，中村ら（1984）の方法によって最大無酸素パワー（Maximal Anaerobic Power；以下「MAnP」と略す）および体重あたりの最大無酸素パワー（以下「MAnP/BW」と略す）を算出した．

 皮下脂肪の計測は，栄研式皮下脂肪計（明興社製）を用いて右側上腕後部および肩甲骨下部の2ヵ所について行った．計測した2ヵ所の皮脂厚を長嶺（1979）およびBrožeckら（1963）の式を利用して身体密度，体脂肪率（以下「％FAT」と略す），除脂肪体重（Lean body mass；以下「LBM」と略す）を算出した．また，本研究と同時期に行われた体力診断テストおよび運動能力テストの中から各被験者の垂直跳と走幅跳の記録も結果として用いた．

 (3) 統計処理

 15～17歳の年齢間で一要因の分散分析を行った．また，疾走能力，体力要素および形態に関する項目間で相関関係を検討した．これらの統計処理の有意差検定では5％未満を有意とした．

2）結　果

 (1) 形　態

 各年齢における身長，体重，ローレル指数および上腕後部と肩甲骨下部の2ヵ所の皮脂厚は日本人の体力標準値（東京都立大学体育学研究室編，1989）と比較するといずれの年齢においてもそれらの差は小さいものであった．％FATの平均値は各年齢間で23.5～24.5％の範囲にあり，長嶺（1979）が肥満の判定基準で示している値を下回っていた．

 (2) 疾走能力およびアネロビックパワーの経年的変化

 表Ⅱ-39は各年齢における50m走タイム，疾走速度，歩数，歩幅，歩幅の身長比，MAnP，MAnP/BW，垂直跳および走幅跳の記録を示したものである．

 15～17歳の50m走タイムは，8.35±.46秒から8.49±.49秒の範囲であった．これらの値を日本人の体力標準値（東京都立大学体育学研究室編，1989）と比較すると，いずれの年齢においても若干速く，0.16から0.30秒の違いがみられた．15～17歳にかけて，50m走タイムは明確な変化はみられず，疾走速度も6.35±.39m/秒から6.50±.36m/秒の間であり経年的な変化はとらえられなかった．また，歩数は3.94±.25歩／秒から3.98±.20歩／秒，歩幅は1.62±.10mから1.66±.09m，歩幅の身長比は1.03±.05から1.06±.05の範囲

表Ⅱ-39 各年齢における疾走能力，最大無酸素パワー，垂直跳，走幅跳の平均値と標準偏差

年齢	15	16	17	Total
50m走タイム(s)	8.42±.39	8.35±.46	8.49±.49	8.42±.46
疾走速度(m/s)	6.49±.32	6.50±.36	6.35±.39	6.45±.37
歩数(steps/s)	3.98±.20	3.94±.25	3.94±.24	3.95±.24
歩幅(m)	1.64±.10	1.66±.09	1.62±.10	1.64±.10
歩幅/身長	1.05±.06	1.06±.05	1.03±.05	1.04±.06
最大無酸素パワー(W)	513.3±96.0	506.2±74.6	484.5±101.0	500.9±92.0
最大無酸素パワー/体重(W/kg)	9.68±1.00	9.60±1.05	9.29±1.35	9.52±1.16
垂直跳(cm)	48.3±6.0	48.1±5.5	45.9±5.2	47.4±6.0
走幅跳(m)	3.39±.33	3.29±.30	3.25±.28	3.31±.31

にあり，各年齢間で顕著な変化はみられなかった．

MAnPの平均値は15～17歳にかけて513.3±96.0Wから484.5±101.0Wへ経年的に減少し，MAnP/BWの平均値も9.68±1.00W/kgから9.29±1.35W/kgへ経年的に減少した．しかし，これらの値にはいずれも各年齢間に有意な差はみられなかった．また，瞬発力の指標として用いられている垂直跳と走幅跳の記録をみると15～17歳にかけてそれぞれ48.3±6.0cm, 3.39±.33mから45.9±5.2cm, 3.25±.28mへ経年的に減少したが，いずれも各年齢間の間には有意な差がみられなかった．

(3) 疾走能力，体力要素および形態の関係

表Ⅱ-40は15～17歳の全被験者の疾走能力，体力要素および形態に関する項目間の関係を示したものである．

a．疾走速度と歩数，歩幅および歩幅の身長比の関係

15～17歳の疾走速度は，15歳の歩数を除き，各年齢の歩数，歩幅およびその身長比との間に有意な相関がみられた．また，全被験者でみると疾走速度はすべての項目と0.1％水準で有意な相関があった．

b．疾走速度とMAnP, MAnP/BW, 垂直跳，走幅跳，身長，体重，ローレル指数および％FATの関係

15～17歳の疾走速度は，16歳の垂直跳を除き，MAnP/BW，垂直跳および走幅跳との間に有意な相関がみられ，各年齢の％FATとの間に有意な負の相関がみられた．また，全被験者でみると疾走速度は身長，体重，ローレル指数を除いた項目について有意な相関がみられた．

c．MAnP/BWと歩数および歩幅の関係

MAnP/BWは，16歳と17歳の歩幅に有意な相関がみられた．また，全被験者でみるとMAnP/BWは歩幅とその身長比に有意な相関がみられた．

d．MAnP/BWと垂直跳および走幅跳の関係

すべての年齢においてMAnP/BWは垂直跳および走幅跳との間に有意な相関がみられ，全被験者でみると両者ともに0.1％水準で有意な相関があった．

表Ⅱ-40 疾走能力，体力要素および形態の各項目間の相関マトリックス

	①	②	③	④	⑤	⑥	⑦	⑧	⑨	⑩	⑪	⑫	⑬
①		-.932***	-.297	-.521***	-.558***	-.009	-.413**	-.583***	-.584***	.044	.294	.298	.465**
②	-.960***		.302	.575***	.614***	.053	.425**	.534***	.535***	-.044	-.245	-.245	-.428**
③	-.546***	.562***		-.606***	-.466**	.107	.150	.508**	.054	-.403**	.035	.264	.162
④	-.332*	.347*	-.578***		.912***	-.046	.231	.010	.401**	.312*	-.237	-.434**	-.499***
⑤	-.395**	.424**	-.354*	.822***		-.215	.171	.061	.319*	-.101	-.417**	-.390**	-.455**
⑥	-.181	.161	.171	.350*	.076		.645***	.189	-.020	.384**	.838***	.673***	.456**
⑦	-.355*	.339*	-.027	.365*	.264	.708***		.479**	.388**	.187	.129	.041	-.112
⑧	-.336*	.290	.069	.235	.067	.505***	.512***		.537***	-.113	-.102	-.055	-.288
⑨	-.776***	.736***	.363*	.316*	.400**	.203	.358*	.486**		.248	-.313*	-.477***	-.577***
⑩	.018	-.030	-.488***	.522***	-.055	.505***	.249	.283	-.069		.372*	-.174	-.176
⑪	.124	-.133	-.188	.080	-.194	.609***	-.097	-.143	-.068	.428**		.846***	.670***
⑫	.105	-.101	.243	-.376*	-.131	.172	-.313*	-.182	-.231	-.463**	.567***		.818***
⑬	.369*	-.373*	-.048	-.312*	-.120	-.066	-.438**	-.130	-.372**	.387***	.691***		
①		-.949***	-.505***	-.499**	-.469**	-.400**	-.598***	-.521***	-.677***	-.176	-.009	.161	.367*
②	-.956***		.534***	.515***	.512***	.387**	.580***	.539***	.628***	.138	.012	-.118	-.336*
③	-.465**	.484***		-.449**	-.286	.074	.242	.143	.260	-.347*	-.118	.221	-.206
④	-.456**	.485***	-.528***		.836***	.330*	.370*	.436**	.394**	.494***	.123	-.355*	-.154
⑤	-.478***	.527***	-.347**	.860***		.055	.262	.474**	.299*	-.063	-.235	-.207	-.294*
⑥	-.229**	.239**	.017	.216**	-.014		.853***	.375**	.456**	.532**	.752***	.340*	.315*
⑦	-.480***	.478***	.136	.335**	.250**	.754***		.526***	.541***	.277	.306*	.070	-.063
⑧	-.479***	.469***	.242**	.225**	.216**	.342**	.504***		.572***	.054	.071	.052	-.108
⑨	-.665***	.632***	.243**	.369**	.344**	.223**	.438**	.538***		.264	.177	-.050	-.097
⑩	-.051	.022	-.420***	.440**	-.077	.456**	.230**	.059	.117		.607***	-.310*	.194
⑪	.125	-.106	-.083	-.023	-.281**	.741***	.133	.013	-.110	.448***		.565***	.650***
⑫	.168	-.124	.243**	-.366**	-.230**	.433**	-.034	-.037	-.208**	-.316**	.694***		.569***
⑬	.373***	-.344***	-.020	-.318***	-.290**	.286**	-.161	-.179	-.322**	-.114	.592***	.722***	

*p<.05, **p<.01, ***p<.001

①50m走タイム ②疾走速度 ③歩数 ④歩幅 ⑤歩幅/身長 ⑥最大無酸素パワー ⑦最大無酸素パワー/体重 ⑧垂直跳 ⑨走幅跳 ⑩身長 ⑪体重 ⑫ローレル指数 ⑬体脂肪率

表Ⅱ-41 疾走中の支持時間，非支持時間および身体重心の軌跡から求めた変量の経年的変化

年齢	15	16	17	Total
支持時間(s)	.119±.010	.124±.012	.123±.011	.122±.011
非支持時間(s)	.133±.013	.130±.011	.131±.011	.131±.012
非支持時間／支持時間	1.13±.17	1.06±.15	1.07±.13	1.09±.15
身体重心の鉛直変位(m)	.058±.011	.057±.011	.056±.011	.057±.011
身体重心の鉛直変位／身長(%)	3.74±.71	3.65±.66	3.56±.72	3.65±.70
身体重心の平均上昇角度(deg.)	3.54±.82	3.32±.68	3.31±.82	3.39±.78

表Ⅱ-42 疾走速度と支持時間，非支持時間および身体重心の軌跡から求めた変量との関係

項目	15歳	16歳	17歳	15—17歳
支持時間	−.376*	−.678***	−.516***	−.531***
非支持時間	−.012	−.044	−.273	−.104
非支持時間／支持時間	.200	.461**	.177	.279**
身体重心の鉛直変位	.098	−.375*	−.252	−.171
身体重心の鉛直変位／身長	.104	−.389**	−.272	−.179*
身体重心の平均上昇角度	−.172	−.288	−.461**	−.298***

*p<.05, **p<.01, ***p<.001

(4) 疾走中の支持時間，非支持時間および身体重心の軌跡から求めた変量

表Ⅱ-41は疾走中の支持時間，非支持時間および身体重心の軌跡から求めた変量を示したものである．

15～16歳にかけて支持時間は0.119秒から0.124秒へ増加の，支持時間に対する非支持時間の比は1.13から1.06へ減少の傾向を示したが，ともに有意差は認められなかった．身体重心の鉛直変位やその身長比および身体重心の最下点から最高点にいたる平均上昇角度は，経年的に顕著な変化を示さなかった．

(5) 疾走速度と疾走フォームの関係

表Ⅱ-42は各年齢の疾走速度と疾走中の支持時間，非支持時間および身体重心の軌跡から求めた変量との関係を示したものである．各年齢において疾走速度は支持時間と負の相関がみられた．

また，全被験者についてみると疾走速度は支持時間，身体重心の鉛直変位の身長比および身体重心の平均上昇角度との間に負の，支持時間に対する非支持時間の比との間には正の相関がみられた．

3) 論 議

思春期を迎え，女子のからだはさまざまな特徴的な発達を示す．

すなわち，小学校高学年から中学生にかけて皮下脂肪厚の増量，乳房の発達，骨盤の発育など第二次性徴がおこり，思春期後期にあたる高校生の年齢

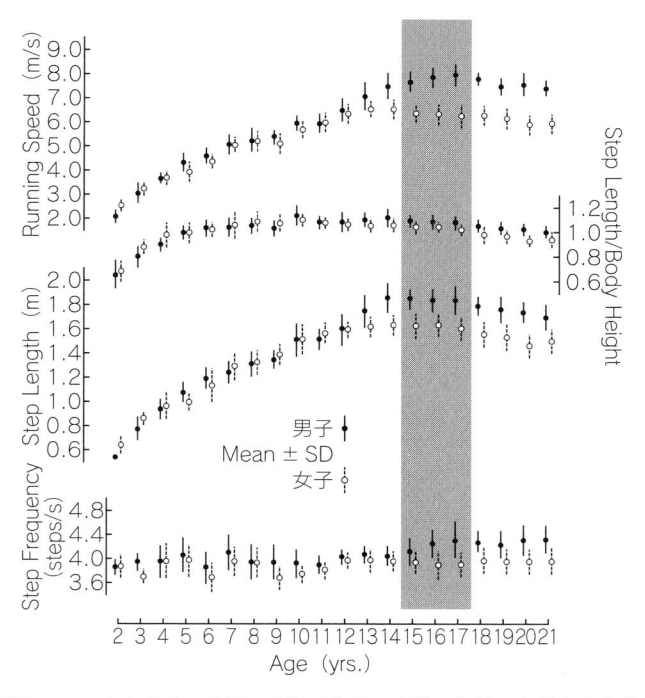

図Ⅱ-57 疾走速度，歩幅，歩幅／身長，歩数の年齢にともなう変化
（2～11歳の値は斉藤ら（1981），12～14歳の値は加藤ら（1985），15～17歳男子の値は加藤（1992），18～21歳の値は加藤ら（1987）の報告による）

では第二次性徴が完了し，身体的成熟に達する（高石ら，1981）．このようなからだの発達は男子と異なり運動遂行の上でマイナスの要因となることが考えられる．以上のような身体的特徴を踏まえながら女子高校生の疾走能力およびアネロビックパワーの発達について考察する．

(1) 疾走能力の経年的発達

図Ⅱ-57は本研究の女子15～17歳における疾走能力の発達をとらえるために，これまでの先行研究の結果にもとづいて疾走速度，歩幅，歩幅の身長比および歩数の加齢にともなう推移を示したものである．疾走速度は2～12歳頃まで男女とも加齢につれて増大する．思春期を迎え男子の疾走速度はさらに17歳まで増大し，その後ゆるやかに減少するのに対して，女子では13歳以降の疾走速度の増大はみられず，むしろ停滞から減少の傾向を示すようになる．歩幅は男女とも疾走速度とほぼ同様の経年的変化を示し，男子では14，15歳，女子では13，14歳頃をピークとしてその後，男女とも停滞し17，18歳頃から減少の傾向を示すようになる．歩幅の身長比は6歳頃に1.0を越え，その後は顕著な変化を示さない．また，歩数は男子では2～14歳まで明確な経年的変化を示さないが，15～17歳にかけて増大の傾向を示した．一

方，女子では2歳から成人まで明確な経年的変化は認められない．このようにみると疾走能力の発達は男女とも歩数によるのではなく，おもに歩幅の経年的増大であることがわかる．しかし，男子においては15〜17歳における疾走速度の増大は歩幅よりもむしろ歩数の増大によるものであった．

15〜17歳の女子高校生は，歩幅やその身長比および歩数のいずれも加齢による増大を示さず，疾走速度の増大もみられなかった．すなわち，この時期は疾走能力が顕著に向上しないと考えられ（松浦，1982），中学校期と比べるとその男女差はいっそう大きくなっていることがわかる．

また，各年齢において疾走速度の平均値（M）と標準偏差（SD）をもとに，疾走能力のきわめて優れている生徒（M＋1.5SD以上）と疾走能力のきわめて劣っている生徒（M－1.5SD以下）の人数を調べると，各年齢で疾走能力のきわめて優れている生徒および疾走能力のきわめて劣っている生徒はそれぞれ1〜4名みられた．両者の間には1.0m/秒以上の違いがみられ，しかも疾走能力がきわめて劣っている生徒の疾走速度は10〜11歳の小学校5，6年生のレベルにとどまっていることが明らかになった．このことは，高校期における女子の疾走運動の指導において十分考慮されねばならないことを示唆している．

（2）MAnPの経年的発達

疾走運動はおもに無酸素性パワーが要求される（Fox，1979）．

これまでにも，最大無酸素性パワーはスプリント能力と高い相関関係にあることが報告されている（生田ら，1981；加百ら，1989；加藤ら，1992）．しかし，これらは男子を対象としたもので女子について検討したものはあまりみられない（生田ら，1972）．本研究の疾走速度とMAnP/BWとの間には，各年齢で$r=0.339$から0.580の範囲にあり，いずれも有意な相関を示した．しかし，同年齢の男子（加藤ら，1992）と比較すると女子のその相関係数は若干低いものであった．

生田・猪飼（1972）はモナーク社製自転車エルゴメータを用いて，1kpから9kpの負荷をかけ，8秒間の全力ペダリングを行う方法で，6〜20歳までの無酸素パワーの発達をとらえている．その中で，12歳頃までは男女の最大パワーの差は小さいが，13歳頃から男子は急激な発達を示し，女子の値を大きく上回り，最大無酸素パワーは男子では18歳頃，女子では14歳頃にピークに達すると報告している．

Blimkieら（1986）は，Wingate Anaerobic Power Testを用いて男女のMAnPおよびMAnP/BWの発達を横断的にとらえている．女子についてみると，MAnPは14.5歳では437.5±66.8W，18.8歳では542.0±152.9Wであり，その間16.4歳で617.3±131.2Wの最も大きい値を示した．MAnP/BWは14.5歳では8.1W/kg，18.8歳では9.9W/kgであった．そして，16.4歳では10.4W/kgであった．この間，MAnPやMAnP/BWは加齢にともなう明確な増大はみられないが，これらの値のピークは16歳前後であると考えられる．

本研究の15〜17歳におけるMAnPは484.5〜513.3Wであり，MAnP/BW

は9.29〜9.68W/kgの範囲であった．MAnPやMAnP/BWの値を15歳と17歳で比較すると，いずれも15歳の方が大きい値であったが，有意な差はみられなかった．このことから，本研究においてもBlimkieらと同様に，15歳〜17歳における相対的なパワーの経年的増大はみられなかったといえる．

ところで，日本の女子高校生の一流短距離選手のMAnPおよびMAnP/BWは，それぞれ588〜918W，11.1〜14.68W/kgの値であることが報告（小林・松井，1988；深代・小林，1990；深代ら，1991）されている．これらの値は，一般高校生を対象とした本研究の値と比較すると大きな差がみられ，女子高校生の一流短距離選手のMAnPが優れていることがわかる．ちなみに100mの日本記録保持者であった北田敏恵選手のMAnPおよびMAnP/BWの値は713W，12.7W/kgという非常に大きいものであった（小林・松井，1988）．

(3) 疾走速度と疾走フォームの関係

これまで幼児期から中学校期までの疾走能力の増大にともなう疾走フォームの変容は報告されてきたが（宮丸，1975；斉藤ら，1981；Fortney，1983；加藤ら，1985；Marino and Mcdonald，1986；宮丸ら，1987；加藤ら，1990），高校期における女子の疾走フォームの経年的変容やその特徴はとらえられていない．ここでは，女子高校生の疾走フォームを身体重心の軌跡や大転子を基点とした足先の軌跡などの各変量から考察する．

走動作の発達の特徴を示すものとしてWickstrom（1983）は疾走中のからだの上下動に着目してBouncing MotionからMinimal Bounceへの変容をあげている．身体重心の鉛直変位の身長比や身体重心の平均上昇角度および歩幅など疾走中の上下動を表すと考えられる項目には，加齢にともなう明確な変容は認められなかった．

また，加齢にともなう下肢動作の変容をみるために疾走中の大転子を基点とした足先の軌跡をとらえた．足先の軌跡から求めた水平・鉛直変位およびそれらの身長比などは，経年的な変容はみられなかった．これらのことは，この時期の疾走フォームには明確な経年的変容がみられないことを示唆している．

ところで，疾走能力は思春期を境に明確な男女差が生じることは前述のとおりである．福永ら（1984）は地面反力から発育期男女の走能力特性をとらえ，女子は男子に比べ，上に高くとびあがるような走り方をしていると指摘している．加藤ら（1990）は疾走中の身体重心の鉛直変位や平均上昇角度は，児童期の各年齢において女子が男子より大きい値を示していることを報告している．これらのことは疾走フォームに男女差があることを意味するものである．また，高校期に最高の疾走能力を有している男子に対して女子の疾走能力はピークを過ぎていると考えられるが，この時期の女子の疾走速度と疾走フォームに関する各変量間の関係を明らかにすることは女子の疾走フォームの特徴を明らかにしていくうえで意味あるものとなろう．

身体重心の鉛直変位やその身長比および平均上昇角度の値を男子高校生（加藤ら，1992）と比較するといずれの値も本研究の女子の方が大きく，歩

幅は男子の方が大きかった．このことを考慮すれば，高校期においても女子の疾走フォームは男子に比べ上下動の大きいものであるといえる．疾走速度と疾走中の支持時間，非支持時間および身体重心から求めた変量の関係から，疾走速度を高めるには，疾走中の支持時間が短いこと，身体重心の上下動の小さいことが重要であると考えられる．このことは，陸上競技の指導書（宮丸ら，1976）にみられるコーチングのポイントと一致するものであった．また，これらのことは，男子高校生を対象とした加藤ら（1992）の報告と同様であった．

(4) 疾走能力における体力，形態および技術の関係

図Ⅱ-58は全被験者の疾走速度とMAnP/BWの関係を示しており，MAnP/BWの値の大きい者ほど疾走速度が高い．このことはMAnP/BWが大きく，疾走速度が高いF1グループとMAnP/BWが小さく，疾走速度が低いS1グループをみても明らかである．しかし，MAnP/BWがほとんど同じでも疾走速度が高いF2グループと疾走速度が低いS2グループがみられる．

この疾走速度の差は，ランニングのスキルによるものと考えられる．そこで，これらのグループについて疾走能力，体力要素，形態および疾走フォームなどをもとに比較・検討した．

表Ⅱ-43はF1とS1およびF2とS2の各グループの疾走能力，体力要素，形態，疾走中の支持時間，非支持時間および身体重心の軌跡から求めた変量を示したものである．MAnP/BWはF1が11.1W/kg，S1が7.0W/kgと大きく異なり，垂直跳や走幅跳の記録もF1の方がS1よりもきわめて大きく，両者の体力要素には大きな差がみられた．また，％FATではF1が18.2，S1が26.0とS1の方が明らかに大きいものであった．F1とS1の疾走能力および疾走フォームをみると，歩数や歩幅はともにF1の方がはるかに大きく，F1の身体重心の鉛直変位やその身長比および身体重心の平均上昇角度はS1より小さ

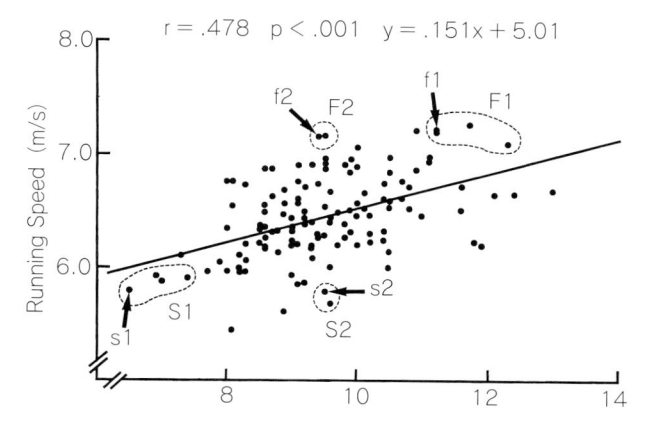

図Ⅱ-58 疾走速度と体重あたりの最大無酸素パワーとの関係

表Ⅱ-43　F1 と S1 グループおよび F2 と S2 グループの疾走能力，体力要素，支持時間，非支持時間，身体重心に関する変量の比較

	グループ			
n	F1 4	S1 4	F2 2	S2 2
50 m 走タイム(s)	7.80	9.14	7.70	9.24
疾走速度(m/s)	7.08	5.87	7.15	5.73
歩数(steps/s)	4.11	3.76	4.15	3.45
歩幅(m)	1.74	1.56	1.73	1.67
歩幅/身長	1.11	1.01	1.09	1.02
最大無酸素パワー(W)	539	342	454	560
最大無酸素パワー/体重(W/kg)	11.1	7.0	9.5	9.6
垂直跳(cm)	53.3	39.8	51.0	46.5
走幅跳(m)	3.58	2.95	3.90	3.10
支持時間(s)	.110	.135	.115	.148
非支持時間(s)	.136	.133	.128	.143
非支持時間/支持時間	1.25	0.98	1.11	0.97
身体重心の鉛直変位(m)	.056	.061	.042	.077
身体重心の鉛直変位/身長(%)	3.50	3.93	2.65	4.65
身体重心の平均上昇角度(deg.)	2.99	4.10	2.37	3.70
体脂肪率(%)	18.2	26.0	20.5	28.9

いものであった．すなわち，F1 の方が S1 よりも身体重心の上下動が少ない疾走フォームであるといえる．

　一方，MAnP/BW が同じである F2 と S2 を比較すると，垂直跳は F2 の方が若干大きい値であり，%FAT では S2 の方が F2 よりも明らかに大きいものであった．F2 の歩数や歩幅は S2 よりも大きく，身体重心に関する変量からみた疾走フォームでは F1 と S1 の間にみられた違いと同様であった．すなわち，F2 の方が S2 よりも身体重心の上下動が少ない疾走フォームであった．

　以上のように F1 と S1 の疾走能力の差は体力，形態およびスキルが顕著に異なること，また F2 と S2 の疾走能力の差は形態やスキルの違いによるものであることが明確であった．すなわち，疾走能力はエネルギーとしての体力や形態およびスキルが密接にかかわっていることを示している．加藤ら（1992）は男子高校生を対象に疾走速度，最大無酸素パワー，疾走フォームの関係から，三浦ら（1976）は長距離選手を対象にして走スピード，最大酸素摂取量，走フォームの関係から，天野ら（1984）は男子児童の 30m 疾走能力，最大無酸素性脚筋パワー，疾走フォームの関係から身体資源と走技術について報告しており，いずれも本研究と同様の指摘をしている．

(5) 女子高校生における疾走運動の指導への応用

　表Ⅱ-44 は全被験者の疾走速度の平均値と標準偏差（SD）をもとに疾走能力を 5 段階に分けて，それぞれの段階ごとに歩数，歩幅，歩幅の身長比，50m 走タイム，MAnP/BW，垂直跳，走幅跳および%FAT の平均値を示した

表Ⅱ-44 疾走能力（5段階）別の疾走速度，歩数，歩幅，50m走タイム，体重あたりの最大無酸素パワー，垂直跳，走幅跳，体脂肪率の平均値

	項目		疾走速度	歩数	歩幅	歩幅/身長	50m走タイム	体重あたりの最大無酸素パワー	垂直跳	走幅跳	体脂肪率
		n	(m/s)	(steps/s)	(m)		(s)	(W/kg)	(cm)	(m)	(%)
5	＋1.5SD～	8	7.01～	4.08	1.77	1.12	7.68	10.8	54	3.71	20.2
4	＋0.5SD～＋1.5SD	34	6.64～7.01	4.10	1.66	1.06	8.01	10.0	49	3.44	23.2
3	－0.5SD～＋0.5SD	45	6.26～6.64	3.94	1.64	1.04	8.39	9.5	48	3.36	23.9
2	－1.5SD～－0.5SD	35	5.89～6.26	3.83	1.60	1.02	8.82	9.0	45	3.12	25.3
1	～－1.5SD	8	～5.89	3.73	1.54	0.98	9.30	8.5	42	2.87	28.7

ものである．

　この表から女子高校生の平均的な疾走能力をとらえると段階3の歩数や歩幅などの値から判断できる．例えば，段階3では歩数が3.94歩／秒で，歩幅が身長の1.04倍で走れることがその基準と考えられる．しかし，疾走能力の個人差は大きくみられ，段階5の生徒と段階1の生徒を比較すると歩数では0.35歩／秒，歩幅の身長比では0.14と大きな違いがみられ，いずれも段階5の生徒の方が大きな値であった．すなわち，疾走能力の高い生徒の方が疾走能力の低い生徒よりも歩数や歩幅がかなり大きなものであった．

　これらのことから，実際の短距離走の指導は走タイムだけでなく，歩数や歩幅の個人差も考慮する必要のあることが示唆される．

　疾走能力はMAnP/BW，垂直跳，走幅跳の間に有意な相関があることはこれまでにも述べてきた．また，MAnP/BWは垂直跳や走幅跳にも有意な相関があることから，学校体育の指導の場では，疾走能力とかかわり深い体力要素としてとくに垂直跳を取り上げることができると考えられる．

　表Ⅱ-44をもとに例をあげれば，垂直跳が48cmで50m走タイムが8秒4であったとすれば，その生徒は自分の瞬発力に見合った疾走能力と考えられるが，垂直跳が48cmで50m走タイムが9秒以上かかれば，その生徒の疾走能力は劣っているとみなされよう．反対に，垂直跳が48cmで50m走タイムが7秒台であれば，その生徒の疾走能力は優れていると考えられる．また，疾走能力の段階が上がるにつれ，％FATが低い値になっている．このことは疾走能力は体脂肪の多いことがマイナスになっていることを示すものである．

　ところで，水野（1980）は運動能力を評価する場合に体格や体力を考慮し，それらの回帰による評価法を示している．図Ⅱ-59は垂直跳を基準とした50m走タイムの回帰評価を示したものである．図中の❶～❺は$\hat{Y}$を基準値として，$\hat{Y}-1.5s_{y・x}$以下を❶，$(\hat{Y}-1.5s_{y・x})-(\hat{Y}-0.5s_{y・x})$を❷，

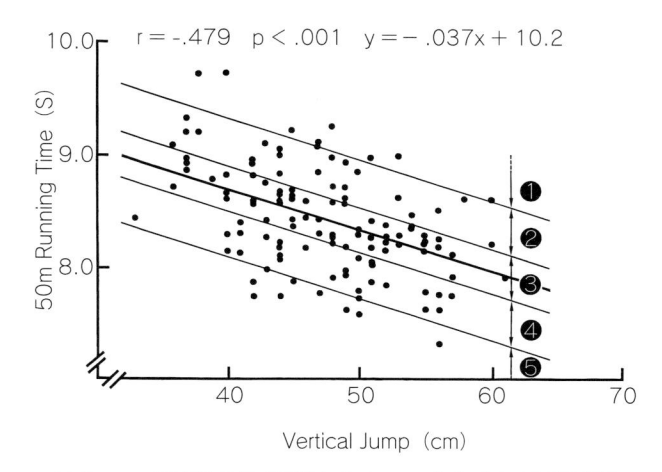

図Ⅱ-59　垂直跳の値を基準にした50m走タイムの回帰評価

$(\hat{Y} - 0.5sy \cdot x) - (\hat{Y} + 0.5sy \cdot x)$ を❸，$(\hat{Y} + 0.5sy \cdot x) - (\hat{Y} + 1.5sy \cdot x)$ を❹，$\hat{Y} + 1.5sy \cdot x$ 以上を❺としている．表Ⅱ-44および図Ⅱ-59のような体格や体力を考慮した運動能力の評価は学校体育において活用できると考えられる．

4) 要　約

女子高校1年生（15歳）から3年生（17歳）における疾走能力，疾走フォームおよび最大無酸素パワーの発達を横断的にとらえた結果は以下のように要約される．

①15～17歳にかけて50m走タイムは，$8.35 \pm .46$秒から$8.49 \pm .49$秒の範囲であり明確な変化はみられず，疾走速度も$6.35 \pm .39$m／秒から$6.50 \pm .36$m／秒の間であり経年的な変化はとらえられなかった．また，歩数は3.94歩／秒から3.98歩／秒，歩幅1.62mから1.66m，歩幅の身長比は1.03から1.06の範囲にあり，いずれも各年齢間で顕著な変化はみられなかった．

②15～17歳にかけて最大無酸素パワーは513.3Wから484.5Wへ，体重あたりの最大無酸素パワーも9.68W/kgから9.29W/kgへ経年的に減少したが，これらの値にはいずれも各年齢間に有意な差はみられなかった．

③各年齢において疾走速度は，15歳の歩数を除き，各年齢の歩数，歩幅およびその身長比との間に有意な相関がみられた．また，各年齢とも疾走速度は，16歳の垂直跳を除き，体重あたりの最大無酸素パワー，垂直跳および走幅跳との間に有意な相関がみられ，すべての年齢の％FATとの間に有意な負の相関がみられた．そして，すべての年齢において体重あたりの最大無酸素パワーは垂直跳および走幅跳との間に有意な相関がみられた．

④疾走速度と身体重心の軌跡などから求めた疾走フォームに関する変量と

の関係から，疾走速度を高めるには，疾走中の支持時間が短いこと，身体重心の上下動が少ないことが重要であると考えられた．

⑤表Ⅱ-44に全被験者の疾走速度の平均値と標準偏差をもとに女子高校生の疾走能力を5段階に分け，各段階ごとに歩数，歩幅，歩幅の身長比，垂直跳，走幅跳などの平均値を示した．

また，図Ⅱ-59には垂直跳を基準とした50m走タイムの回帰評価法による5段階評価を示した．これらの結果は学校体育の場において形態や体力の個人差に応じた短距離走の指導を行うための基礎的資料になると考えられる．

4. 大学生（成人）の疾走能力の発達

幼児や児童・生徒の疾走運動については，疾走速度や歩幅，歩数などの面から（能勢ら，1970；佐藤，1973），あるいはその動作の面から（Fortney，1983；Marino and Mcdonald，1986；宮丸，1975；斉藤ら，1981；辻野・後藤，1975）多くの報告がなされている．また，中学生，高校生の疾走能力の発達に関する報告（加藤ら，1985；加藤ら，1992；加藤ら，1994）もある．しかし，身体的成熟に達した一般成人の疾走能力に関する報告は少なく，パフォーマンスなどから検討されたもの（猪飼ら，1963）はあっても，疾走動作などの質的な変容をとらえたものはみられない．

4章-4は，大学生（成人）の疾走能力の発達および疾走動作の特徴について考察したものである．

1）研究方法
（1）被験者

被験者は，昭和60年5月に実施されたT大学体力・運動能力測定に参加した1年生から4年生までの一般学生199名（男子80名，女子119名）であった．被験者の身体的特徴は，表Ⅱ-45のようであった．

表Ⅱ-45 被験者の身体的特徴

年齢		18	19	20	21
被験者数	男子	16	19	14	31
	女子	40	44	16	19
身長 (cm)	男子	169.8 (3.9)	169.9 (7.1)	170.8 (3.4)	170.1 (4.9)
	女子	158.9 (5.4)	159.0 (4.8)	157.2 (5.4)	159.9 (4.8)
体重 (kg)	男子	60.6 (5.5)	60.1 (7.6)	63.3 (5.6)	63.5 (7.1)
	女子	51.3 (7.0)	51.9 (5.1)	50.1 (5.1)	51.7 (5.2)

Mean(SD)

(2) 実験およびデータ処理

　50m全力疾走の25m地点での疾走フォームを被験者の側方30mよりハイスピードビデオカメラ（nac HSV-200）を用いて毎秒200コマで撮影した．撮影されたビデオフィルムから，各被験者の身体各部位の座標をビデオポジションアナライザーにより2コマごとに読み取り，パーソナルコンピュータに入力し，フィルムに写し込んだスケールマークをもとに各点の座標を実長に換算した．

　得られたデータから次のような項目を求めた．なお，フィルム分析は，少なくとも2歩にわたって行い，その平均値をデータとして用いた．

　①疾走速度：歩幅と歩数の積とした．②歩幅：離地時における足先点間の距離とした．③歩数：1歩に要した時間をコマ数から求め，その逆数とした．

　同様にして非支持時間および支持時間を求めた．また，疾走中の身体や脚の重心，足先の変位を算出した．

　さらに，男女別に全体の疾走速度の平均値と標準偏差を基準として，疾走能力のExcellent Group（以下E群）とPoor Group（以下P群）を選び出し，両群を比較検討した．なお，E群は，疾走速度の平均値プラス1.5SD以上の者，P群は，平均値マイナス1.5SD以下の者であった．

2) 結果と考察
(1) 50m走タイム，疾走速度，歩幅，歩数などの経年的変化

　18～21歳にかけての50m走タイム，疾走速度，歩数，歩幅，歩幅の身長比および非支持時間と支持時間との比の結果は表Ⅱ-46のとおりであった．

　本研究の被験者である18～21歳の50m走タイムは，男子では7.18～7.35秒，女子では8.68～9.09秒の範囲であった．これらの値を日本人の体力標準値（東京都立大学身体適性学研究室編，1980）と比較すると，各年齢の男女において若干異なるが，いずれの年齢においてもその差はきわめて少なく，本研究の被験者の値は男女とも18～21歳における標準的なものと判断された．

　男子では，疾走速度は毎秒7.81mから毎秒7.48mへ経年的に減少し，歩幅や歩幅の身長比も179.9cm，1.06から171.4cm，1.01へと経年的に減少した．

　また，女子の疾走速度も毎秒6.36mから毎秒6.09mへ経年的に減少し，歩幅や歩幅の身長比も157.5cm，0.99から152.0cm，0.95へと経年的に減少した．

　一方，歩数および非支持時間と支持時間との比は，男子がそれぞれ4.27歩／秒，0.86から4.37歩／秒，0.95の範囲に，女子が4.01歩／秒，0.85から4.04歩／秒，0.90の範囲にあり，それぞれ経年的変化はみられなかった．

(2) 疾走能力の経年的発達

　図Ⅱ-60は，本研究の18～21歳における疾走能力の発達段階をとらえるために，これまでの先行研究の結果に基づいて疾走速度，歩幅，歩幅の身長比および歩数の経年的変化を示したものである．

　疾走速度は2～11歳まで加齢につれて増大し，明確な性差は認められない．

表Ⅱ-46 各年齢の50m走タイム，疾走速度，歩幅，歩数，歩幅/身長，非支持時間/支持時間の平均値と標準偏差

年齢		18	19	20	21
50m走タイム (sec)	男子	7.18 (0.24)	7.35 (0.29)	7.27 (0.36)	7.33 (0.37)
	女子	8.68 (0.56)	8.78 (0.49)	9.09 (0.42)	9.01 (0.41)
疾走速度 (m/s)	男子	7.81 (0.26)	7.56 (0.31)	7.63 (0.42)	7.48 (0.35)
	女子	6.36 (0.45)	6.25 (0.39)	5.99 (0.34)	6.09 (0.33)
歩幅 (cm)	男子	179.9 (8.0)	177.5 (11.2)	175.1 (8.4)	171.4 (10.7)
	女子	157.5 (10.7)	155.1 (11.3)	148.1 (8.2)	152.0 (10.5)
歩数 (steps/s)	男子	4.34 (0.19)	4.27 (0.24)	4.36 (0.26)	4.37 (0.22)
	女子	4.04 (0.22)	4.03 (0.21)	4.04 (0.19)	4.01 (0.24)
歩幅/身長	男子	1.06 (0.05)	1.04 (0.05)	1.03 (0.05)	1.01 (0.05)
	女子	0.99 (0.07)	0.98 (0.06)	0.94 (0.04)	0.95 (0.07)
非支持時間/支持時間	男子	0.95 (0.11)	0.93 (0.11)	0.86 (0.09)	0.94 (0.11)
	女子	0.87 (0.12)	0.87 (0.12)	0.85 (0.08)	0.90 (0.10)

Mean (SD)

しかし，思春期を迎える12～14歳になると，男子では疾走速度は著しく増大し，歩幅や歩幅の身長比も同様に増大している．

一方，女子では12歳以降，疾走速度，歩幅や歩幅の身長比は男子のような経年的増大はみられず，停滞の傾向を示している．そして，疾走速度，歩幅に著しい性差が生じている．しかし，歩数は2～14歳まで男女とも大きな違いがなく経年的変化は認められない．

本研究の対象となった18～21歳にかけて男子の疾走速度は，思春期までのような経年的増大はみられず，むしろ経年的に減少する傾向を示し，歩幅や歩幅の身長比も経年的に減少した．

一方，女子も疾走速度，歩幅，歩幅の身長比は経年的に減少した．

疾走速度の性差は思春期よりも一層明らかになった．歩数は，2～14歳の値と比べ，男子ではやや高い値を示したが，女子ではほぼ同様の値であった．そして，その経年的変化は男女とも認められなかった．

歩数は脚の動作の反復的切り換えの速さであり，こうした敏捷性は幼少期からすでに成人と変わらぬレベルにあると指摘されている（宮丸，1975）．

これらの結果から，18～21歳にかけての疾走速度の経年的減少は，男女とも主に歩幅の減少によるものと考えられる．

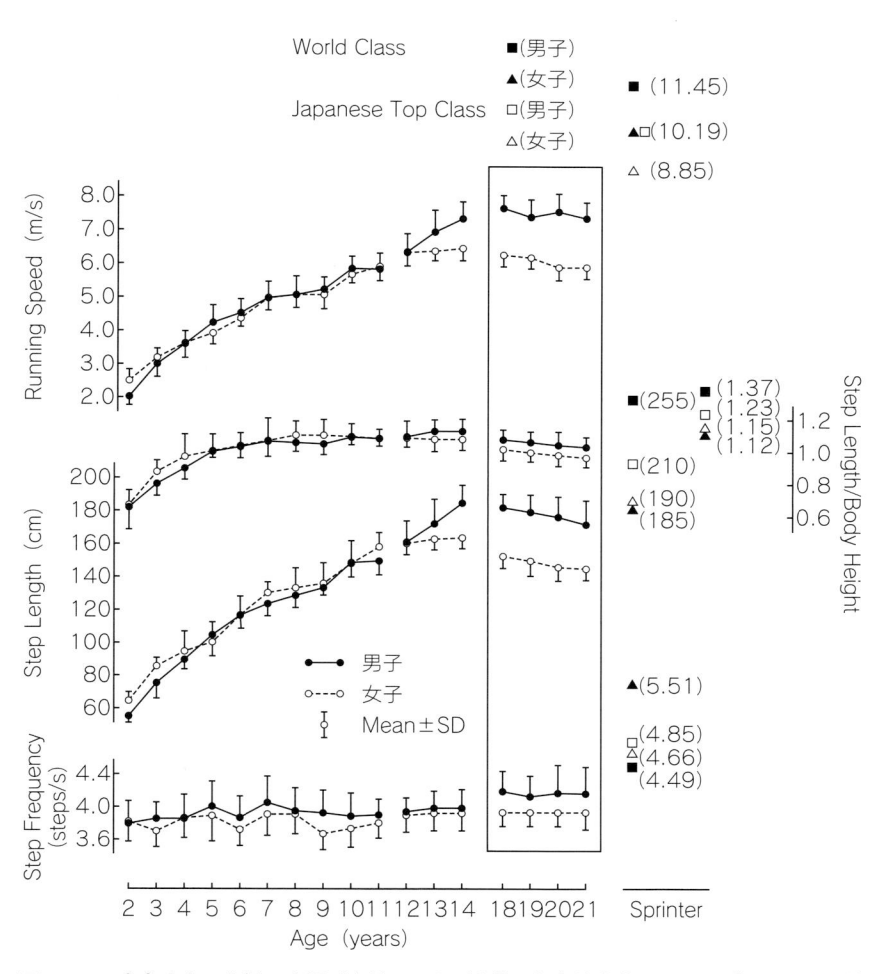

図Ⅱ-60 疾走速度，歩幅，歩幅／身長，および歩数の経年的変化と一流スプリンターの値

　松浦（1982）は，走力の最高レベルに到達する時期は男子では10代後半，女子では10代前半であると指摘している．また，これまでの資料（東京都立大学身体適性学研究室編，1980）によれば，50m疾走の速度が最高に達する時期は，男子では17～18歳，女子では13～15歳であるとみられる．
　これらのことを考慮すると，本研究の結果にみられた疾走速度の低下の傾向は，男女ともにすでに疾走能力のピークが過ぎていることを示している．
　一方，高度な技術を持ち，競技レベルの高い一流スプリンターは，長年にわたる長期的なトレーニングを要することから，その最高成績を発揮する年齢が一般成人より遅く，男性では22～24歳，女性では20～22歳と報告（マトヴェイエフ，1985）されている．その高度にトレーニングされた世界や日本における一流スプリンターの疾走速度，歩幅，歩幅の身長比および歩数の

(3) E群とP群の疾走能力の比較

図Ⅱ-61は，本研究の被験者全体について，男女別にE群とP群および全体の疾走速度の平均値を示したものである．この図の9歳，10歳の値は斉藤（1980），13歳の値は加藤（1984）によるものである．

表Ⅱ-47には男女別にE群とP群の疾走能力に関する値を示した．E群とP群の平均疾走速度の差は，男子では1.33m/s，女子では1.59m/sであり，男女とも両群間に著しい違いが認められた．また，男子P群は6.91m/s，女子E群は6.99m/sでほぼ同じ値であり，両者はともに13歳男子より低い値を示した．さらに女子P群は5.40m/sで9歳女子よりやや高く，10歳女子よりもやや低い値を示した．

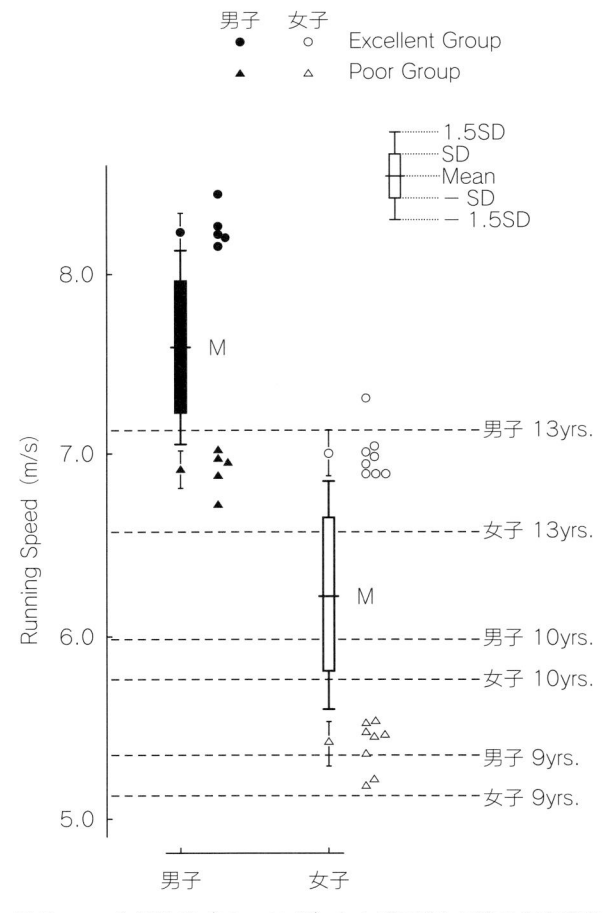

図Ⅱ-61　全被験者（18〜21歳）およびE群とP群の疾走速度

表Ⅱ-47　E群とP群の疾走速度，歩数，歩幅，歩幅/身長および非支持時間/支持時間

		Excellent group	Poor group	Total
被験者数	男子	5	5	
	女子	8	8	
身　長 (cm)	男子	170.6	170.4	170.1
	女子	160.6	158.0	158.9
体　重 (kg)	男子	69.2	65.6	62.1
	女子	53.5	51.9	51.4
疾走速度 (m/s)	男子	8.24	6.91**	7.59
	女子	6.99	5.40**	6.22
歩　数 (steps/s)	男子	4.44	4.20	4.34
	女子	4.16	3.81**	4.04
歩　幅 (cm)	男子	185.9	164.5**	175.2
	女子	168.1	142.2**	154.5
歩幅/身長	男子	1.09	0.97**	1.03
	女子	1.05	0.90**	0.97
非支持時間/支持時間	男子	1.10	0.85**	0.93
	女子	0.99	0.86*	0.87

$**p < 0.01$,　$*p < 0.05$

　このように一般学生の間には，著しい個人差がみられ，とりわけ疾走能力の劣っているP群の男子では中学2年生，P群の女子では小学校4～5年生のレベルにとどまっていることが明確となった．

　歩幅や歩数などの値は，いずれも男女E群の方がP群より大きい値であった．疾走動作の発達段階を表すといわれている歩幅の身長比や非支持時間と支持時間の比をみると（斉藤ら，1981），男子E群はそれぞれ1.09，1.10であるのに対し，P群は0.97，0.85であった．一方，女子E群はそれぞれ1.05，0.99に対し，P群は0.90，0.86であり，男女とも両群間に著しい違いが認められた．

　このことは，一般学生におけるE群とP群の間に疾走動作にも大きな違いがあることを示唆している．とくに，歩幅の身長比の男女P群の値は，幼児の値（斉藤，1980）に近いものであった．そこで，男女の両群の疾走動作について比較検討した．

（4）E群とP群の疾走動作の比較

　図Ⅱ-62は，男女別にE群とP群の疾走1サイクル，すなわち，2歩中の身体重心の軌跡を示したものである．男女両群の疾走中の身体重心の水平および鉛直変位の身長に対する比などの平均値は**表Ⅱ-48**のようであった．

　身体重心の水平変位は，男女ともE群がP群よりも大きな軌跡を描いているのが明確にみられる．身体重心の水平変位の身長に対する比は，男女ともE群（112.1％，106.2％）がP群（101.6％，92.4％）より大きい値を示し，

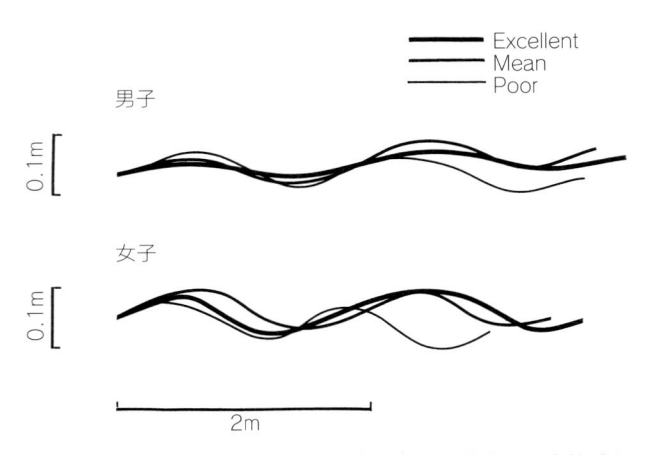

図Ⅱ-62 E群とP群の疾走1サイクル中（2歩）の平均化した身体重心の軌跡

表Ⅱ-48 E群とP群の疾走中の身体重心の水平および鉛直変位の身長に対する比，跳躍比，平均上昇角度

		Excellent group	Poor group	Total
身体重心の水平変位／身長(%)	男子	112.1	101.6**	107.1
	女子	106.2	92.4**	100.4
身体重心の鉛直変位／身長(%)	男子	4.4	4.2	4.2
	女子	4.7	5.7	5.2
水平変位(非支持期)／水平変位(支持期)	男子	1.03	0.90	0.93
	女子	1.00	0.85**	0.91
身体重心の平均上昇角度(deg.)	男子	3.19	3.94	3.77
	女子	4.42	5.50*	5.15

$**p < 0.01, *p < 0.05$

　その鉛直変位はとくに女子ではP群（5.7％）が大きい値を示した．また，支持期の身体重心の水平変位に対する非支持期の身体重心の水平変位の比，すなわち，跳躍比は，男女ともE群（1.03, 1.00）がP群（0.90, 0.85）より大きい値を示した．身体重心の最下点から最高点までの平均上昇角度は，男女ともE群（3.19°, 4.42°）の方がP群（3.94°, 5.50°）より小さい値を示した．

　宮丸ら（1987）は，幼児の疾走中の身体重心の水平変位や鉛直変位などを算出しており，これらの変位の身長に対する比と比較すると，P群の値は幼児に近いものであった．また，平均上昇角度については，男子P群では7歳児，女子P群では4歳児レベルであった．

　これらの結果は，男女ともにE群，P群間に疾走動作の違いがみられること，すなわち，P群はE群より歩幅が小さく，上下動の大きい疾走動作であると考えられる．そして，Wickstrom（1983）が未熟な走動作の特徴のひと

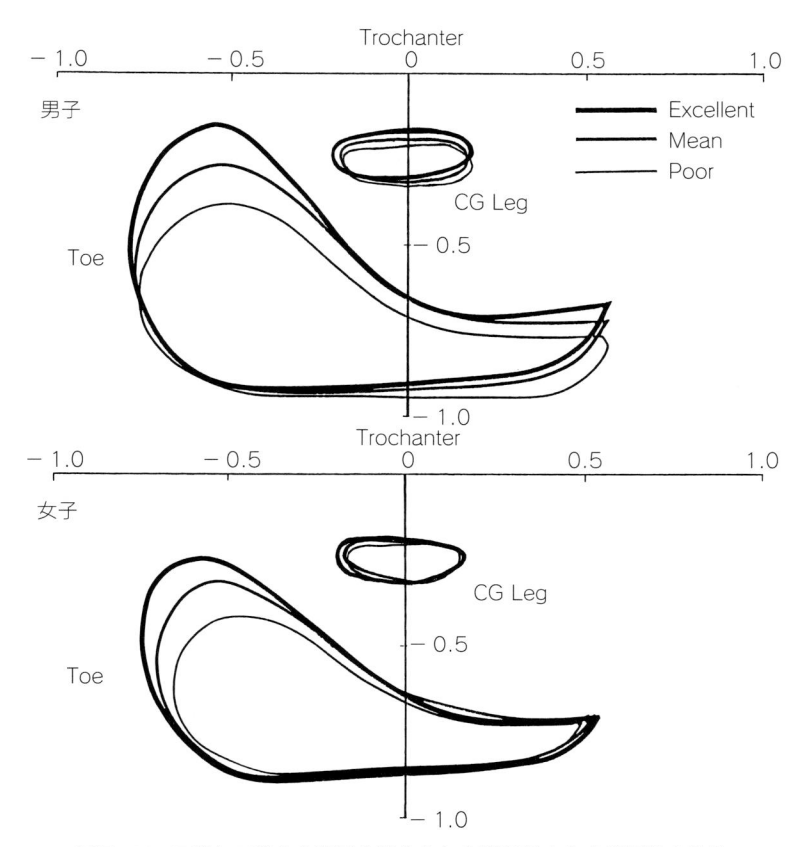

図Ⅱ-63 E群とP群の大転子を基点とした脚の重心および足先の軌跡

つとしてあげているBouncing motionが男女P群において顕著にみられることを示唆している．

このような両群の疾走中の身体重心の違いは，疾走中の下肢の動きと関連しているとみられる．そこで，下肢の動作をとらえるためにE群とP群の疾走中の脚の重心や足先の軌跡について検討を加えた．

図Ⅱ-63は，男女別にE群とP群の疾走中の脚の重心および足先の軌跡を，大転子を基点として示したものである．また，男女両群についてこれらの軌跡における水平・鉛直変位の身長に対する比を求めた結果は表Ⅱ-49のようであった．脚の重心の水平変位の身長に対する比は，男女ともにE群（23.7％，22.7％）がP群（23.1％，19.8％）よりやや大きい値を示し，その鉛直変位についてもE群（10.2％，9.8％）がP群（8.9％，8.1％）より大きい値を示した．足先の水平変位の身長に対する比においても男女E群（79.0％，80.1％）がP群（77.8％，72.4％）より大きく，その鉛直変位もE群（45.6％，42.6％）がP群（35.6％，31.7％）よりはるかに大きい値を示した．

表Ⅱ-49　E群とP群の大転子を基点とした脚の重心，足先の軌跡から求めた水平および鉛直変位の身長に対する比

		Excellent group	Poor group	Total
脚の重心の水平変位/身長(%)	男子	23.7	23.1	23.3
	女子	22.7	19.8**	21.6
脚の重心の鉛直変位/身長(%)	男子	10.2	8.9	9.8
	女子	9.8	8.1	9.2
足先の軌跡の水平変位/身長(%)	男子	79.0	77.8	78.7
	女子	80.1	72.4**	76.7
足先の軌跡の鉛直変位/身長(%)	男子	45.6	35.6*	41.3
	女子	42.6	31.7**	39.1

$**p < 0.01, \ *p < 0.05$

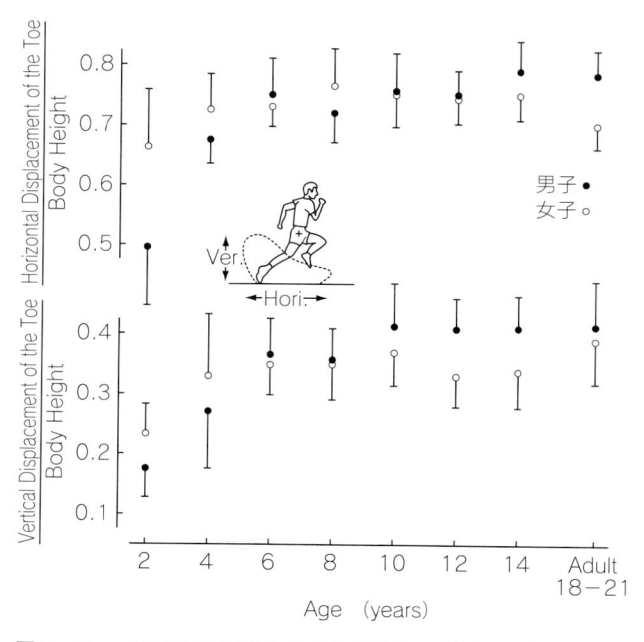

図Ⅱ-64　大転子を基点とした足先の軌跡の水平および鉛直変位の身長に対する比の経年的変化

　このような脚の重心や足先の軌跡の両群の違いから，E群の疾走動作は，P群に比べ，回復期の自由脚の腰関節や膝関節の屈曲や伸展が大きく，脚の運動範囲の大きい動作であると考えられる．

　以上の一般学生のE群，P群間にみられた疾走動作の違いは，疾走能力の優れた幼児と劣った幼児を比較した加藤ら(1987)の報告とも一致するものであった．

(5) 疾走動作の経年的発達

図Ⅱ-64は，大転子を基点とした足先の軌跡の水平および鉛直変位の身長に対する比について，先行研究の2〜14歳の結果に本研究の値を加えて示したものである．2〜10歳の値は斉藤（1980），12歳と14歳の値は加藤（1984）によるものである．

水平変位および鉛直変位の身長に対する比は，2〜6歳まで男女ともに経年的に著しく増大していく傾向にある．このことは，疾走中の脚動作の屈曲・伸展が少なく，しかも前後の振幅も小さい振動型から，しだいに脚の屈曲伸展をともなったモーションの大きい回転振動型へと変容していくことを示している．しかし，児童期以降になると，この水平変位および鉛直変位に経年的変化がみられなくなり，これらの値は18〜21歳の成人の値とほぼ同じものとなる．このことから，成人の疾走中の脚の動作様式は，児童期の子どもの動作様式と比較して大きな違いのないことが考えられる．

従来より，走動作の発達段階を示すものとして歩幅の身長比や非支持時間と支持時間との比があげられている．斉藤ら（1980），宮丸（1983），および天野（1985）は，歩幅の身長比が1.0以上になった時点を走動作がかなり習熟した時期とみなし，その年齢は6歳から7歳頃と指摘している．

足先の軌跡の水平変位および鉛直変位の身長に対する比は，6歳以降顕著な増大がみられず，成人と同様の値であった．走動作の発達を足先の軌跡からみても，これまでと同様の傾向が示唆された．

10代後半から20代前半の時期は，すべての体力要素が最高のレベルに達し，運動機能が最も充実した時期であるとみられる．しかし，本研究の対象となった一般学生の疾走能力の結果は，男女とも停滞から低下の傾向を示した．そして，そのE群とP群の間には，疾走能力および疾走動作にかなりの違いがみられ，男子P群の疾走能力は13歳の中学生，女子P群は10歳の児童のレベルよりも低いことが明らかになった．

これらの結果は，一般学生の体育やスポーツの指導において十分考慮されねばならないことを示唆している．

3) 要　約

疾走速度，歩幅，歩数，疾走中の身体や脚の重心の軌跡などに着目して，18〜21歳の一般学生の疾走能力および疾走動作の経年的変容をとらえた結果は，以下のように要約される．

①50m走タイムは，男子では7.18秒から7.33秒へ経年的にやや増加し，女子も8.68秒から9.01秒へ経年的に増加した．

②疾走速度，歩幅および歩幅の身長比は，男女ともそれぞれ減少する傾向にあった．しかし，歩数や，非支持時間と支持時間との比は，男女とも経年的変化はみられなかった．また，この年齢での疾走速度の性差は，思春期以上に大きいものであった．

③E群とP群の平均疾走速度の差は，男子では1.33m/s，女子では1.59m/s

であり，男女とも両群間に顕著な違いが認められた．そして，歩数，歩幅の身長比，非支持時間と支持時間との比は，いずれもE群の方がP群よりも大きい値を示した．

④E群とP群の疾走動作には，以下のような違いがみられた．

・身体重心の水平変位および鉛直変位の身長に対する比は，水平変位ではE群がP群より大きく，鉛直変位ではE群がP群より小さい値であった．

・身体重心の最下点から最高点までの平均上昇角度は，E群がP群より小さく，非支持時間／支持時間は，E群がP群より大きい値であった．

・大転子を基点とした脚の重心や足先の水平変位および鉛直変位の身長に対する比は，それぞれE群がP群より大きい値を示し，中でも足先の鉛直変位の身長に対する比は，E群がP群よりはるかに大きい値であった．

⑤E群とP群の疾走能力および疾走動作には，著しい違いがみられ，とりわけP群の疾走能力は男子では中学2年生のレベルに，女子では小学校4〜5年生のレベルにとどまっていることが明らかになった．

III 疾走能力の優れた子どもの発達的特徴

　疾走能力は，スポーツの達成水準にかかわる重要な基礎的能力であり，多くの競技スポーツにおいてスポーツタレントを発掘するための重要な手がかりのひとつである．ところで，疾走能力は他の運動能力に比して生得的要因の関与が大きいとみられている．一卵性双生児の運動能力の類似度に関する研究（水野，1956）によると，疾走能力のような敏捷性連続運動では，遺伝的因子の支配が大きいことが報告されている．

　また，幼児から児童の時期の疾走能力の発達を縦断的に調べた研究（Amano et al., 1983 ; 1987 ; 宮丸ら，1991）では，年齢の低い段階で疾走能力の高い子どもは，その後もずっと疾走能力に優れ，年少期に著しく劣る子どもは，その後もずっと低い傾向が報告されている．

　このことは，疾走能力の優劣が他の運動能力に比べて年齢の低い段階でかなり決定されることを示唆している．したがって，スポーツ種目への専門化が始まる児童期後半の子どもの中で，とくに優れた疾走能力を有する子どもが，どのような特徴をもっているのかは興味深いことであり，スポーツタレント発掘の立場からみても重要な研究課題である．

　IIIは，全国小学生大会の100mで上位に入賞した12歳男児の疾走能力の発達的特徴をとらえるとともに，その後，12～15歳までの疾走能力の発達過程を縦断的に追跡した結果をまとめたものである．

1章　疾走能力の優れた児童の特徴

　1章は，疾走能力がとくに優れている12歳男児について，疾走能力，疾走動作，形態，骨成熟，筋パワー，筋の質的・量的評価などの面からその特徴を明らかにしたものである．

1）研究方法
（1）被験者
　被験者は，1990年と1991年の全国小学生大会100mで1～4位までに入賞した12歳男児4名（被験者：I.H，N.Y，F.Y，Y.H）であった．
　また，比較のために同年齢の一般児童（対象群：男児35名）についても同様の測定を実施した．4名の被験者，および対象群の疾走能力および身体的特徴は表Ⅲ-1のようであった．
（2）測定項目および測定方法
　以下のような測定が，被験者I.HとN.Yについては1990年11月に，F.YとY.Hについては1991年11月に，いずれも筑波大学でなされた．
　a．疾走能力
　筑波大学の陸上競技場において，50m疾走を実験的に行わせ，スタートから40mを中心に前後4mの区間での疾走フォームを右側方50m地点からビデオカメラを用いて毎秒200コマで撮影した．得られた画像から疾走速度，歩幅，歩数，歩幅／身長，を求めるとともに，右脚回復期における各局面の足，膝，腰の各関節まわりのトルク，角速度，パワーなどを算出した．
　b．脚筋力，立幅跳，垂直跳
　バイオデックス（Biodex社製）を用い，右脚の膝関節伸展時および屈曲

表Ⅲ-1　疾走能力の優れた児童および対照群の身体的特徴と疾走能力

	対照群 (n = 35)	疾走能力の優れた児童			
		I.H	N.Y	F.Y	Y.H
身　長(cm)	151.4 ± 0.07	159.6	163.2	166.9	158.1
体　重(kg)	41.6 ± 8.80	49.5	48.5	57.2	50.5
実験時における 50m疾走タイム(sec)	8.4 ± 0.53	6.4	6.8	6.9	6.6
疾走速度(m/sec)	6.60 ± 0.44	8.98	8.45	8.69	9.16
全国小学生大会 100mの競技成績 　　　　(sec)		1990年 2位 12.05	1990年 4位 12.35	1991年 1位 12.24	1991年 4位 12.58

表Ⅲ-2 被験者の疾走速度，歩幅/身長，歩数および各測定値についての対象群との比〔%〕

	疾走速度(m/s)〔%〕	歩幅(cm)〔%〕	歩幅/身長〔%〕	歩数(steps/s)〔%〕
対 象 群 (n = 35)	6.60 ± 0.44 〔100%〕	168.0 ± 0.11 〔100%〕	1.11 ± 0.06 〔100%〕	3.94 ± 0.28 〔100%〕
I.H	8.98〔136%〕	193.0〔115%〕	1.21〔109%〕	4.65〔118%〕
N.Y	8.45〔128%〕	190.0〔113%〕	1.17〔105%〕	4.44〔113%〕
F.Y	8.69〔131%〕	213.0〔126%〕	1.28〔115%〕	4.08〔104%〕
Y.H	9.16〔138%〕	197.0〔117%〕	1.25〔113%〕	4.65〔118%〕
平　均	8.82〔133%〕	198.3〔118%〕	1.23〔111%〕	4.46〔113%〕

時における等速性最大筋力を測定した．測定に用いた角速度は，30°，60°，180°deg/secであった．また，体力測定の方法にもとづいて立幅跳，垂直跳の測定を行った．

　c．最大無酸素パワー

　最大無酸素パワーの測定には，自転車エルゴメータ（コンビ社製：パワーマックス）を用いた．2分間の休息をはさんで，異なる3種類の負荷について6～10秒間の全力ペダリングを行わせ，中村ら（1984）の方法によって最大無酸素パワーを算出した．

　d．骨年齢

　左手のX線フィルムから，TW2法によって20-boneを用いて骨成熟を評価した．このとき，被験者を不必要な放射線の被爆から十分に保護するように注意が払われた．

　e．MRI（筋断面積の測定）

　筑波大学病院に設置されている超電動MRI（1.5T）を用いて，右大腿部の筋横断面積を測定した．分析は，外側広筋，大腿直筋，中間広筋＋内側広筋，ハムストリングについてなされた．

　f．筋エネルギー代謝（^{31}P NMR）

　MRIの測定と同様な装置を用いて，右脚の大腿直筋について^{31}P NMRの測定を行い，安静時，運動時（5～6分間），回復時（4分間）のリン（P）のスペクトルが連続的に記録された．ひとつのスペクトルは，繰り返し時間2秒，積分回数4回，所要時間約30秒で測定された．運動負荷は，右足首に0.5kgのおもりを装着し，右脚を伸展した状態での上下運動（約30cmの高さの上げ下げ）であり，1分間に50回の割合でオールアウトまで実施した．得られたスペクトルより，クレアチンリン酸（PCr），無機リン酸（Pi）のピークの面積強度をデジタイザーを用いて測定し，PCr/Piを算出した．また，PCrに対するPiのケミカルシフト値を測定し，その値を以下の式に代入することによって細胞内pHを算出した．

$$pH = 6.75 + \log\left[(\delta - 3.27)/(5.69 - \delta)\right]$$

　　　　δ＝ケミカルシフト値

I.H

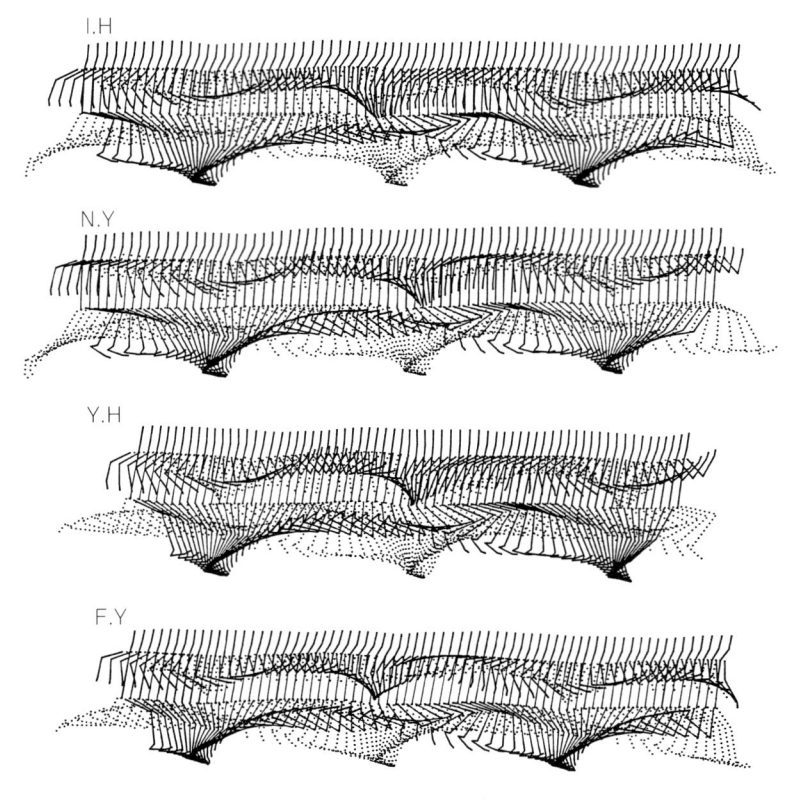

N.Y

Y.H

F.Y

図Ⅲ-1　4人の被験者の疾走フォーム

2) 結果と考察
(1) 疾走能力

被験者たちの実験時の50m疾走タイムは，表Ⅲ-1に示されたように6.4～6.9秒であり，対象群の平均値より1.5～2.0秒速いものであった．また，分析から得られた疾走速度，歩幅，歩幅／身長，歩数は，表Ⅲ-2のようであった．

4人の疾走速度は8.45～9.16m/sであり，対象群より28～38％も高い値であった．4人の歩幅は190～213cmで，対象群より13～26％大きいものであった．一方，歩数は対象群の平均値が3.94steps/sであるのに対して，4人の歩数は4.08～4.65steps/s（平均4.46steps/s）であり，対象群より8～18％高いものであった．

4人の被験者の身長（158.1～166.9cm）と体重（48.5～57.2kg）は大きく，いずれも同年齢児の90パーセンタイル以上に相当するものであった．疾走時の歩幅は身長にも依存することが考えられるので，被験者らの歩幅／身長を算出した結果は1.17～1.28であり，対象群より5～15％大きいものであった．したがって，4人の被験者の歩幅は身長を考慮してもなお同年齢の一般

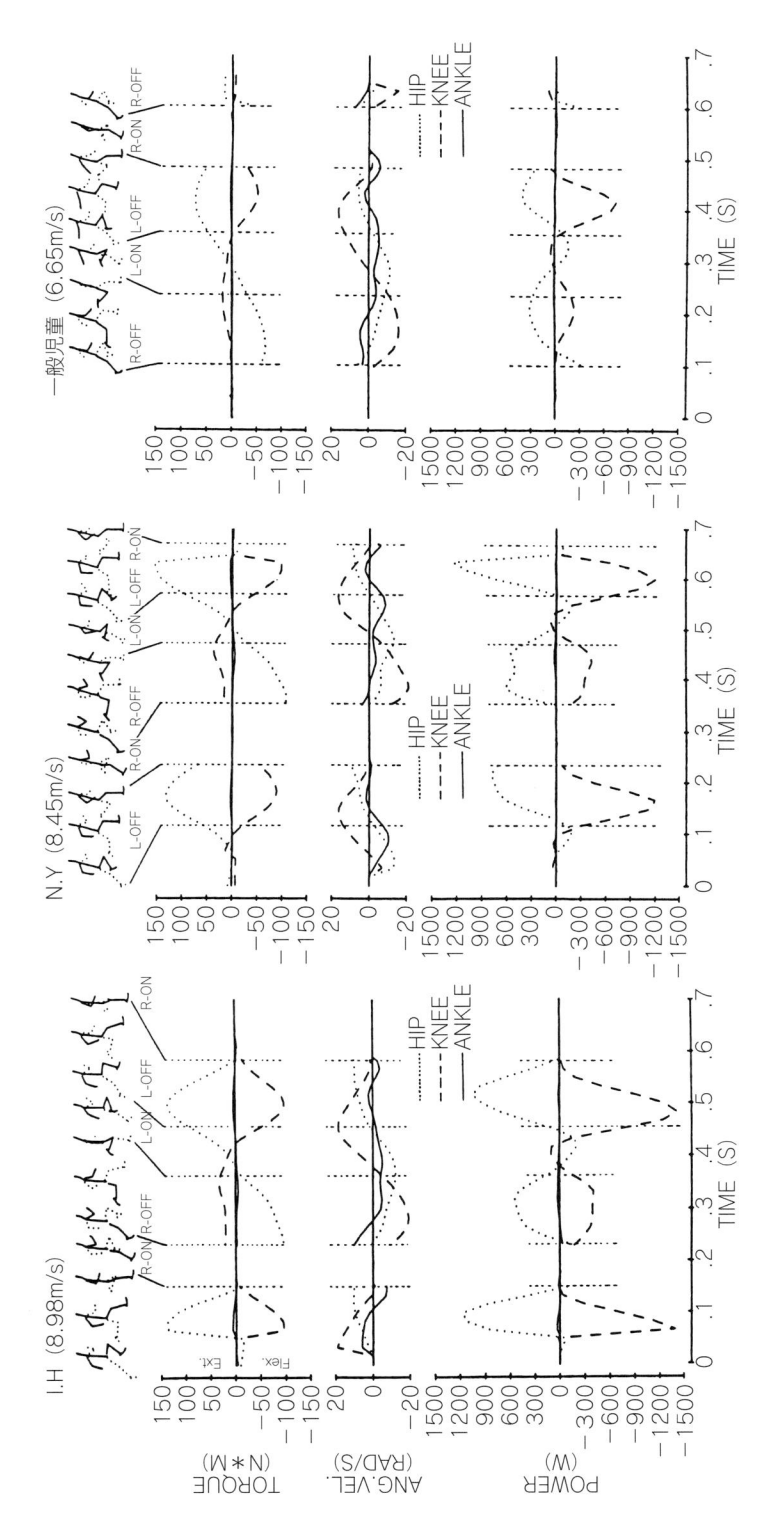

図Ⅲ-2 疾走中の右脚回復期における腰・膝・足の各関節まわりのトルク，関節角速度，パワーの経時的変化
被験者らと平均的能力を持つ一般児童との比較

図Ⅲ-3 疾走能力の優れた児童の脚の動作の特徴
上段のスティックピクチャーの矢印は,大腿および下腿が大きなパワーを発揮している局面を示している

児童より相対的に大きいものであった.

このことは,被験者らの疾走動作が優れていること,あるいは,パワーが大きいことを示唆している.また,被験者らの歩数の平均4.46steps/sは,一流のスプリンターに近い値であった.疾走時の歩数は,幼児から成人まで経年的な変化はほとんどなく,トレーニングによって変えにくい要因とみられる.したがって,この歩数の高い値は疾走能力の優れた児童の顕著な特徴といえる.

(2) 疾走動作

図Ⅲ-1は,分析から得られた被験者4人の疾走動作のスティックピクチャーである.被験者の疾走動作は,全体的に対象群の児童より優れていたが,とりわけ回復期の脚の動きに顕著な違いがみられた.そこで,右脚の回復期における各局面での足・膝・腰の各関節まわりのトルク,関節角速度,パワーを求め,その経時的変化を平均的能力(50m走:8.4秒)の児童と比較したものが図Ⅲ-2である.

この図は,阿江ら(1986)にならい,正のトルクは伸筋群が,負の場合は屈曲群がそれぞれ優位に働いていることを示しており,正のパワーはコンセントリックな筋収縮によって,また,負の場合はエクセントリックな筋収縮によってパワーが発揮されていることを表している.

被験者I.H,N.Yは,腰のトルクでは回復期前半に腰屈筋群が,その後回復期後半にかけて腰伸筋群が大きく働いており,膝では回復期後半に膝屈筋群が大きなトルクを発揮していることがわかる.I.H,N.Yの腰や膝のパワ

表Ⅲ-3 被験者の筋力・パワーおよび各測定値についての対象群との比(%)

	対照群 (n = 35)	疾走能力の優れた児童				
		I.H	N.Y	F.Y	Y.H	平均
立幅跳(cm)	191.0 ± 0.17 (100%)	249.0 (130%)	248.0 (129%)	245.0 (128%)	240.0 (126%)	245.5 (128.5%)
垂直跳(cm)	45.9 ± 6.5 (100%)	66.0 (144%)	59.9 (128%)	62.0 (135%)	58.0 (126%)	61.5 (133.9%)
最大無酸素パワー						
(W)	434.8 ± 97.9 (100%)	614 (141%)	—	893 (205%)	649 (149%)	718.6 (165.3%)
(W/kg)	10.5 ± 1.3 (100%)	12.4 (118%)	—	15.6 (147%)	12.8 (121%)	13.6 (128.6%)
膝伸展パワー						
(Nm)30°/s	87.7 ± 28.5 (100%)	167.0 (190%)	154.4 (176%)	—	—	160.7 (183.2%)
60°/s	57.9 ± 17.4 (100%)	116.1 (200%)	115.3 (200%)	223.8 (386%)	168.1 (290%)	155.8 (269.1%)
180°/s	33.1 ± 12.6 (100%)	112.3 (339%)	91.4 (276%)	144.9 (437%)	122.9 (371%)	117.8 (356.1%)
膝屈曲パワー						
(Nm)30°/s	60.5 ± 13.7 (100%)	75.3 (124%)	74.2 (123%)	—	—	78.4 (123.5%)
60°/s	46.4 ± 16.3 (100%)	71.0 (152%)	69.0 (148%)	91.7 (197%)	63.3 (136%)	73.7 (158.9%)
180°/s	29.0 ± 10.1 (100%)	57.1 (197%)	54.4 (187%)	86.4 (297%)	56.3 (194%)	63.3 (219.1%)

ーは，回復期後半にそれぞれ大きく，平均的な児童と比較して腰パワーで約3倍，膝では約1.5倍であった．これらのことから判断すれば，疾走能力の優れた児童の疾走動作は，回復期前半では回復脚の大腿が前方へより積極的に引き出されており，回復期の後半では前方へ振り出された大腿および下腿を接地に先だって大きなパワーで引き戻しているといえる．この特徴は，図Ⅲ-3のI.Hの疾走動作のスティックピクチャーに矢印で示したようであった．このような疾走動作の特徴は，成人スプリンターを対象にして明らかにされている結果（阿江ら，1986；Ae et al., 1989）と類似しており，被験者らがすでにかなり優れた疾走動作を身につけていることが示唆された．

(3) 筋力・パワー

被験者の立幅跳，垂直跳，膝関節の伸展および屈曲パワー，最大無酸素パワーの結果とそれぞれの値の対象群との比（%）は，表Ⅲ-3のようであった．被験者4人の立幅跳の結果は，240〜249cm（平均値245.5cm）であり，対象群の平均値の26〜30％も大きかった．また，垂直跳は58〜66cm（平均値61.5cm）で，対象群の平均値より26〜44％大きなものであった．膝の伸展および屈曲のパワーは，ともに対象群より顕著に大きな値を示した．とくに伸展パワーが大きく，30°/sで約1.8倍，60°/sで約2.7倍，180°/sでは約3.5倍であった．また，屈曲パワーも対象群より大きく，30°/sで約1.2倍，

136　Ⅲ　疾走能力の優れた子どもの発達的特徴

表Ⅲ-4　被験者の暦年齢と骨年齢

	20-bone スコア	骨年齢	暦年齢	暦年齢－骨年齢
I.H	961	15.75	12.51	3.24
N.Y	928	14.94	12.18	2.76
F.Y	944	15.30	12.57	2.73
Y.H	951	15.47	12.31	3.16
平　均	946	15.365	12.392	2.973

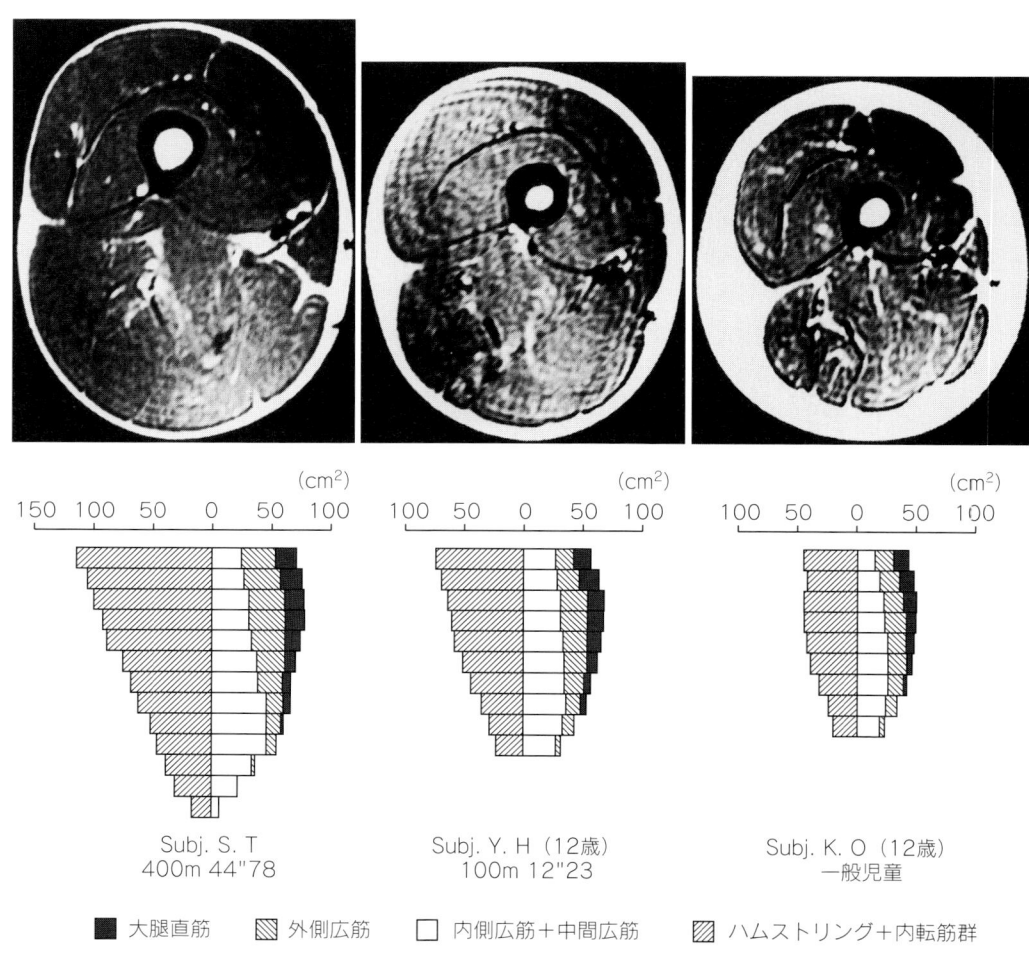

Subj. S.T
400m 44″78

Subj. Y.H（12歳）
100m 12″23

Subj. K.O（12歳）
一般児童

■ 大腿直筋　　▨ 外側広筋　　□ 内側広筋＋中間広筋　　▧ ハムストリング＋内転筋群

図Ⅲ-4　成人トップスプリンターと被験者Y.Hおよび平均的能力の一般児童の大腿部横断像
　　　（上段：大腿長の50％の部位）と大腿の筋の横断面積（下段）の比較

60°/sで約1.5倍，180°/sでは約2.2倍であった．いずれも，速度が大きいほど対象群の値に比してより大きなパワーを発揮した．これらの結果から，疾走能力の優れた児童が同年齢の児童より下肢の筋力やパワーに優れていることが明らかになり，下肢筋の質的・量的な違いが示唆された．

被験者らの自転車エルゴメータによる最大無酸素パワーは，絶対値で614〜893w（平均値718.6w）で対象群の1.65倍，相対値では対象群の1.28倍ときわめて高い値であった．疾走運動では無酸素性パワーが要求される．これまでにも，最大無酸素性パワーはスプリント能力と高い相関関係にあることが報告されている（生田ら，1981；加百ら，1989）．

特に発育期では，体重あたりの最大無酸素パワーが大きいことが疾走能力の優れた子どもの特徴のひとつと考えられる．

（4）骨年齢

成熟の早い男児は，遅れている男児に比べて体格や筋力などに優れ，それと関連して運動能力もより優れている傾向が知られている（Malina, 1975）．

また，いろいろなスポーツで良い成績をあげる少年たち（9〜15歳）は，成熟が進んでいる傾向が報告（Malina, 1982；1983；1986）されている．したがって，疾走能力の優れた児童の成熟の度合いを知る必要があった．

TW2法によって，被験者4人の骨成熟度を評価し，骨年齢を算出した結果は表Ⅲ-4のようであった．暦年齢が12.18〜12.57歳（平均12.392歳）であるのに対して，4人の骨年齢は14.94〜15.75歳（平均15.365歳）であり，骨年齢と暦年齢の差の平均は2.973歳（2.73〜3.24）であった．疾走能力の優れた児童が，暦年齢より約3歳成熟が進んでいることが明らかになった．

（5）MRIによる大腿の筋断面積

図Ⅲ-4は，筋の形態的特徴をみるために，日本を代表するトップスプリンターと被験者Y.H，および平均的能力を持つ対照群の子どもの大腿部の横断像（上段：大腿長の50％の位置）と大腿の筋横断面積（下段）を比較したものであり，主働筋の形態的特徴を示している．

成人スプリンターの筋断面積は大きく，各筋がそれぞれ明確によく発達しているのに対して，当然ではあるが被験者Y.Hの大腿の筋は全体的に未発達であり，皮下脂肪が相対的に多いことがわかる．下段の図は，それぞれ対応するスライス部位の大腿部の横断像より各筋群（大腿直筋，外側広筋，中間＋内側広筋，ハムストリングス）の横断面積を求め，連続的に示したもので，これによって，大腿全体の筋の形態的特徴をみることができる．被験者Y.Hは成人スプリンターと比べて全体的に大腿の筋は未発達であり，とくに成人スプリンターの特徴である大腿上部の伸筋群の大きさや全体的に細い下部の形状との違いが明確であった．

しかし，筋量が少なく，脂肪がおよそ半分を占めている対照群の子どもとの違いは顕著であった．疾走能力の優れた児童が，一般の児童と比較して筋力，パワーに優れ，高い疾走能力を発揮する要因のひとつが，このような筋の量的，形態的発達によることが示唆された．

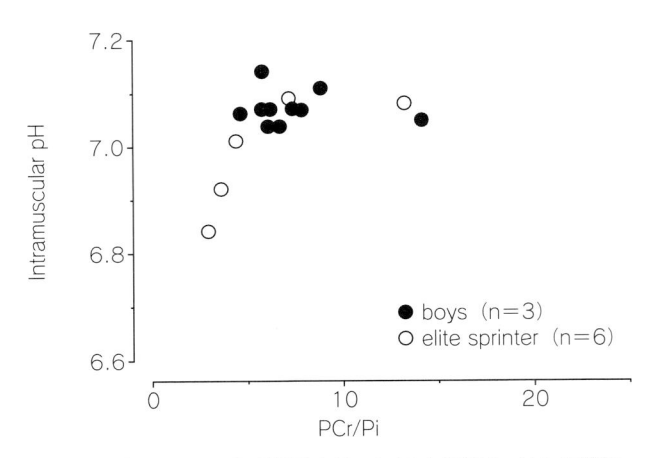

図Ⅲ-5 ^{31}P NMRによる運動中のPCr/Piと細胞内pHとの関係
●は疾走能力のすぐれた児童の，○は成人一流スプリンターの平均値を示している．

(6) 筋のエネルギー代謝

図Ⅲ-5は，^{31}P NMRにより得られた筋のエネルギー代謝の指標であるクレアチンリン酸と無機リン酸の比と細胞内pHとの関係（運動中）を被験者らと成人の一流スプリンター（勝田ら，1991；久野，1991）について示している．成人スプリンターでは，オールアウト時の細胞内pHが6.8近くまで顕著に低下した．pHの低下と筋中に蓄積される乳酸量との間には相関関係があることが知られているので，成人スプリンターでは運動遂行のためのATP供給が酸化系のみならず解糖系にもよることが示唆される．しかし，被験者らは，オールアウト時のpHもほとんど低下しなかった．子どもは，無酸素的代謝過程に依存するエネルギー源を動員するような能力が低いとされている（Eriksson, 1973）．したがって，被験者らが解糖系の代謝に依存しない可能性が示されており，興味深い結果であった．

3）要約

全国小学生大会の100mで1～4位に入賞し，12.05～12.58秒の優れた記録を持つ4人の児童（12歳）を被験者として，疾走能力，疾走動作，筋パワー，骨年齢，筋の質的・量的評価などの面からかれらの特徴をとらえた結果は以下のようであった．

①疾走能力はきわめて高く，同年齢の対照群の平均より28～38％も大きい疾走速度を示した．この高い疾走速度は，歩幅，歩数がともに大きいことによるもので，一般の児童に比べて歩幅で1.18倍，歩数で1.13倍であった．

歩数は，トレーニングによって変えにくい要因であるだけに，歩数が大きいことは顕著な特徴といえる．

②疾走動作は，全体的に優れているが，とくに回復期の脚の動きに特徴がみられた．すなわち，回復期前半では大腿を前方へ大きなパワーで引き出し，

後半では前方から大腿と下腿を大きなパワーで引き戻しており，この年齢ですでにかなり大きなパワーを発揮できる疾走動作を身につけていることがわかった．

③筋力・パワーはきわめて大きかった．立幅跳，垂直跳では対照群より約30％大きく，膝の伸展・屈曲のパワーではよりいっそう顕著に大きかった．

伸展，屈曲とも，30°/sから180°/sへと速度が大きくなるほど対照群よりパワーが大きく，とくに伸展時の方が大きな値を示した．また，最大無酸素パワーも対象群に比して絶対値で1.65倍，相対値で1.28倍と大きかった．

④TW2法（20-bone）によって骨年齢を調べた結果，4人ともおよそ3歳成熟が進んでいた．しかし，^{31}P NMRによって筋のエネルギー代謝の指標であるPCr/Piと細胞内pHの関係をみると，4人の被験者とも疲労困憊時においても細胞内pHは低下せず，解糖系がまだ未発達なことが明かであった．一方，MRIによる大腿の筋断面積の測定からみると，疾走能力の優れた児童は対照群に比して大腿の筋が顕著に発達しており，その量的，形態的な違いが明らかであった．

これらの結果から，4人の被験者は
・疾走時の歩数が顕著に大きく，疾走動作が優れており，筋力・パワーが高いこと，
・骨年齢では成熟がやや進んでいるが，筋の質的・量的評価からみるとまだ未発達であること
が明らかであった．

2章　疾走能力の優れた児童の疾走動作

　優れた疾走能力を有する児童の疾走動作を，一般児童の疾走動作や一流スプリンターの疾走動作と比較して，その特徴を明らかにした報告は見当たらない．

　そこで，2章では，全国小学生陸上競技大会の100mで入賞した男子小学生児童と同年齢の一般児童をバイオメカニクスの視点から比較するとともに，一流スプリンターの疾走動作との違いを考察し，優れた小学生スプリンターの疾走技術を明らかにすることを試みた．この研究の被験者の中には，前章の研究で用いた4人の被験者が含まれている．

1）研究方法
（1）被験者
　被験者は，1990年から1993年までの全国小学生陸上競技交流大会において6年生の時に100mで入賞した男子10名（以下「sprinter群」と略す）と栃木県および茨城県の小学校6年生の一般男子児童31名（以下「control群」と略す）であった．sprinter群とcontrol群の身長および身体質量はそれぞれ162.7±3.7cm，145.6±6.9cm，52.5±3.6kg，38.2±7.4kgであった．

（2）測定項目および測定方法
　sprinter群とcontrol群の両群に対して以下のaとbの測定が実施された．

　また，専門医および資格を有するものによってsprinter群10名のうち8名の左手のX線写真が撮影され，そのフィルムからTW2法（20-bone）によって骨成熟が評価された（村田，1993）．

　a．疾走能力および疾走動作

　両群の児童について50m全力疾走を実施し，最大速度を発揮する地点での疾走動作を分析するために，sprinter群にはスタートから40mを中心に前後4m区間，control群にはスタートから30mを中心に前後4m区間を中心に，それぞれ被験者の右側方50m地点からビデオカメラを用いて撮影した．なお，撮影条件はsprinter群では毎秒200フィールド，露出時間1/2500秒，control群では毎秒60フィールド，露出時間1/1000秒であった．両群の撮影されたビデオ画像をコンピュータの画面にスーパーインポーズし，sprinter群は2コマごと（100フィールド／秒），control群は1コマごと（60フィールド／秒）に27個の分析点の座標を少なくとも2歩にわたって，それぞれパーソナルコンピュータに取り込んだ．

　また，両群とも後の平滑化や演算処理などを考慮して，分析範囲の前後10コマを加えた．ビデオ画像に写し込んだスケールマークをもとに各点の

Swing leg

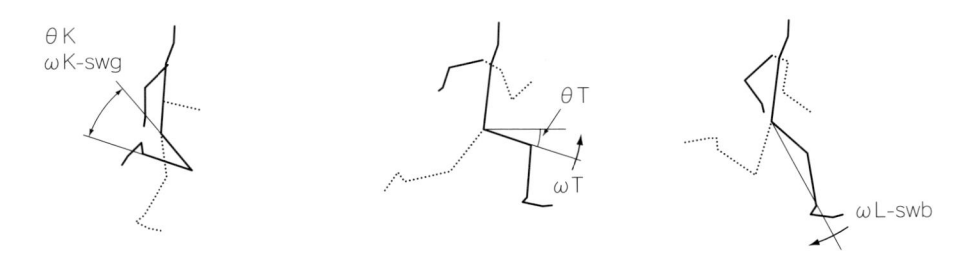

θK
ωK-swg

θT
ωT

ωL-swb

Support leg

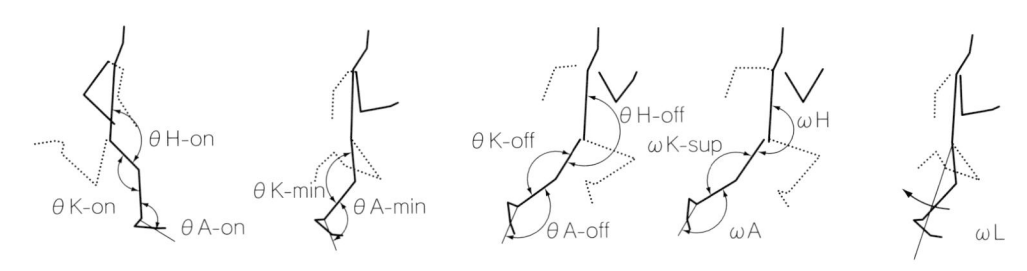

θH-on
θK-on   θA-on

θK-min   θA-min

θH-off
θK-off
θA-off

ωH
ωK-sup
ωA

ωL

図Ⅲ-6 疾走動作の分析に用いた項目

　座標を実長に換算した後，デジタルフィルター（Wilcock and Kirsner，1969）により，sprinter群は10Hz，control群は6Hzでそれぞれ平滑化した．
　両群ともに得られた画像データをもとに疾走中の身体重心の位置（Yokoi et al，1986）を算出した．1歩中の身体重心の水平変位を歩幅とした．歩数はビデオフィルムに1/100秒単位で写し込まれているタイマーから1歩に要した時間を求め，その逆数とした．同様にして，支持時間や非支持時間を求めた．疾走速度は歩幅と歩数の積として求めた．なお，歩幅，歩数，支持時間および非支持時間の値は，いずれも左右2歩の平均値とした．また，先行研究（伊藤ら，1994；伊藤ら，1998；宮下ら，1986）を参考として図Ⅲ-6に示した疾走動作に関する項目を分析した．スウィング脚は①膝の引きつけ角度（θK）：離地後の膝角度の最小値，②最大膝引きつけ角速度（ωK-swg）：膝関節の最大屈曲角速度，③もも上げ角度（θT）：もも上げ動作における大腿と水平線のなす最小角度，④最大もも上げ角速度（ωT）：水平線と大腿のなす角度の最大角速度，⑤最大振り戻し角速度（ωL-swb）：接地直前の脚全体（大転子と果点を結んだ線）を後方にスウィングする最大角速度を求めた．支持脚は接地時における⑥股関節（θH-on），⑦膝関節（θK-on），⑧足関節（θA-on）の各関節角度，接地中における⑨膝関節（θK-min）および⑩足関節（θA-min）の最大屈曲角度，離地時における⑪股関節（θH-off），⑫膝関節（θK-off），⑬足関節（θA-off）の各関節角度，

接地中における⑭股関節（ωH），⑮膝関節（$\omega K\text{-sup}$），⑯足関節（ωA）の最大伸展角速度，接地中における⑰脚全体の最大スウィング速度（ωL）をそれぞれ分析した．

b．等速性脚筋力および立幅跳

等速性筋力測定装置（Biodex社製）を用いて，60，180deg/sの2種類の角速度で右脚の膝伸展および膝屈曲筋力を測定した．両角速度とも3〜5回の試行を最大努力で実施させ，発揮された筋力のピークトルク（Nm）を測定した．また，立幅跳は文部省の小学校スポーツテストに準じて2回測定して，よい方の値を採用した．

（3）統計処理

sprinter群とcontrol群の各値の平均値を比較するためにunpaired t-testを行った．また，各群の測定項目間やsprinter群とcontrol群を合わせた全被験者（以下「Total」と略す）における各測定項目間の関係についてそれぞれ相関係数を求めた．なお，統計処理の有意水準の検定では5％未満を有意とした．

2）結　果

（1）形態的特徴，実験走の50mタイム，立幅跳および骨年齢

身長と身体質量はともにsprinter群の方がcontrol群よりも有意に大きい値（$p<0.001$）であった．50m走タイムはsprinter群が$6.64±0.16$秒，control群が$8.65±0.58$秒であり，sprinter群の方がcontrol群よりも有意に小さい値（$p<0.001$）であった．立幅跳はsprinter群が$242.7±8.5$cm，control群が$175.7±18.3$cmであり，sprinter群の方がcontrol群よりも有意に大きい値（$p<0.001$）であった．また，control群の身長，身体質量，50m走タイムおよび立幅跳の値を同年代の標準値（東京都立大学体育学研究室編，1989）と比較するとcontrol群は身長が1.8cm，身体質量が1.6kg，立幅跳が1.7cm同年代の標準値よりも大きく，反対に50m走タイムは0.02秒遅いものであった．

これらのcontrol群の値は同年代の標準値と比較するとその差は小さく，とりわけ50m走能力は標準的な小学校6年生児童の水準であったと判断できる．

sprinter群の8名に対して骨年齢を調べた結果，平均で15.38歳であった．測定時の暦年齢の平均は12.41歳であり，sprinter群は暦年齢よりも約3歳成熟が進んでいることが明らかになった．

（2）疾走能力

表Ⅲ-5は疾走速度，歩数および歩幅などの疾走能力に関する結果を示したものである．疾走速度，歩数および歩幅はsprinter群の方がcontrol群よりも有意に大きい値であった．また，支持時間と非支持時間はsprinter群の方がcontrol群よりもそれぞれ有意に小さい値を示した．

図Ⅲ-7は疾走速度と歩数，支持時間，非支持時間および歩幅との関係をそれぞれ示したものである．sprinter群の疾走速度は支持時間と有意な負の相関が認められた．一方，control群の疾走速度は歩幅と有意な正の，支持時

表Ⅲ-5　スプリンター群とコントロール群の疾走能力の比較

	sprinter	control	
疾走速度(m/s)	8.81 ± 0.31	6.51 ± 0.47	***
歩数(Hz)	4.50 ± 0.23	4.19 ± 0.26	***
支持時間(s)	0.101 ± 0.006	0.112 ± 0.009	***
非支持時間(s)	0.123 ± 0.010	0.128 ± 0.010	*
歩幅(m)	1.96 ± 0.08	1.56 ± 0.13	***
歩幅/身長	1.21 ± 0.05	1.07 ± 0.06	***

*：p＜.05,　***：p＜.001

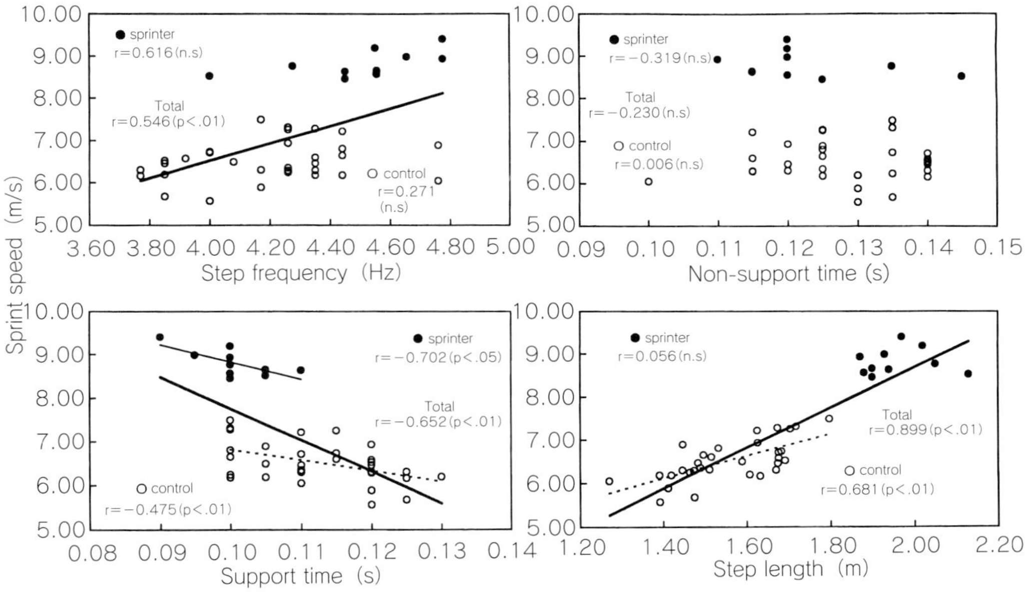

図Ⅲ-7　疾走速度と歩数，支持時間，非支持時間，歩幅との関係

間と有意な負の相関がそれぞれみられた．Totalの疾走速度は，歩数と歩幅に有意な正の，支持時間には有意な負の相関がそれぞれ認められた．

(3) 等速性脚筋力

表Ⅲ-6は等速性脚筋力における伸展および屈曲のピークトルクを示したものである．伸展力および屈曲力は角速度60，180deg/sともに，sprinter群の方がcontrol群よりも有意に大きい値を示した．

図Ⅲ-8は疾走速度と等速性脚筋力における伸展および屈曲のピークトルクとの関係を示したものである．sprinter群の疾走速度は伸展力および屈曲力の角速度60，180deg/sの間に有意な相関はみられなかったが，control群の疾走速度は伸展力の角速度60deg/sの間に有意な正の相関が認められた．Totalの疾走速度は伸展力および屈曲力の両角速度においていずれも有意な

表Ⅲ-6 等速性脚筋力における伸展および屈曲のピークトルク

	sprinter	control	
膝伸展　60°（Nm）	164.1 ± 39.1	58.0 ± 17.7	***
膝伸展 180°（Nm）	117.5 ± 21.8	34.2 ± 11.5	***
膝屈曲　60°（Nm）	75.2 ± 15.2	46.7 ± 16.5	***
膝屈曲 180°（Nm）	61.0 ± 15.0	30.0 ± 9.0	***

***：$p < .001$

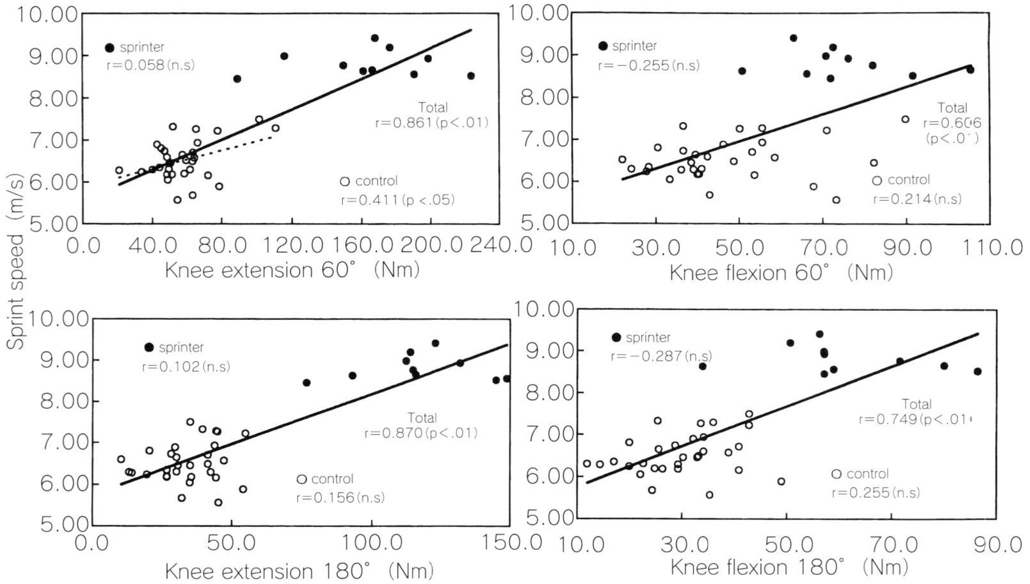

図Ⅲ-8 疾走速度と等速性脚筋力における膝の伸展および屈曲のピークトルクとの関係

正の相関が認められた．

（4）疾走動作

　表Ⅲ-7は疾走動作の各要因について示したものである．膝の引きつけ角度（θK）とももも上げ角度（θT）は，sprinter群の方がcontrol群よりも有意に小さい値を示した．最大膝引きつけ角速度（ωK-swg），最大もも上げ角速度（ωT）および最大振り戻し角速度（ωL-swb）は，いずれもsprinter群の方がcontrol群よりも有意に大きい値を示した．離地時における股関節角度（θH-off）は，sprinter群の方がcontrol群よりも有意に大きい値を示した．接地時の膝関節角度（θK-on）は，sprinter群の方がcontrol群よりも有意に大きい値を示した．接地時の足関節角度（θA-on）および接地中における足関節最大屈曲角度（θA-min）は，sprinter群の方がcontrol群よりもそれぞれ有意に大きい値を示した．股関節（ωH），膝関節（ωK-sup）の最大伸展角速

表Ⅲ-7 スプリンター群とコントロール群の疾走動作の比較 ―各関節の角度,角速度の分析結果―

	sprinter	control	
θ K(deg)	32.3 ± 4.1	43.0 ± 7.6	***
θ T(deg)	16.9 ± 5.7	26.9 ± 4.4	***
ω K-swg(rad/s)	20.8 ± 1.8	15.8 ± 1.5	***
ω T(rad/s)	14.8 ± 1.0	12.7 ± 0.9	***
ω L-swb(rad/s)	7.4 ± 1.0	4.6 ± 1.1	***
θ H-on(deg)	138.1 ± 5.8	135.2 ± 6.4	
θ H-off(deg)	192.7 ± 5.3	185.5 ± 5.4	***
θ K-on(deg)	148.7 ± 7.5	143.7 ± 3.8	*
θ K-min(deg)	138.3 ± 8.7	140.2 ± 6.2	
θ K-off(deg)	158.4 ± 5.7	157.3 ± 5.0	
θ A-on(deg)	101.0 ± 16.7	83.5 ± 4.8	**
θ A-min(deg)	85.4 ± 10.9	77.0 ± 6.1	*
θ A-off(deg)	116.2 ± 15.3	111.5 ± 6.3	
ω H(rad/s)	12.6 ± 1.6	9.0 ± 1.0	***
ω K-sup(rad/s)	7.0 ± 2.9	4.4 ± 1.2	**
ω A(rad/s)	11.2 ± 2.6	10.2 ± 1.9	
ω L(rad/s)	11.4 ± 0.8	8.7 ± 0.7	***

$*: p < .05$, $**: p < .01$, $***: p < .001$

スウィング脚についての項目
θK:膝の引きつけ角度 ωK-swg:最大膝引きつけ角速度 θT:もも上げ角度 ωT:最大もも上げ角速度 ωL-swg:最大振り戻し角速度

支持脚についての項目
θH-on:接地時の股関節角度 θK-on:接地時の膝関節角度 θA-on:接地時の足関節角度 θK-min:接地中の膝関節最大屈曲角度 θA-min:接地中の足関節最大屈曲角度 θH-off:離地時の股関節角度 θK-off:離地時の膝関節角度 θA-off:離地時の足関節角度 ωH:接地中の股関節最大伸展角速度 ωK-sup:接地中の膝関節最大伸展角速度 ωA:接地中の足関節最大伸展角速度 ωL:脚全体の最大スウィング速度

度および脚全体のスウィング速度（ωL）は,sprinter群の方がcontrol群よりもそれぞれ有意に大きい値を示した.図Ⅲ-9は疾走速度と膝の引きつけ角度およびもも上げ角度との関係を示したものである.sprinter群の疾走速度はいずれの動作要因とも有意な相関が認められなかった.一方,control群の疾走速度はもも上げ角度と有意な負の相関が認められた.Totalの疾走速度は膝の引きつけ角度ともも上げ角度の間にそれぞれ有意な負の相関がみられた.

図Ⅲ-10は疾走速度と最大膝引きつけ角速度,最大もも上げ角速度および最大振り戻し角速度との関係を示したものである.sprinter群の疾走速度は最大もも上げ角速度と,control群の疾走速度は最大振り戻し角速度とそれぞれ有意な正の相関が認められた.Totalの疾走速度は膝の引きつけ角速度,最大もも上げ角速度および最大振り戻し角速度のいずれの項目とも有意な正

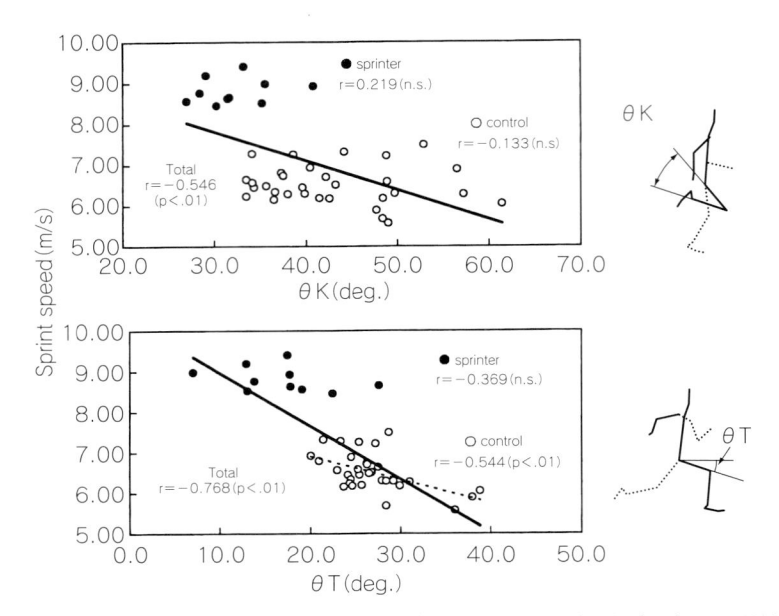

図Ⅲ-9　疾走速度と膝の引きつけ角度（θK）およびもも上げ角度（θT）との関係

の相関がみられた．図Ⅲ-11は疾走速度と接地時の股関節角度と離地時の股関節角度との関係を示したものである．sprinter群，control群の疾走速度はいずれの動作要因とも有意な相関が認められなかった．Totalの疾走速度は離地時の股関節角度と有意な正の相関がみられた．図Ⅲ-12は疾走速度と接地時の膝関節角度，接地中の膝関節最大屈曲角度および離地時の膝関節角度との関係を示したものである．sprinter群の疾走速度はいずれの動作要因とも有意な相関が認められなかった．control群の疾走速度は離地時の膝関節角度と有意な負の相関が認められた．Totalの疾走速度は接地時の膝関節角度と有意な正の相関が認められた．図Ⅲ-13は疾走速度と接地時の足関節角度，接地中の足関節最大屈曲角度および離地時の足関節角度との関係を示したものである．sprinter群，control群の疾走速度はいずれの動作要因とも有意な相関が認められなかった．Totalの疾走速度は接地時の足関節角度と接地中の足関節最大屈曲角度の間にそれぞれ有意な正の相関が認められた．

　図Ⅲ-14は疾走速度と接地中における股関節，膝関節，足関節の最大伸展角速度および脚全体の最大スウィング速度との関係を示したものである．sprinter群の疾走速度はいずれの動作要因とも有意な相関が認められなかった．一方，control群の疾走速度は股関節の最大伸展角速度および脚全体の最大スウィング速度との間にそれぞれ有意な正の相関が認められた．Totalの疾走速度は接地中における股関節，膝関節の最大伸展角速度および脚全体の最大スウィング速度との間にそれぞれ有意な正の相関が認められた．

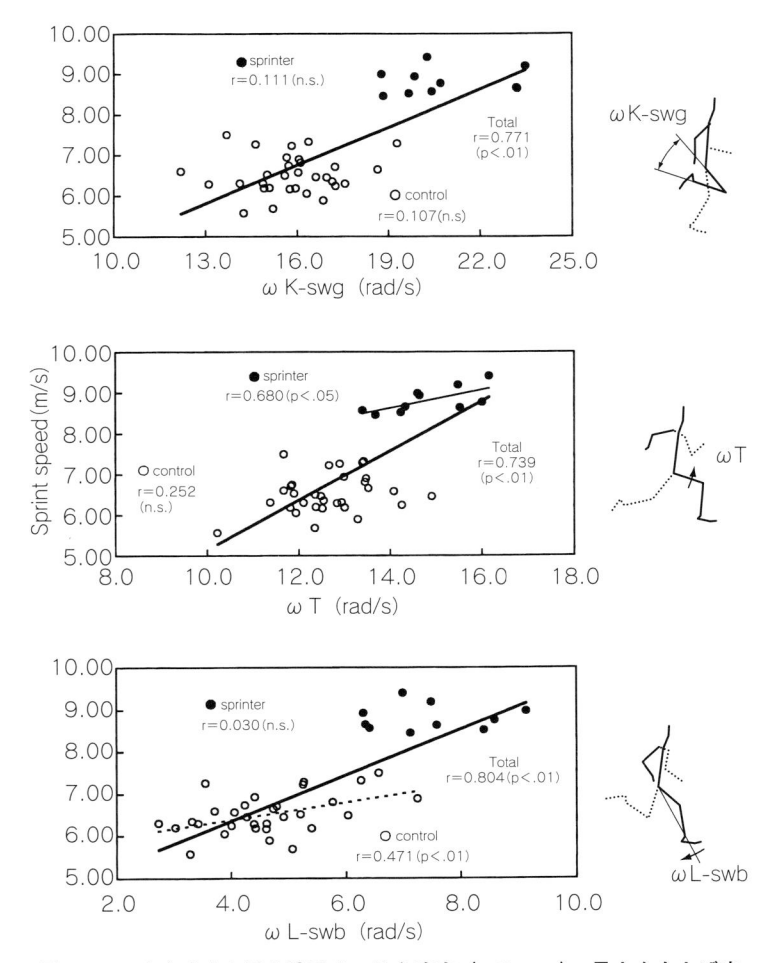

図Ⅲ-10 疾走速度と最大膝引きつけ角速度（ωK-swg），最大もも上げ速度（ωT）および最大振り戻し角速度（ωL-swb）との関係

(5) 疾走動作の各要因と等速性脚筋力との関係

表Ⅲ-8はTotalにおける疾走動作の各要因と等速性脚筋力との関係を示したものである．疾走動作の各要因は等速性脚筋力との間に有意な相関関係が多くみられる．しかし，その中で等速性脚筋力の伸展力および屈曲力のいずれの角速度とも有意な相関を示さなかった動作要因は，接地時の股関節角度，接地中における膝関節最大屈曲角度および接地中における足関節最大伸展角速度の3項目であった．

3）論　議

優れた疾走能力を発揮する子どもは身体的に成熟が進んでおり，身長や身

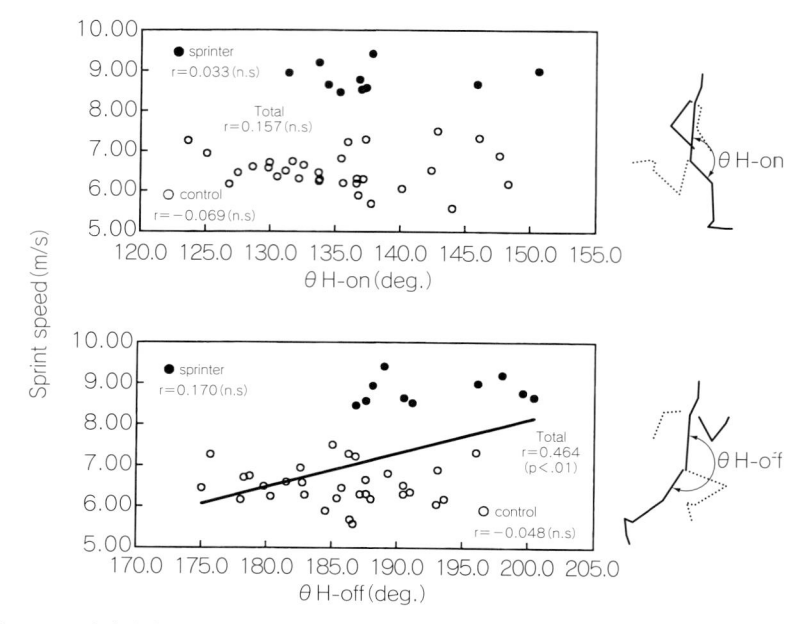

図Ⅲ-11 疾走速度と接地時の股関節角度（θH-on）と離地時の股関節角度（θH-off）との関係

　体質量が大きいことや瞬発力や脚筋パワーなどの体力が優れていることは前章で述べたとおりである．加藤ら（1999）はジュニアスプリンターの骨成熟を調べ，同年齢の一般児童の骨年齢と比較して，約1.5歳成熟が進んでいることやジュニアスプリンターの身長や身体質量を同年代の標準値と比較して，ジュニアスプリンターの方がそれぞれ11.6cm，10.7kg大きいことを指摘している．sprinter群のうち8名は，暦年齢よりも約3歳成熟が進んでいること，またかれらの身長や身体質量は，control群よりもそれぞれ17.1cm，14.3kg大きいことが示された．さらに，等速性脚筋力における伸展力や屈曲力は，sprinter群の方がcontrol群よりも1.6〜3.4倍大きいものであり，前章で対象とした優れた小学生スプリンターとの値と同様であった．本研究ではcontrol群の骨年齢は調べていないが，加藤ら（1999）や宮丸ら（1992）の指摘，さらに両群の身長や身体質量の違いを考慮するとsprinter群はかなり成熟の進んだ小学生であったと判断される．
　疾走速度，歩数および歩幅は，sprinter群の方がcontrol群よりもいずれも極めて大きく，反対に支持時間はsprinter群の方がcontrol群よりも小さい値であった．sprinter群の疾走速度は支持時間と有意な負の相関があることや，歩数と有意ではないが$r=0.616$の相関係数が示された．また，このようなsprinter群の歩数や支持時間の値は成人スプリンターのもの（宮下ら，1986）に近い水準であり，歩数が大きいことや支持時間が短いことが彼らの疾走能力の特徴であると考えられる．そして，両群の疾走能力の差はsprinter群の

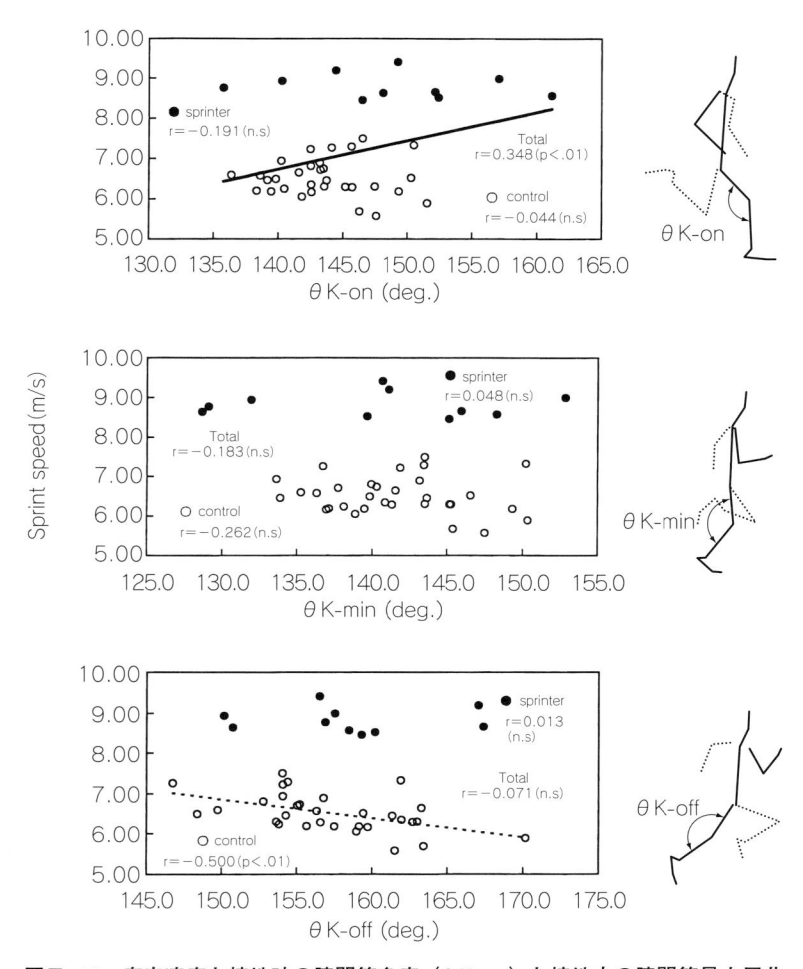

図Ⅲ-12 疾走速度と接地時の膝関節角度（θK-on）と接地中の膝関節最大屈曲角度（θK-min）および離地時の膝関節角度（θK-off）との関係

　形態や機能の発育発達がcontrol群よりも極めて大きいことによるものと推察される．こうした優れた疾走能力を持つsprinter群の疾走動作にはどのような特徴がみられるのであろうか．
　sprinter群とcontrol群の疾走中におけるスウィング脚や支持脚に関する動作要因から，両群の疾走動作は異なることが示唆された．すなわち，スウィング脚ではsprinter群の方がcontrol群よりも早い速度で高くももを上げて，膝の引きつけ角度を小さくし，脚を早く振り戻す疾走動作であり，支持脚ではsprinter群の方がcontrol群よりも接地中における脚の屈曲が少ない疾走動作であったと推察された．このような疾走動作に関係している動作要因をTotalでみると，それらの多くは等速性脚筋力の伸展力や屈曲力と有意な相

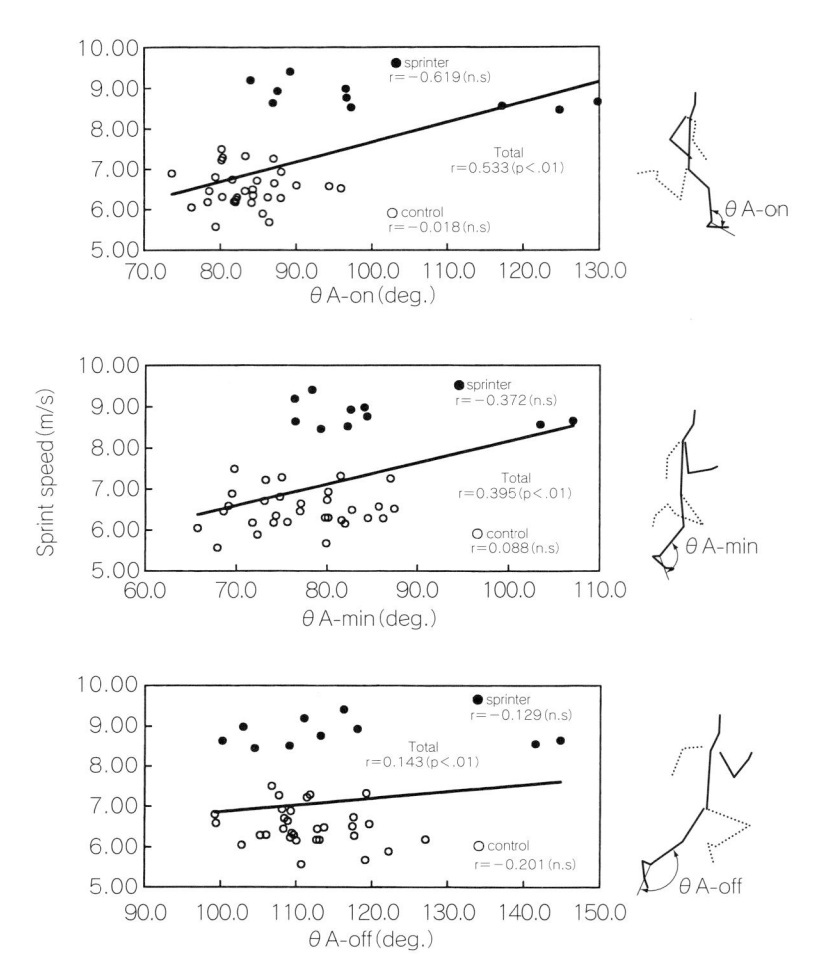

図Ⅲ-13 疾走速度と接地時の足関節角度（θA-on）と接地中の足関節の最大屈曲角度（θA-min）および離地時の足関節角度（θA-off）との関係

　関が認められている．したがって，両群にみられた疾走動作の違いはsprinter群の脚筋力がcontrol群に比べ，極めて大きいことに起因するものと考えられた．
　こうしたsprinter群の疾走動作は成人スプリンターの特徴（伊藤ら，1998）とどの程度類似しているのであろうか．両者の疾走速度と動作要因との関係に着目しながら考察する．スウィング脚におけるsprinter群のもも上げ角度の値は成人スプリンターと比較すると大きな違いがないものとみられ，疾走速度との間には$r=-0.369$の負の相関係数が示された．これは疾走速度が高いことと，ももを高く上げることが関係していることを示唆していると考えられた．一方，支持脚におけるsprinter群の接地時および接地中の足関節

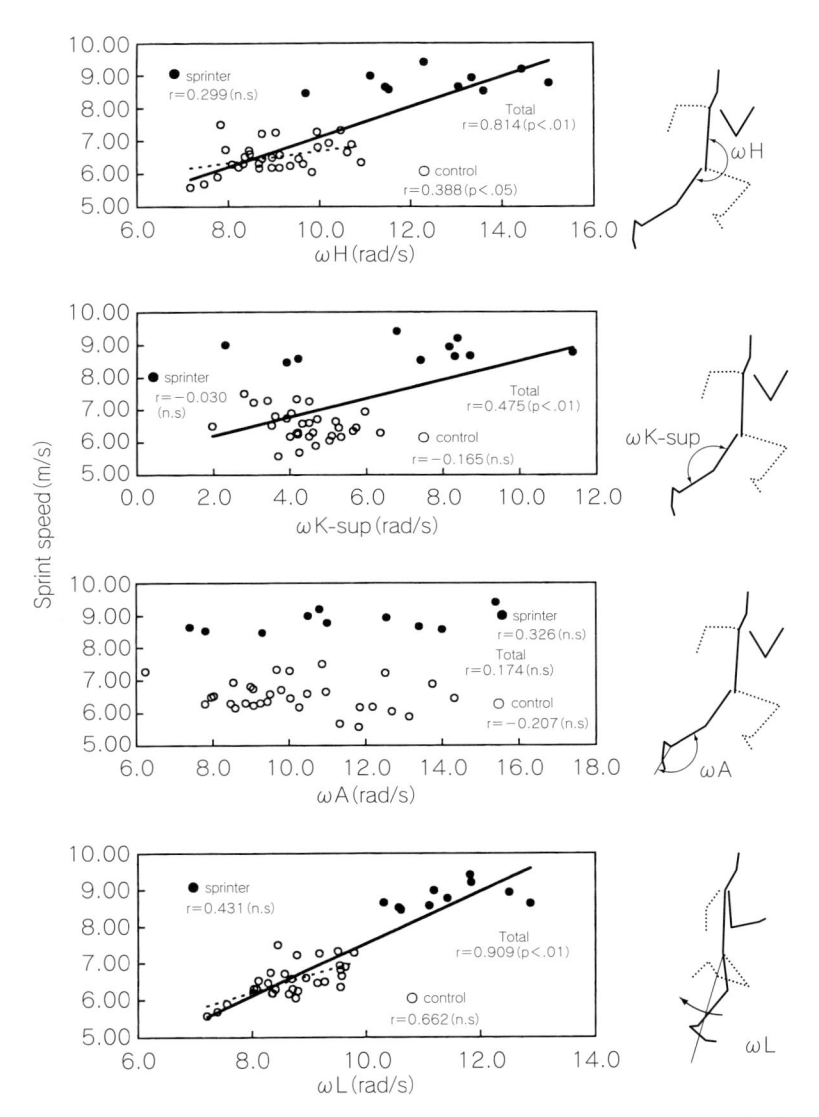

図Ⅲ-14 疾走速度と接地中の股関節（ωH），膝関節（ωK-sup），足関節（ωA）の最大伸展角速度および脚全体の最大スウィング速度（ωL）との関係

　最大屈曲角度の値も，もも上げ角度と同様に成人スプリンターと近似した値であり，疾走速度との間には $r=-0.619$（θ A-on），$r=-0.372$（θ A-min）のいずれも負の，接地中の足関節最大伸展角速度には $r=0.326$（ωA）の正の相関係数がそれぞれ示された．
　このことは疾走速度と接地中の足関節の屈曲角度が小さいことやその伸展角速度が大きいことと関係していることを示唆するものであった．

表Ⅲ-8 疾走動作に関する各項目と等速性脚筋力との関係

	Extension 60°	Extension 180°	Flexion 60°	Flexion 180°
θ K	−0.508**	−0.524**	−0.281	−0.436**
θ T	−0.613**	−0.633**	−0.318*	−0.499**
ω K-swg	0.789**	0.790**	0.481**	0.628**
ω T	0.618**	0.636**	0.306	0.487**
ω L-swb	0.694**	0.718**	0.545**	0.678**
θ H-on	0.121	0.197	0.183	0.197
θ H-off	0.418**	0.464**	0.282	0.363*
θ K-on	0.409**	0.502**	0.227	0.371*
θ K-min	−0.195	−0.066	−0.047	0.001
θ K-off	0.070**	0.128**	0.095	0.155
θ A-on	0.499**	0.599**	0.464**	0.661**
θ A-min	0.409	0.507	0.207	0.428**
θ A-off	0.306	0.357*	0.273	0.344*
ω H	0.779**	0.787**	0.471**	0.651**
ω K-sup	0.589**	0.521**	0.330*	0.430**
ω A	0.239	0.279	0.279	0.269
ω L	0.785**	0.786**	0.427**	0.570**

*：$p < .05$，**：$p < .001$

スウィング脚についての項目
θ K：膝の引きつけ角度　ω K-swg：最大膝引きつけ角速度　θ T：もも上げ角度
ω T：最大もも上げ角速度　ω L-swg：最大振り戻し角速度

支持脚についての項目
θ H-on：接地時の股関節角度　θ K-on：接地時の膝関節角度　θ A-on：接地時の足関節角度
θ K-min：接地中の膝関節最大屈曲角度　θ A-min：接地中の足関節最大屈曲角度
θ H-off：離地時の股関節角度　θ K-off：離地時の膝関節角度　θ A-off：離地時の足関節角度
ω H：接地中の股関節最大伸展角速度　ω K-sup：接地中の膝関節最大伸展角速度
ω A：接地中の足関節最大伸展角速度　ω L：脚全体の最大スウィング速度

　　疾走速度とスウィング脚および支持脚にみられた動作要因との相関係数はいずれも有意ではなかったが，sprinter群の疾走動作の特徴を示唆するものであった．しかし，sprinter群にみられた疾走速度と動作要因の関係は成人スプリンターの動作特徴とは異なることを示していると考えられた．すなわち，成人スプリンターの特徴である，①ももを高くあげることと疾走速度には相関関係がないことや，②キック動作時に足関節の伸展動作を少なくし，足関節を固定することによって脚全体のスウィング速度を大きくするような動作が，sprinter群には認められなかった．
　　さらに，sprinter群の疾走速度は最大もも上げ角速度を除く，いずれの動作要因とも有意な相関を示さなかった．このことからも彼らの疾走技術は成人スプリンターとは類似したものではないことが推察できる．
　　小林（1989）や狩野ら（1997）は大腿部後面の筋力がスプリント能力に重要であることを指摘している．また，勝田ら（1995）はジュニアスプリンターの大腿部筋組成について検討し，成人一流スプリンターにみられる大腿部

の筋の発達的特徴に類似していることを報告している．しかし，sprinter群の疾走速度は等速性脚筋力における屈曲力との間に有意な相関を示さなかった．また，屈曲筋力の伸展筋力に対する割合は角速度60，180 deg/sにおいてsprinter群ではそれぞれ45.8，51.9％であり，小林（1989）が調べたオリンピック代表選手の値（58.3，80.6％）と顕著に異なるものであった．

これらのことはsprinter群では成人スプリンターの特徴にみられる大腿部後面の筋力を生かした動き（阿江ら，1986）が十分にできていないことを示唆していると考えられた．

こうしたsprinter群の疾走動作はどのように習得されたのであろうか．

sprinter群とcontrol群の等速性脚筋力の違いが疾走能力や疾走動作に影響していることはすでに述べたとおりである．そして，このような脚筋力は身体資源の大きさや成熟の速度の違いによって影響していると考えられる．すなわち，sprinter群の優れた疾走能力や疾走動作は先天的な要因が関与していることである．一方では，sprinter群はcontrol群とは異なり，定期的にスプリントトレーニングを行っている小学生でもある．したがって，トレーニングによる後天的な要因も疾走動作に影響することが考えられる．

sprinter群の指導者や引率教官からトレーニングの実施に関して調べ，彼らのトレーニング状況をとらえると，およそ次のようであった．トレーニング頻度は週2〜3回程度であり，その時間は1回約2時間であった．また，トレーニング手段では特別に専門化されたものはなく，専門的な筋力トレーニングなども実施されていなかった．sprinter群のトレーニング内容を分析すれば，おもにスタートダッシュや全力疾走およびリレーのバトンパスを繰り返して行う練習であり，すでに習得している固有の疾走動作を反復しながら，疾走練習を行っていたと考えられる．また，sprinter群の実験走のウォーミングアップの場面において，ほとんどのものがもも上げを主体としたドリルを行っていた．

これは従来から行われているもも上げ運動（ゲラルド・マック，1975）であり，彼らがももを高く，そして素早く上げようとする疾走動作を指導されてきたことを示唆するものであろう．このことは彼らの疾走速度ともも上げ角度や最大もも上げ角速度との関係からも推察される．しかしながら，こうした動作は伊藤ら（1998）が再考を促しているもも上げ動作と同様のものであると考えられる．したがって，本研究の結果からsprinter群のトレーニング内容（方法）では，成人スプリンターの疾走技術の特徴に近い疾走動作を習得することは困難であり，優れた疾走技術を習得するには意図的な疾走技術の改善が必要であると考えられた．

4）要　約

本研究の目的は，全国小学生陸上競技大会で入賞した男子6年生児童と同年齢一般児童の疾走能力や疾走動作を比較することによって，優れた小学生スプリンターの疾走技術の特徴を明らかにすることであった．

その結果は以下のように要約された．

①身長や身体質量はsprinter群の方がcontrol群よりも顕著に大きく，立幅跳，等速性脚筋力における伸展力や屈曲力（60，180deg/sの両角速度）においてもsprinter群の方がcontrol群よりも有意に大きいものであった．

②両群の疾走能力には著しい違いが認められ，疾走速度，歩数および歩幅はsprinter群の方がcontrol群よりもいずれも有意に大きく，支持時間はsprinter群の方がcontrol群よりも有意に小さい値であった．

③両群の疾走動作をみると，スウィング脚では膝の引きつけ角度ともも上げ角度は，sprinter群の方がcontrol群よりも有意に小さい値であった．最大膝引きつけ角速度，最大もも上げ角速度および最大振り戻し角速度は，いずれもsprinter群の方がcontrol群よりも有意に大きい値であった．一方，支持脚では接地時における膝関節，足関節および接地中の足関節最大屈曲角度はいずれもsprinter群の方がcontrol群よりも有意に大きい値であった．

④sprinter群において次のような疾走速度と動作要因との関係がみられた．

スウィング脚において，疾走速度ともも上げ角度にはr＝－0.369の負の相関係数が示された．また支持脚において，疾走速度と接地時および接地中の足関節最大屈曲角度にはr＝－0.619（θ A-on），r＝－0.372（θ A-min）のいずれも負の，接地中の足関節最大伸展角速度にはr＝0.326（ω A）の正の相関係数が示された．以上の疾走速度とスウィング脚および支持脚にみられた動作要因との相関係数はいずれも有意ではなかったが，sprinter群の疾走動作の特徴を示唆するものであった．

以上のことから，sprinter群とcontrol群の疾走能力や疾走動作の違いは形態や脚筋力の大きさに起因していると考えられた．また疾走速度と動作要因との関係から，sprinter群の疾走動作は必ずしも成人スプリンターの特徴に類似しているとは考えられなかった．これらのことは，優れた疾走能力を発揮する小学生スプリンターの疾走技術は，今後さらに改善される必要があることを示唆している．

3章　疾走能力の優れた児童の縦断的発達（12〜15歳）

　近年，早期専門化にある競技スポーツでは，ジュニア期から優れた競技力を発揮する選手を育成することが期待されている．

　その一方で，若年層に対する早期からの能力開発が引き起こすさまざまな問題が懸念されている（浅見，1985）．陸上競技は小学生から全国レベルの競技会が行われている種目のひとつであり，全国小学校陸上競技交流大会は1997年までに13回を数え，すでに多くの入賞者を出している．著者らが同大会第1回から第10回までの男子6年生の100mにおいて8位までに入賞した児童80名についての資料（日本陸上競技連盟，1995）によってその後の競技成績を調査したところ，全日本中学校陸上競技選手権大会で3年生時に200mまでのスプリント種目に入賞したものはわずかに8名であった（陸上競技マガジン編集部，1988〜1997）．小学校の全国大会で入賞したこれらの児童が，中学校にかけてどの程度陸上競技を継続したかは不明であるが，この数値は中学校期にその競技力をさらに向上させることの難しさを示している．すなわち，陸上競技の短距離種目では，低年齢段階の競技水準が必ずしもその後の競技力を決定する条件とはならないことを示唆している．

　スプリント能力にかかわる筋力や瞬発力は，思春期を迎える頃から顕著に発達することが知られている（高石ら，1981）．宮丸ら（1992）や加藤ら（1995）は，優れたスプリント能力を発揮する児童がこれらの体力的要素に優れていることを報告している．

　また，こうした筋力，瞬発力，敏捷性を必要とするような運動能力は骨成熟の遅速に関係があること（青木と高岡，1987；Beunen et al., 1981；Ellis et al., 1975）やスプリンターの競技成績が骨年齢と関係があることも報告されている（Malina et al., 1986；日本体育協会スポーツ科学委員会，1990；大槻ら，1994）．

　しかし，ジュニアスプリンターの競技成績と体力について，その後の発達を追跡し，彼らの特徴を縦断的に明らかにした報告はない．全国レベルで優れた競技成績を発揮した児童は，その後どのような発達をたどるのであろうか．早期に高い競技力を示すジュニア選手の背景を探ることや加齢にともなう彼らの発達過程を明らかにすることは，競技力向上の知見を得る上で重要であろう．

　3章は，小学校6年生（12歳）において全国小学生陸上競技交流大会100mで入賞した男子児童を対象に，その後中学校3年生（15歳）まで，形態，疾走能力，疾走動作および等速性脚筋力を縦断的に測定し，この時期の加齢にともなうジュニアスプリンターの発達的特徴を明らかにしたものである．

1）研究方法

（1）被験者

被験者は，1990年から1993年にかけて全国小学生陸上競技交流大会（旧名称；全国少年少女リレー大会）において6年生の時に100mで入賞した男子8名（I.K, M.U, N.G, N.I, N.R, O.N, W.A, Y.A）であった．

（2）測定項目および測定方法

全被験者に対して以下の測定が4年間にわたり，毎年11月に実施された．

また，有資格者によって8名の被験者の左手のX線写真が撮影され，TW2法（20-bone）によって12歳での骨成熟が評価された（村田，1993）．さらに，各年度ごとの競技会における年次100mベストタイムを調査した．

a．疾走能力および疾走動作

50m全力疾走を実施し，スタートから40mを中心に前後4m区間の疾走動作を被験者の右側方50m地点から高速度ビデオカメラ（ナック社製；HSV-400）を用いて毎秒200フィールド，露出時間1/2500秒で撮影した．撮影されたビデオ画像をコンピュータの画面にスーパーインポーズし，2コマごとに（100フィールド／秒）27個の分析点の座標を少なくとも2歩にわたって，パーソナルコンピュータに取り込んだ．また，後の平滑化や演算処理などを考慮して，分析範囲の前後10コマを加えた．ビデオ画像に写し込んだスケールマークをもとに各点の座標を実長に換算した後，デジタルフィルター（Wilcock and Kirsner，1969）により，10Hzで平滑化した．

得られた画像データをもとに疾走中の身体重心の位置（Yokoi et al., 1986）を算出した．1歩中の身体重心の水平変位を歩幅とした．

歩数はビデオフィルムに1/100秒単位で写し込まれているタイマーから1歩に要した時間を求め，その逆数とした．同様にして，支持時間や非支持時間を求めた．疾走速度は歩幅と歩数の積として算出した．なお，歩幅，歩数，支持時間および非支持時間の値は，いずれも左右2歩の平均値とした．

また，先行研究（伊藤ら，1994；伊藤ら，1998；宮下ら，1986）を参考として図Ⅲ-15に示した疾走動作に関する項目を分析した．スウィング脚は，①膝の引きつけ角度（θK）：離地後の膝角度の最小値，②最大膝引きつけ角速度（$\omega K\text{-swg}$）：膝関節の最大屈曲角速度，③もも上げ角度（θT）：もも上げ動作における大腿と水平線のなす最小角度，④最大もも上げ角速度（ωT）：水平線と大腿のなす角度の最大角速度を求めた．

支持脚は，接地時における⑤股関節（$\theta H\text{-on}$），⑥膝関節（$\theta K\text{-on}$），⑦足関節（$\theta A\text{-on}$）の各関節角度，接地中における⑧膝関節（$\theta K\text{-min}$）および⑨足関節（$\theta A\text{-min}$）の最大屈曲角度，離地時における⑩股関節（$\theta H\text{-off}$），⑪膝関節（$\theta K\text{-off}$），⑫足関節（$\theta A\text{-off}$）の各関節角度，接地中における⑬股関節（ωH），⑭膝関節（$\omega K\text{-sup}$），⑮足関節（ωA）の最大伸展角速度，接地中における⑯脚全体（大転子と果点を結んだ線）の最大スウィング速度（ωL）をそれぞれ分析した．

b．等速性脚筋力

Swing leg

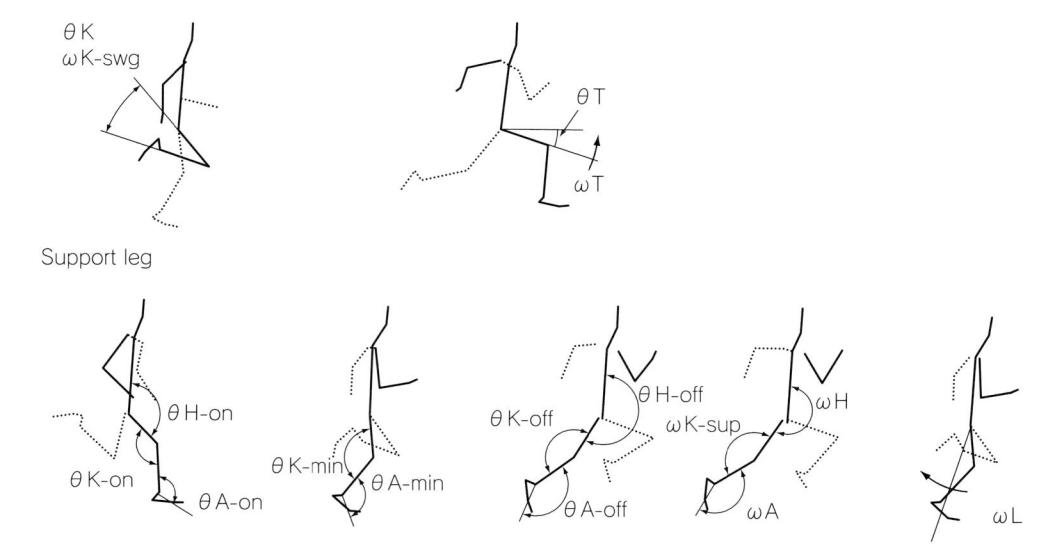

θK
ωK-swg

θT
ωT

Support leg

θH-on
θK-on θA-on

θK-min
θA-min

θH-off
θK-off
θA-off

ωH
ωK-sup
ωA

ωL

図Ⅲ-15　疾走動作の分析に用いた項目

　等速性筋力測定装置（Biodex社製）を用いて，60，180，300deg/sの3種類の角速度で右脚の膝伸展および膝屈曲筋力を測定した．各角速度とも3～5回の試行を最大努力で実施させ，発揮された筋力のピークトルク（Nm）を測定した．
　c．統計処理
　各年齢間の測定項目の平均値を比較するために4群間で対応のある分散分析を行った．その結果，有意なF値が得られた項目に関してはテューキー（岩原，1978）の多重比較を行った．全体の測定項目間の関係については年齢の要素を除いた偏相関係数を求めた．また，12歳と15歳における疾走速度の順位変動を調べるためにSpearmanの順位相関係数を算出した．なお，統計処理の有意水準の検定では5％未満を有意とした．

2）結　果
（1）形態の発育および骨年齢
　被験者の加齢にともなう身長および体重の変化は，表Ⅲ-9のようであった．12歳から15歳にかけて身長，体重とも各年齢間での増大は有意であった．これらの値を同年代の日本人の体力標準値（東京都立大学体育学研究室編，1989）と比較すると，12，13歳の身長，体重は本被験者の方が両者ともに標準値よりも大きな値を示し，12歳の身長と体重は標準値よりもそれぞれ11.6cm，10.7kgと大きいものであった．しかし，15歳の身長と体重の

表Ⅲ-9 被験者の身長,体重の経年的変化

年齢	12	13	14	15	分散分析	多重比較
身長 (m)	1.624 ± .034	1.659 ± .042	1.678 ± .042	1.689 ± .046	***	12 < 13 < 14 < 15
体重 (kg)	52.0 ± 3.61	56.5 ± 3.97	59.3 ± 3.60	62.2 ± 4.14	***	12 < 13 < 14 < 15

< : p < .05, *** : p < .001

表Ⅲ-10 被験者の12歳における暦年齢と骨年齢

Sub.	①暦年齢 (yrs.)	②骨年齢 (yrs.)	②−①
I.K	12.5	15.8	3.3
M.U	12.6	15.8	3.2
N.G	12.3	14.7	2.4
N.I	12.2	14.9	2.7
N.R	12.3	15.4	3.1
O.N	12.5	15.4	2.9
W.A	12.6	15.5	2.9
Y.A	12.3	15.5	3.2
Mean	12.41	15.38	2.96
SD	0.16	0.39	0.30

表Ⅲ-11 疾走能力の経年的変化

年齢	12	13	14	15	分散分析	多重比較
100mタイム (s)	12.49 ± .12	11.76 ± .13	11.33 ± .10	11.18 ± .20	***	12 > 13 > 14 > 15
疾走速度 (m/s)	8.79 ± .28	9.29 ± .24	9.61 ± .17	9.54 ± .28	**	12 < 13 < 14 = 15
歩数 (Hz)	4.51 ± .13	4.46 ± .12	4.58 ± .19	4.58 ± .21		
非支持時間 (s)	0.121 ± .006	0.133 ± .009	0.130 ± .007	0.126 ± .008	*	12 < 13 = 14 = 15
支持時間 (s)	0.101 ± .005	0.091 ± .010	0.089 ± .004	0.093 ± .006	***	12 > 13 = 14 = 15
歩幅 (m)	1.95 ± .06	2.08 ± .07	2.11 ± .08	2.09 ± .12	**	12 < 13 = 14 = 15
歩幅/身長	1.20 ± .05	1.26 ± .04	1.25 ± .06	1.24 ± .07		

<>* : p < .05, ** : p < .01, *** : p < .001

　本被験者の値と標準値の差は,それぞれ1.3cm,4.7kgと小さいものとなった.
　表Ⅲ-10は12歳における暦年齢と骨年齢を示している.
　平均暦年齢の12.41歳に対して骨年齢の平均は15.38歳であった.
　骨年齢と暦年齢の差の平均は2.96歳であり,本被験者は暦年齢よりも約3

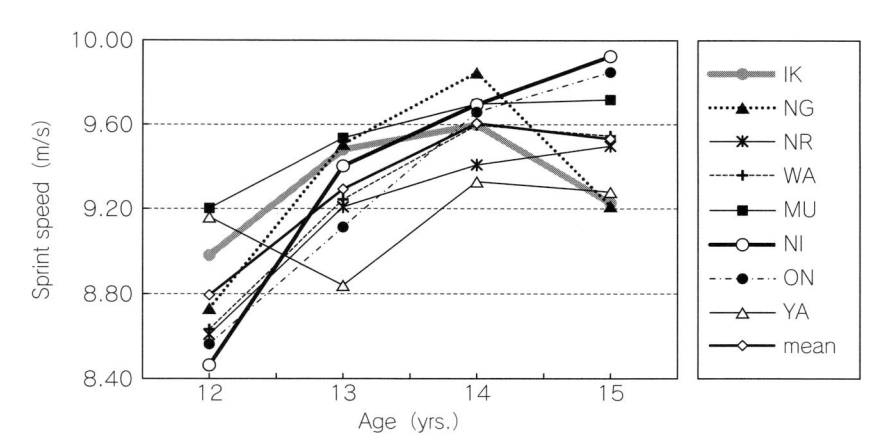

図Ⅲ-16　各被験者の疾走速度の縦断的変化

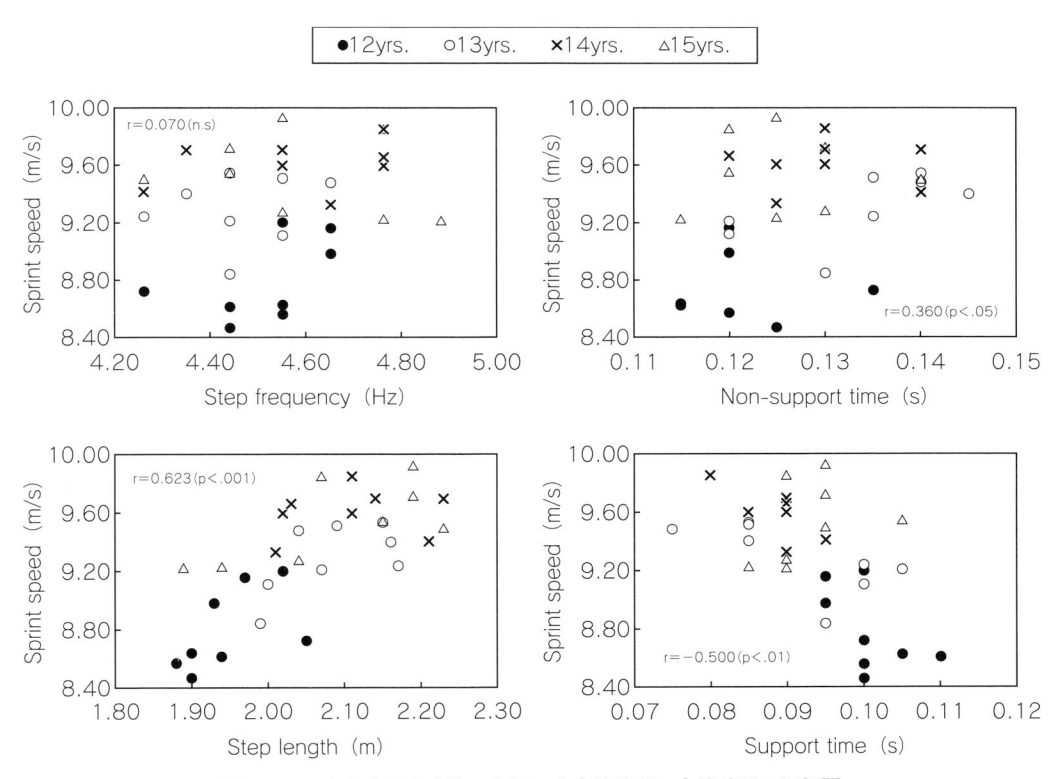

図Ⅲ-17　疾走速度と歩数，歩幅，非支持時間，支持時間の偏相関

表Ⅲ-12 疾走動作に関する分析項目の経年的変化

年齢	12	13	14	15	分散分析	多重比較
θK (deg)	30.6 ± 3.8	30.7 ± 2.5	30.5 ± 3.3	29.2 ± 2.7		
ωK-swg (rad/s)	21.5 ± 1.4	22.0 ± 1.2	22.7 ± 1.8	23.3 ± 2.0		
θT (deg)	16.8 ± 6.2	12.1 ± 2.9	14.9 ± 4.3	14.2 ± 3.9	**	12 > 13 = 14 = 15
ωT (rad/s)	13.5 ± 1.3	14.2 ± 1.2	15.2 ± 1.7	14.5 ± 0.6	*	12 < 13 < 14, 14 > 15, 12 < 15
θH-on (deg)	134.0 ± 8.7	136.0 ± 5.1	136.5 ± 3.9	139.3 ± 6.3		
θK-on (deg)	146.0 ± 8.9	148.5 ± 3.1	149.7 ± 5.0	152.1 ± 4.9		
θA-on (deg)	103.1 ± 18.1	103.0 ± 19.4	104.3 ± 18.8	103.7 ± 15.9		
θK-min (deg)	138.1 ± 10.6	139.0 ± 3.9	138.7 ± 3.4	141.8 ± 4.8		
θA-min (deg)	86.2 ± 12.2	85.6 ± 17.0	88.0 ± 21.1	86.1 ± 16.4		
θH-off (deg)	190.7 ± 4.8	194.4 ± 5.0	195.3 ± 5.2	195.3 ± 4.9		
θK-off (deg)	157.1 ± 6.7	157.7 ± 4.9	159.8 ± 4.4	161.2 ± 5.6		
θA-off (deg)	116.8 ± 17.1	120.1 ± 16.6	122.9 ± 19.2	125.8 ± 17.6	*	12 < 13 < 14 < 15
ωH (rad/s)	12.6 ± 1.7	14.1 ± 1.2	15.8 ± 1.8	13.9 ± 1.9	**	12 < 13 < 14, 14 > 15, 12 = 15, 13 = 15
ωK-sup (rad/s)	7.2 ± 2.3	7.2 ± 1.8	8.7 ± 2.2	8.4 ± 1.8		
ωA (rad/s)	11.5 ± 2.6	14.7 ± 0.8	14.3 ± 0.9	16.8 ± 2.7	***	12 < 13 = 14 < 15
ωL (rad/s)	11.1 ± 0.5	11.8 ± 0.5	12.3 ± 0.7	11.8 ± 0.7	**	12 < 13 = 14 = 15

<>*:p<.05, **:p<.01, ***:p<.001

スウィング脚についての項目
θK:膝の引きつけ角度　ωK-swg:最大膝引きつけ角速度　θT:もも上げ角度
ωT:最大もも上げ角速度

支持脚についての項目
θH-on:接地時の股関節角度　θK-on:接地時の膝関節角度　θA-on:接地時の足関節角度
θK-min:接地中の膝関節最大屈曲角度　θA-min:接地中の足関節最大屈曲角度
θH-off:離地時の股関節角度　θK-off:離地時の膝関節角度　θA-off:離地時の足関節角度
ωH:接地中の股関節最大伸展角速度　ωK-sup:接地中の膝関節最大伸展角速度
ωA:接地中の足関節最大伸展角速度　ωL:脚全体の最大スウィング速度

歳成熟が進んでいることが示された．

(2) 疾走能力と疾走動作について

表Ⅲ-11は，12〜15歳までの競技会での100mのタイム，測定時の疾走速度，歩数，歩幅およびその身長比の値の各年齢の平均値を示したものである．100mのタイムの減少は各年齢間で有意であり，12〜15歳にかけて短縮した．

表Ⅲ-13 等速性脚筋力における膝伸展および膝屈曲のピークトルクの経年的変化

年齢	12	13	14	15	分散分析	多重比較
膝伸展 60°(Nm)	155.6 ± 27.1	178.6 ± 33.8	197.2 ± 24.4	179.6 ± 12.2	*	12<14=15
膝伸展 180°(Nm)	114.1 ± 17.9	136.9 ± 17.4	150.1 ± 20.9	139.9 ± 9.4	**	12<13=14=15
膝伸展 300°(Nm)	101.2 ± 13.6	113.5 ± 19.0	113.3 ± 20.9	110.6 ± 6.6		
膝屈曲 60°(Nm)	72.6 ± 16.0	92.9 ± 16.0	104.7 ± 11.5	108.1 ± 14.8	***	12<13<14=15
膝屈曲 180°(Nm)	57.9 ± 13.7	80.5 ± 11.3	89.4 ± 8.7	93.3 ± 16.2	***	12<13=14, 13<15
膝屈曲 300°(Nm)	53.9 ± 7.6	71.3 ± 15.3	77.1 ± 7.9	79.6 ± 15.7	***	12<13=14=15
膝屈曲/膝伸展 60°	0.480 ± .130	0.534 ± .127	0.536 ± .068	0.601 ± .061		
膝屈曲/膝伸展 180°	0.511 ± .116	0.594 ± .099	0.602 ± .071	0.666 ± .098	*	12<15
膝屈曲/膝伸展 300°	0.541 ± .100	0.634 ± .116	0.694 ± .095	0.717 ± .117	**	12<13=14=15

<*:p<.05, **:p<.01, ***:p<.001

疾走速度は12〜14歳の間で，歩幅は12〜13歳の間でそれぞれ有意に増加した．歩幅の身長比は12〜13歳にかけて0.06の増加がみられたが，有意な差は認められなかった．一方，歩数は12〜15歳の間で，明確な変化はみられなかった．しかし，12〜13歳の間で支持時間は有意に短縮し，非支持時間は有意に増加した．

また，図Ⅲ-16には12〜15歳までの疾走速度の発達を縦断的に示した．この図から加齢とともに彼らのパフォーマンスが変動していることがわかる．ちなみに12歳の疾走速度と15歳の疾走速度の順位相関を算出したところ有意な相関（r＝−0.524, n.s.）はみられなかった．

図Ⅲ-17は，疾走速度と歩数，歩幅，非支持時間および支持時間の偏相関をそれぞれ示したものである．疾走速度と歩幅の間には有意な相関関係が認められた．しかし，歩数には有意な相関関係は認められなかった．一方，疾走速度と非支持時間には正の相関関係が，支持時間には負の相関関係がそれぞれ認められた．

表Ⅲ-12は，12〜15歳までの疾走動作の変容に関して示したものである．これらの中で加齢につれて有意に変容した項目は，12〜13歳にかけて最大もも上げ角度（θT）が減少し，脚全体の最大スウィング速度（ωL）が増大した．また，12〜14歳にかけて最大もも上げ角速度（ωT），離地時における股関節角速度（ωH）がいずれも増大した．また，12〜15歳にかけて離地時における足関節角度（$\theta A\text{-off}$）および足関節角速度（ωA）がそれぞれ増大した．

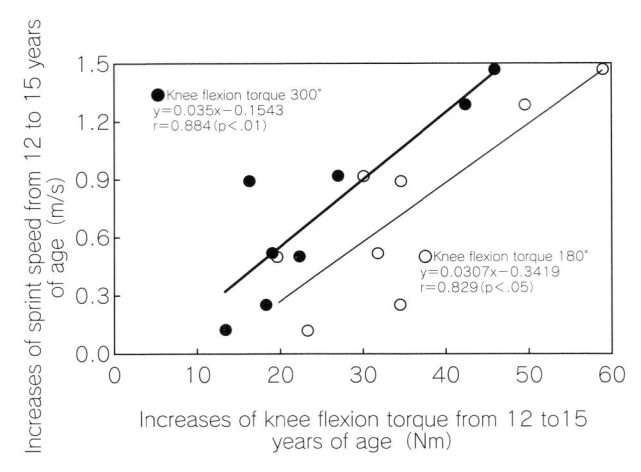

図Ⅲ-18　12〜15歳までの疾走速度の増加量と膝の屈曲力
（角速度180, 300deg/s）の増加量の関係

(3) 等速性脚筋力について

表Ⅲ-13は，等速性脚筋力における伸展および屈曲のピークトルクを示したものである．伸展力は，角速度60deg/sでは12〜14歳の間，角速度180deg/sでは12〜13歳の間でそれぞれ有意に増加した．屈曲力では，3種類すべての角速度で有意に増加し，60deg/sでは12〜14歳の間，180deg/sでは12〜13歳の間および13〜15歳の間で，300deg/sでは12〜13歳の間でそれぞれ有意に増加した．また，屈曲筋力の伸展筋力に対する割合は，角速度180deg/sでは12歳と15歳の間で，角速度300deg/sでは12歳と13歳の間でそれぞれ有意に増加した．

(4) 12〜15歳における疾走速度の増加量とその他の項目の増加量との関係

12〜15歳における疾走速度の増加量と全測定項目の増加量との相関を調べたところ，図Ⅲ-18のように疾走速度と有意な相関関係を示したものは等速性脚筋力における屈曲力（角速度180, 300deg/s）のみであった．

3) 論　議

児童期後半から中学生期は，発育発達の上で大きな変化がみられる．すなわち，思春期は発育スパートを迎え，男子では身長が急増することや身体的発達状態に大きな個人差が認められることである（高石ら，1981）．ジュニアスプリンターの12歳時と15歳時における疾走速度には有意な順位相関が認められなかった．

すなわち，このことは12歳時における疾走速度の順位が，3年後には大きく変動したことを意味している．疾走能力の水準が高いジュニアスプリンターにとって，この間の体力要素などの身体資源の発達は彼らにどのように影響していたのであろうか．

このような身体的・形態的発達を踏まえながらジュニアスプリンターの疾走能力の発達について考察する．

（1）身体的成熟

前章で述べたように，小学校6年生時において優れた疾走能力を示した児童はおよそ3歳早熟であった．本研究ではさらに被験者を加えて骨年齢を算出したが，その結果はやはり約3歳成熟が進んでおり，小学校6年生の時点で優れた疾走能力を発揮する児童は明らかに早熟であることが確かめられた．

同年代の身長や体重の標準値の比較からもわかるように，本被験者のそれらの数値は12，13歳では極めて大きな値を示しているが，3年後の15歳時において両者の身長や体重の値に差がみられなくなった．また，本被験者と同年齢の一般児童の骨年齢は13.5歳であることが報告されている（日本体育協会スポーツ科学委員会，1986）．一般児童においても，暦年齢と比較すると1.5歳骨年齢の方が暦年齢よりも成熟が進んでいることが示されている．

それでも，ジュニアスプリンターの方が一般児童よりも骨年齢はさらに約1.5歳進んでいることになる．

これらのことから，本被験者は発育スパートの早い早熟な子どもたちであると判断される．

（2）疾走能力および疾走動作の発達

12〜14歳の加齢にともなう疾走速度の発達は，歩数の増大によるものではなく歩幅の増大によるものであった．この結果は，一般生徒を対象とした報告（加藤ら，1985）と同様であった．

しかし，本被験者の歩幅や歩数は一般生徒と比較すると極めて大きな値であり，成人スプリンターの値に近いものであった．

そこで，15歳における本被験者の疾走速度，歩数，歩幅，歩幅の身長比の各平均値を日本のトップスプリンターの平均値（伊藤ら，1994；佐川ら，1997）と比較した．ジュニアスプリンターの値は成人スプリンターと比較して，疾走速度が87.6％，歩数が96.8％，歩幅が90.9％，歩幅の身長比が94.7％であった．これまでに疾走速度と歩幅や歩数は，両者ともに相関があることが報告されている（加藤ら，1992；伊藤ら，1998）．しかし，本研究では疾走速度と歩幅には相関がみられたが，歩数にはみられなかった．

このことはジュニアスプリンターの歩数がすでに成人スプリンターに匹敵する高水準であったことがその原因と考えられた．

ところで，疾走中の1サイクル時間は非支持時間と支持時間に分けられる．

疾走速度と歩数には相関関係がみられなかったが，疾走速度と支持時間および非支持時間の関係をみると，疾走速度は支持時間が少ないことや非支持時間が大きいことと関係があったことがわかる．

伊藤ら（1998）は，スプリンターを対象として疾走速度と疾走動作の関係において，疾走速度の高い選手はキック動作時に膝関節の伸展動作を少なくし，股関節の伸展速度を効果的に脚全体のスウィング速度に変換していたこ

と，足関節を固定させて脚全体のスウィング動作によるキック力を短い接地時間内に地面に伝えられるよう対応していたことを指摘している．ジュニアスプリンターにみられた加齢にともなう疾走動作の変容は，最大もも上げ角速度や脚全体のスウィング速度がそれぞれ増大したことであった．しかし，これらの変容は疾走速度の向上にともなう結果であり，伊藤らが指摘しているようなもも上げ角速度や脚全体のスウィング速度を効果的に高めるような疾走動作の変容はみられなかったと考えられる．すなわち，12～15歳にかけて膝関節や足関節における伸展動作の減少はみられず，むしろ足関節において伸展動作の角度やその角速度が増大していた．このような疾走動作の変容は，疾走速度の増大にはプラスの要因にはならなかったと推察される．

　また，12～15歳における疾走速度の増加量と疾走動作にかかわる角度や角速度の変化量の間にいずれも有意な相関関係がみられなかった．これらのことは，本被験者の疾走速度の向上は疾走動作の改善ではなく，別の要因があったと考えられた．また，一方では彼らがさらに疾走速度を向上させるには意図的な動きのトレーニングが必要であることも示唆している．

（3）等速性脚筋力からみた体力要素の発達

　等速性脚筋力は伸展力および屈曲力とも12～13歳にかけて増加傾向を示し，屈曲力の方が伸展力よりも加齢にともなう増加傾向を示した．勝田ら（1995）は，本被験者の一部を含むトップジュニア選手における大腿部筋組成について経年的変化を種目別に検討している．これによると，スプリンターにおける特徴的な筋組成の経年的変化は，全筋横断面積の増加が大腿上部で大きいこと，ハムストリングおよび内転筋群の発達が大腿四頭筋と比べ顕著であることなどをあげている．このような変化はジュニアスプリンターの発達特性と考えられる．12～15歳における疾走速度の増加量と等速性脚筋力の増加量の関係では，屈曲力の角速度180，300deg/sにおいて両者に有意な関係が認められた．この結果は，大腿二頭筋をはじめとする大腿部後面の筋力がスプリント能力に重要であるというこれまでの報告（阿江ら，1986，狩野ら，1997，小林，1989）とも一致するものであった．

　小林（1989）は，オリンピックスプリント代表選手とジュニアスプリンターの脚屈曲筋力の脚伸展筋力に対する割合を比較し，高速条件（角速度300deg/s）になるほど伸展力と屈曲力の差がジュニア選手よりも著しく小さいことを報告している．オリンピックスプリント代表選手の脚屈曲筋力の脚伸展筋力に対する割合は，低速，中速，高速の各条件で，高速になるにつれ58.3％，80.6％，97.2％とそれらの割合も高くなった．本研究の値は，12～15歳にかけて低速では48.0から60.1％，中速では51.1から66.6％，高速では54.1から71.1％へと速度条件が高くなるにつれ，それらの割合も高くなった．このことは，ハムストリング群を中心とした大腿部後面の筋群の発達を意味している．しかし，本被験者の脚屈曲筋力の脚伸展筋力に対する割合は，オリンピック代表選手の値と比較すれば小さいものであり，今後スプリント能力をさらに向上させるためのトレーニングの方向性を示していると考えら

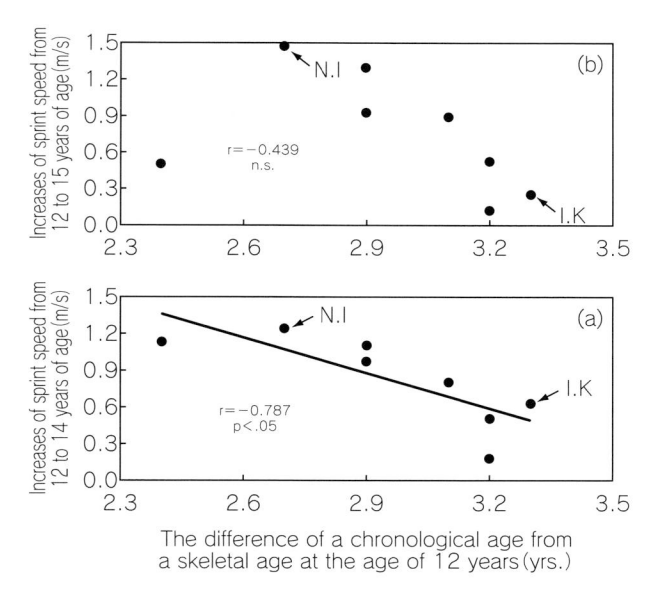

図Ⅲ-19　12歳での骨年齢と暦年齢の差と12歳以後における疾走速度の増加量との関係

れる．すなわち，高速条件における脚屈筋群を強化し，脚屈曲筋力の脚伸展筋力に対する割合を高くすることが重要であろう．
(4) 疾走能力の縦断的変化
　一般児童や生徒の疾走速度の発達と異なり，12～15歳にかけてジュニアスプリンターの疾走速度は大きく変動していることが順位相関から示された．その係数は有意ではなかったが負の値（r＝－0.524）であった．このことは，12歳では疾走速度が低かったものが15歳ではむしろ高い値を示す傾向であったことを意味する．ジュニアスプリンターの加齢にともなう疾走能力の著しい変動は，どのような原因によるものであろうか．図Ⅲ-16に示した12～15歳にかけて疾走速度が伸び悩んだI.Kと，疾走速度が向上したN.Iのように疾走速度が顕著に逆転した事例について考察する．12～15歳までの疾走速度の増加量と，唯一相関関係のみられた等速性脚筋力における屈曲力角速度180deg/s，300deg/sについてみると，それらの増加量は，それぞれI.Kが34.6Nm，18.4Nm，N.Iが59.0Nm，46.0Nmであり，N.Iの方がI.Kよりも顕著な増加を示した．また，両者の4年間の身長と体重の増加量を比較すると，N.Iは9.7cm，15.5kgであったのに対して，I.Kは2.5cm，6.0kgであった．とくにI.Kの身長，体重の増加量は8名中最も少ないものであった．
　N.IとI.Kの疾走速度の増加量の差は，こうした両者の形態の発育や機能の発達の違いが大きく影響したものと考えられた．
　図Ⅲ-19は，12歳時の骨年齢と暦年齢の差と疾走速度の増加量の関係を示したものである．（a）は12～14歳間の，（b）は12～15歳間の疾走速度の増加量である．疾走速度の増加量が12～14歳間ではr＝－0.787の有意な高い

相関関係が，12〜15歳では有意ではないがr＝－0.439の相関係数が得られた．これらのことは，本被験者のような早熟の集団の中でも比較的成熟が進んでいないものの方が，その後の疾走速度の増加量が大きくなることを示唆している．図中の矢印は，I.KとN.Iをそれぞれ示している．I.KとN.I両者の骨年齢をみると，12歳の時点においてI.Kは成熟がかなり進んでおり，反対にN.Iは成熟が遅れていたことがわかる．すなわち，12歳時におけるI.Kの優れた疾走能力は早熟によるところが大きく，その後N.Iの成熟が進むにつれ，形態や機能の増大がI.Kよりも大きくなり，疾走能力の逆転が生じたものと推察された．

本被験者8名は，中学3年生時において全国中学生陸上競技大会に全員出場していたが，200mまでのスプリント種目で入賞していたものは4名であった．小学校6年生で優れた成績を発揮しても，その後多くの者が必ずしもよい成績をあげられない理由として，次のことが考えられる．本被験者たちよりも晩熟の者が成熟にともない身体能力を向上させ，本被験者らに追いつき，さらに追い越すことが推測された．また，スプリント能力は骨年齢と関係があるという報告をもとに考えれば，早熟でも比較的骨成熟の進んでいない者の方が，その後さらにスプリント能力を向上させる可能性が大きいと考えられる．

4）要　約

小学校6年生（12歳）で全国小学生陸上競技大会100mで入賞した男子児童8名について，その後中学校3年生（15歳）にかけて形態，疾走能力，疾走動作および等速性膝筋力の発達を縦断的に測定した．その結果は以下のように要約される．

①被験者の身長，体重は12，13歳で同年代の標準値よりも顕著に大きいものであったが，15歳になると身長，体重ともに本被験者の値と同年齢の全国標準値の差が小さくなった．被験者の骨年齢測定時の暦年齢と骨年齢はそれぞれ12.41歳，15.38歳であった．骨年齢と暦年齢の差の平均は2.96歳であり，本被験者は暦年齢よりも約3歳成熟が進んでいることが示された．これらのことから，本被験者は思春期の発育スパートが早い早熟な子どもたちであると推察された．

②疾走速度は，12〜14歳にかけて8.79m/sから9.61m/sへ，歩幅は12〜13歳にかけて1.95mから2.08mへそれぞれ有意に増加した．12〜13歳における疾走速度の増大は歩数よりもおもに歩幅の増加によるものと考えられた．疾走速度と歩幅の間には有意な相関関係が認められたが，歩数には有意な相関関係は認められなかった．一方，疾走速度と非支持時間には正の，支持時間には負の相関関係がそれぞれ認められた．

③疾走動作に関して，最大もも上げ角速度は12〜14歳にかけて，脚全体のスウィング速度は12〜13歳にかけて，それぞれ有意に増大した．
しかし，12〜15歳における疾走速度の増加量と疾走動作に関する変化量

との間には有意な相関関係が得られなかった．このことは，ジュニアスプリンターの疾走速度の向上は疾走動作の改善ではなく，他の要因によるものと考えられた．

　④12〜15歳における疾走速度の増加量と等速性脚筋力における屈曲力（角速度180，300deg/s）の増加量には有意な関係が認められた．このことから，ジュニアスプリンターの疾走速度の発達は，おもに大腿部後面の筋肉の発達が影響していたことが推察された．

　⑤12〜15歳にかけて疾走速度が向上した事例と停滞した事例の比較から，両者には形態の発育や機能の発達において差がみられ，疾走速度が向上した事例の身長や体重の増加が顕著に大きかったこと，また等速性脚筋力における屈曲力の増大が著しかったことがあげられた．

　⑥疾走速度の発達量と骨成熟の関係から，本被験児のような早熟の集団の中でも比較的成熟が進んでいないものの方が，その後の疾走速度の増加量が大きいことが示唆された．

　以上のことから，ジュニアスプリンターの身体の発育発達の特徴が疾走能力のパフォーマンスに少なからず影響していると推察され，形態の増加量や筋力の発達量を把握することが重要であると考えられた．また，意図的に疾走能力を高める動きのトレーニングが必要であることも示唆された．さらに，競技力向上やタレント発掘などを考えると，ジュニア選手を育成するには骨成熟の評価が必要なことが示された．

IV 一流スプリンターの疾走能力

　近年，一流スプリンターの100m走における記録の向上は著しく，世界選手権やオリンピックなどのビッグゲームでは好記録が数多く出されている．
　この背景には，一流スプリンターが長期にわたって専門的にトレーニングを積んできていることが考えられる．従来，陸上競技のスプリント種目において最高成績を発揮する年齢は，22〜24歳頃と指摘されていた（マトベーエフ，1985）が，現在ではその競技年齢は一層高くなっている．実際にC.ルイス選手が1991年世界陸上100mで世界新記録（9.86）で優勝したときは30歳であったし，1992年バルセロナオリンピック100mで優勝（9.96）したL.クリスティ選手は32歳，1996年アトランタオリンピック100mで世界新記録（9.84）を出して優勝したD.ベーリー選手は29歳であった．こうした一流スプリンターの疾走能力や疾走動作には一体どのような特徴がみられるのであろうか．
　IVは，これまでの研究結果に基づき一流スプリンターのそれらの特徴について考察したものである．

1. 疾走能力

　一般に短距離走は決められた距離の中で最高速度を発揮し，それをできるだけ長く持続させることを競い合う種目である．実際のレースにおいてスプリンターは，どのような速度で100mを疾走しているのであろうか．図IV-1は世界，日本，高校生および小学生スプリンターにおける100mレース中の速度変化をそれぞれ示したものである．世界の一流選手のデータは1991年世界陸上男子100m決勝進出者，日本の一流選手のデータは1991年世界陸上男子100m日本代表選手（阿江ら，1992）であり，高校生のデータは1999年全国高校総体100m決勝進出者（日本陸連科学委員会，1999），小学生のデータは1998年全国小学生陸上競技交流大会男子6年生全出場者のもの（加藤ら，未発表資料）である．世界および日本の一流スプリンターにおける

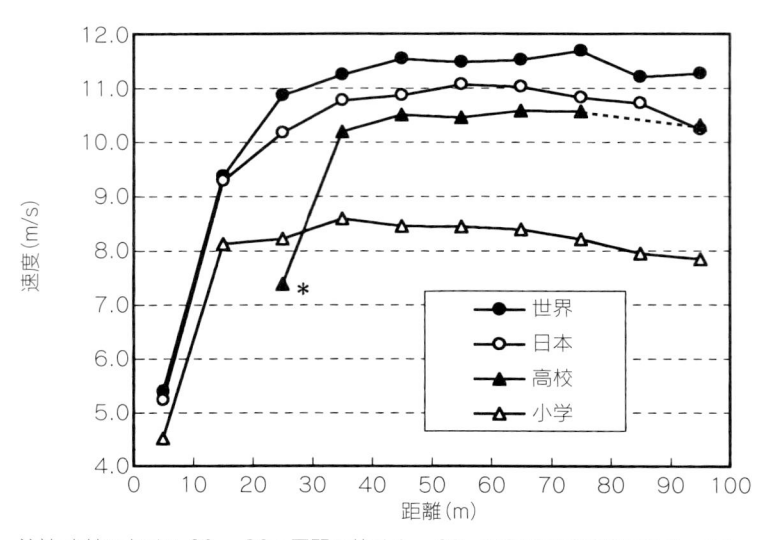

170　Ⅳ　一流スプリンターの疾走能力

注)＊ 高校における20〜30m区間の値は0〜30m区間の平均速度である．また，
　　　高校80〜90m区間は測定データなし．

図Ⅳ-1　世界，日本，高校生および小学生スプリンターにおける100m走の速度変化

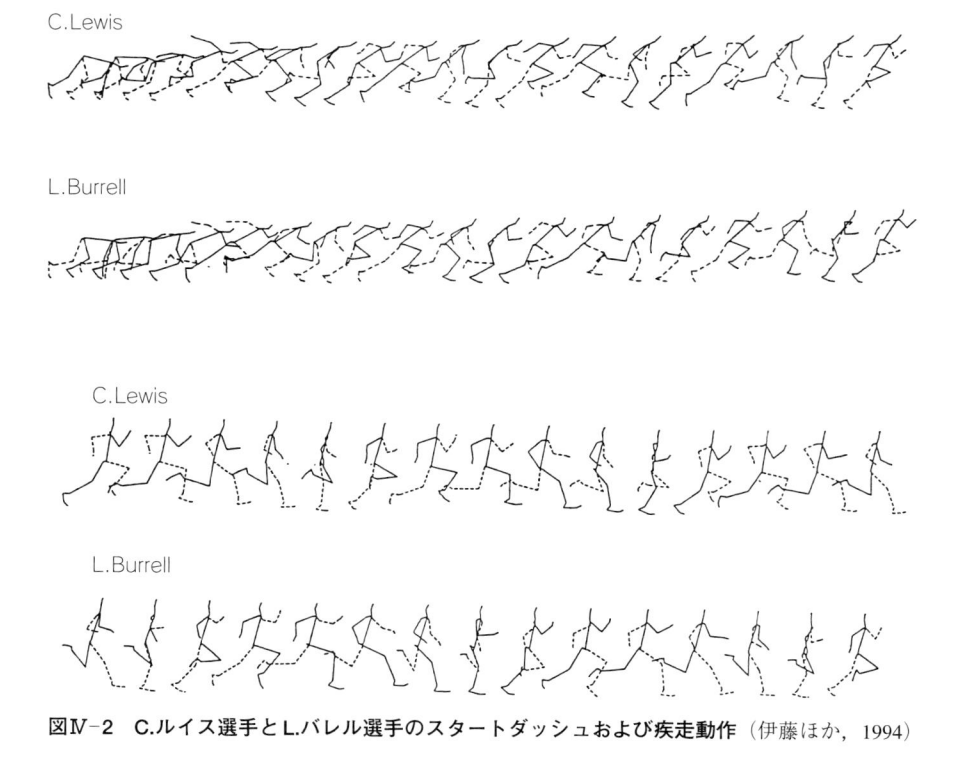

C.Lewis

L.Burrell

C.Lewis

L.Burrell

図Ⅳ-2　C.ルイス選手とL.バレル選手のスタートダッシュおよび疾走動作（伊藤ほか，1994）

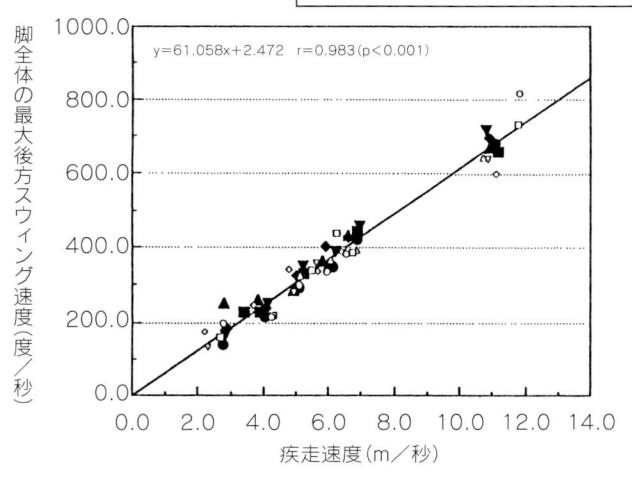

図中の記号
●■▲◆▼：アジア大会選手
○□：世界陸上選手（ルイス，バレル）
◇△▽：世界陸上日本代表選手
図中の直線：アジア大会と世界陸上の選手

$y=61.058x+2.472$　$r=0.983 (p<0.001)$

図Ⅳ-3　スタート・ダッシュにおける疾走速度とキック脚全体の最大後方スウィング速度の関係（斉藤ほか，1997）

　100mレースの速度をみると，最高速度が発揮された区間は，世界一流選手では70～80m区間（11.70m/s），日本の一流選手では50～60m区間（11.07m/s）であった．一方，高校生と小学生のスプリンターが最高速度に到達した区間は，それぞれ60～70m（10.59m/s），30～40m（8.59m/s）であった．また，世界の最高速度を100％とした時の日本，高校生および小学生の最高速度の割合は，それぞれ94.6％，90.5％，73.4％であった．
　以上のように，世界スプリンターの最高疾走速度は極めて高い水準にあり，しかもそれを長く持続していることがわかる．そして，C.ルイスやL.バレルなどの一流スプリンターの歩数や歩幅は，図Ⅰ-1（p.5参照）が示すように非常に高いものであった．

2．疾走動作

　近年，世界陸上やアジア大会などの国際競技会を対象に一流スプリンターの疾走動作が映画や高速度ビデオなどを用いて撮影されてきた．
　図Ⅳ-2はC.ルイスとL.バレル選手のスタートダッシュと中間疾走をスティックピクチャーで示したものである．これらは1991年の世界陸上のものであるが，当時のルイスの記録（9.86秒）は世界記録であり，バレルの記録（9.88秒）もそれに匹敵するものであった．そして，彼らの記録は現在でも世界のトップクラスに位置づけられるすばらしいものである．こうした実際

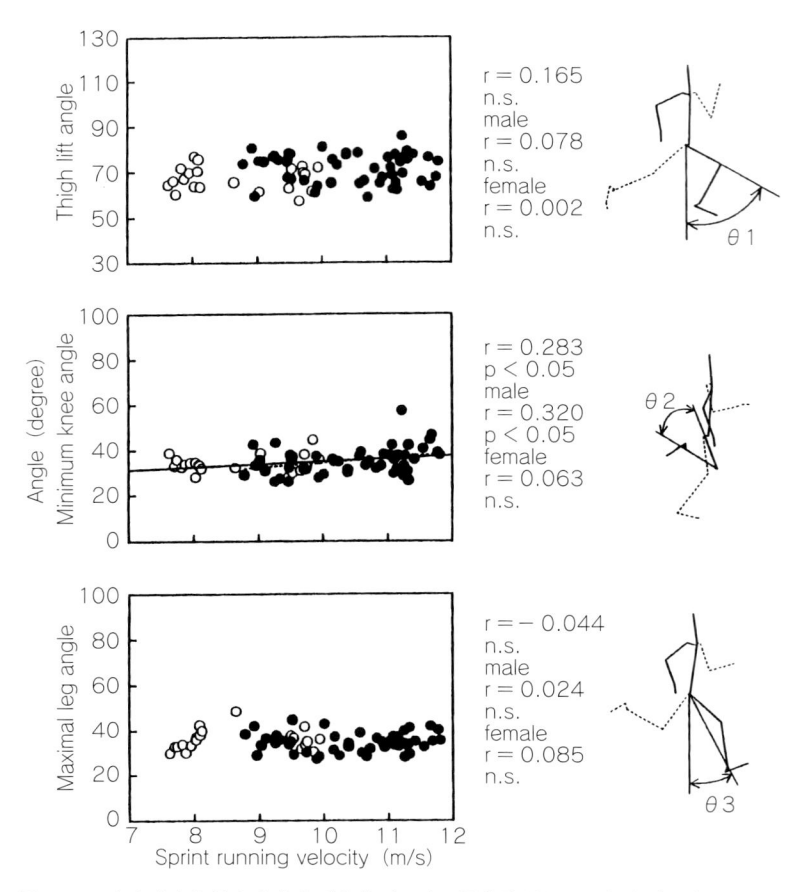

図Ⅳ-4 疾走速度と最大もも上げ角度（θ1），最小膝引きつけ角度（θ2），および最大振り出し角度（θ3）との関係　●男性；○女性（伊藤ほか，1998）

の競技会から数多くのデータが分析され，一流スプリンターの疾走能力の特徴が明らかにされている（宮下ら，1986；伊藤ら，1992；伊藤ら，1994；斉藤ら，1997；佐川ら，1997；伊藤ら，1998）．そこで，一流スプリンターの疾走動作の特徴をスタートダッシュと中間疾走に分けてレビューする．

1）スタートダッシュ

斉藤ら（1997）は，1991年の世界陸上や1994年のアジア大会の100mレースをもとにスタートダッシュにおける疾走能力や疾走動作の特徴を以下のように報告している．

（1）疾走速度，歩幅および歩数

疾走速度の増大にともなって，歩数は2歩目まで，歩幅は4歩目までそれぞれ有意に増大していたこと，また，中間疾走の値を100％とした時の疾走速度，歩幅および歩数の各割合は1歩目から4歩目までにおいて疾走速度が

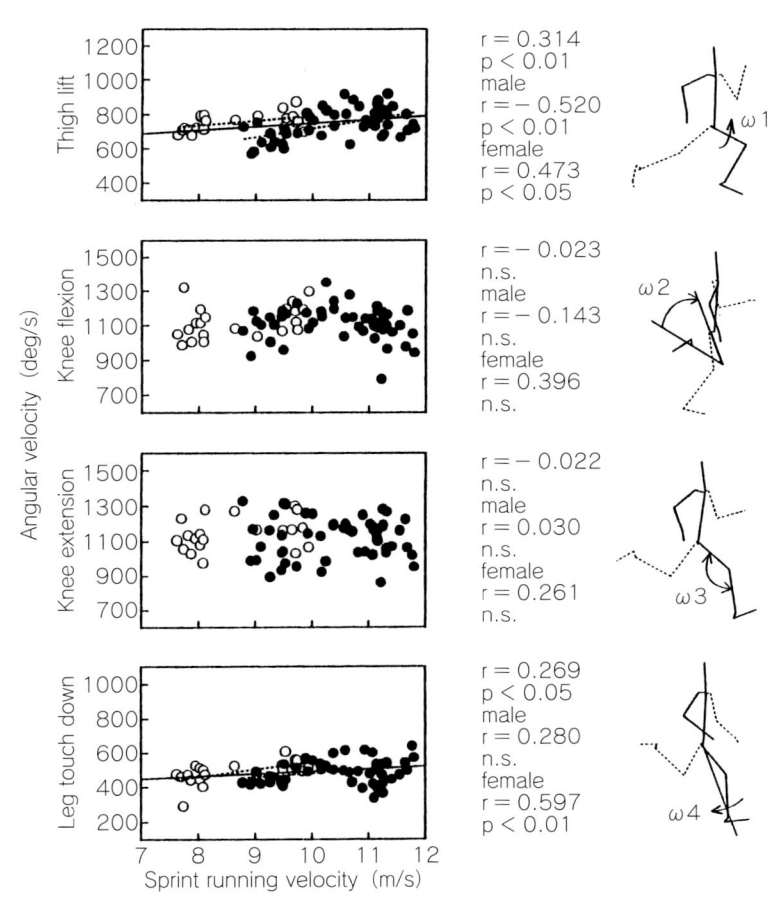

図Ⅳ-5 疾走速度と最大もも上げ角速度（ω1），膝屈曲角速度（ω2），膝伸展角速度（ω3）および脚の振りもどし角速度（ω4）との関係　●男性；○女性（伊藤ほか，1998）

26.9〜61.8％，歩幅が25.1〜62.3％へ増加したことや，歩数は2歩目で96.8％，4歩目で96.4％であり，すでに中間疾走時のものに近い値であったことが明らかにされた．これらのことから，スタートダッシュのような加速区間にあっても一流スプリンターの歩数は，すでに中間疾走時に近い値に達するものであることが示された．

(2) スタートダッシュの動作

疾走速度ともも上げ，引きつけおよび振り出し動作の角度やそれらの最大角速度との関係から，スウィング脚のもも上げ動作におけるもも上げ高は，スタートから中間疾走まで疾走速度の増大にともない増加する傾向を示したが，第3歩目，第4歩目および中間疾走の間では有意な差は認められなかったこと，同様に，もも上げ速度においてもスタートから2歩目までは有意に

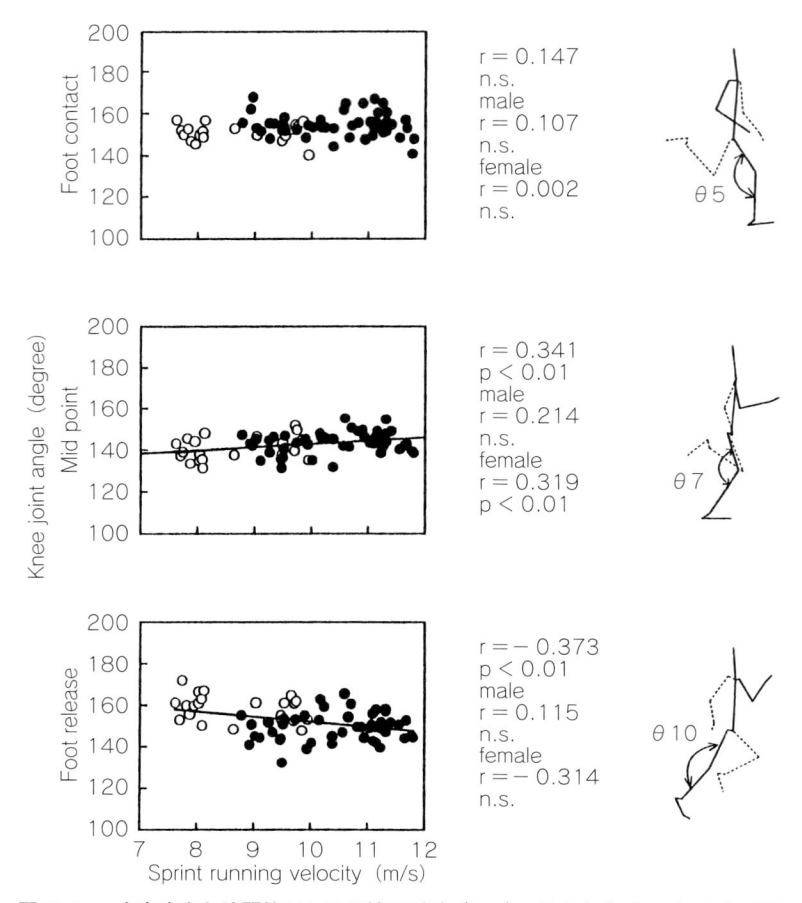

図Ⅳ-6 疾走速度と膝関節における接地瞬時（θ5），最小角度（θ7）および離地瞬時（θ10）の各角度との関係 ●男性；○女性（伊藤ほか，1998）

増加したものの3歩目，4歩目および中間疾走の間では有意な差は認められなかったことが示された．これらのことはスタートダッシュにおけるもも上げ動作はスタート後の3歩目，4歩目ですでに中間疾走とほぼ同様の特徴であったことが示唆された．

　疾走速度とキック脚の接地瞬時と離地瞬時の各下肢関節角度との関係から，スタートから疾走速度が増大することにともなって，接地瞬時の膝関節角度や足関節角度は増加し，一方，離地瞬時の膝関節角度は減少し，足関節角度には有意な変化はみられなかったことが示された．そして，接地時における膝関節や足関節の動作範囲においても，それぞれ有意に減少を示した．

　すなわち，これらのことは疾走速度の増加にともなって膝や足関節の伸展・屈曲動作の少ない動作へと変容したことを示すものであった．さらに，スタートダッシュにおける疾走速度とキック脚における各関節の最大伸展角

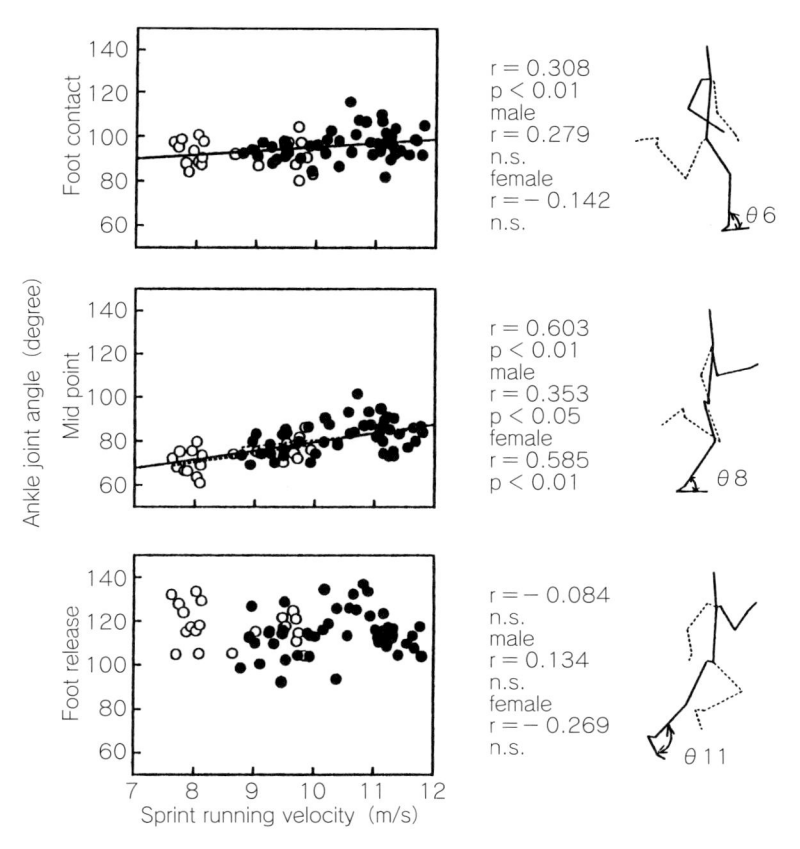

図Ⅳ-7　疾走速度と足関節における接地瞬時（θ6），最小角度（θ8）および離地瞬時（θ11）の各角度との関係　●男性；○女性（伊藤ほか，1998）

速度との関係から，疾走速度は股関節には正の，膝関節には負の相関関係がそれぞれ認められた．また，疾走速度とキック脚全体の最大スウィング速度との関係には高い相関係数（$r = 0.983$；$p < 0.001$）が得られており，このスウィング速度が疾走速度に大きくかかわっていることがわかる（図Ⅳ-3）．

高い疾走速度を得るためには股関節で高いパワーを発揮し，効率よくそのパワーを足まで伝えることが必要となる．伊藤ら（1992）は股関節の最大伸展速度を脚全体のスウィング速度に変換する際のロスの大きさとそのときの膝関節の伸展速度の関係から，膝関節の伸展速度が小さいほど変換のロスが少ないことを報告している．すなわち，一流スプリンターのスタートダッシュ動作の特徴は，膝関節の伸展動作を少なくすることによって，股関節で発揮されたパワーを効率よく足に伝えるためのキック動作であったと考えられる．

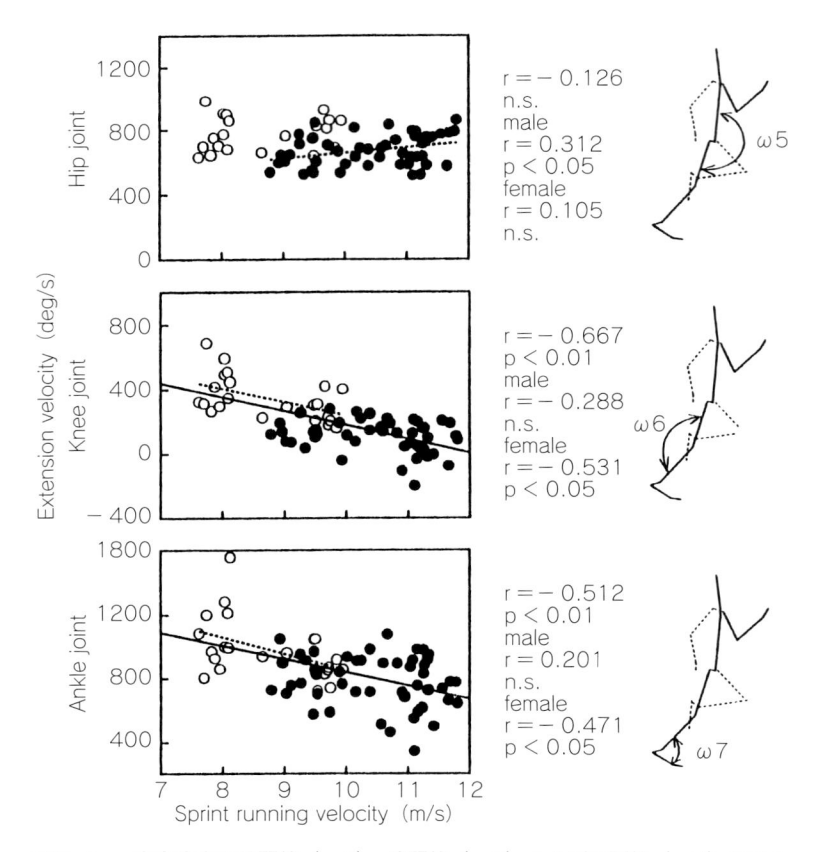

図Ⅳ-8　疾走速度と股関節（ω5），膝関節（ω6）および足関節（ω7）の最大伸展角速度との関係　●男性；○女性（伊藤ほか，1998）

2）中間疾走

　これまでの国際レベルの競技会（宮下ら，1986；伊藤ら，1994；佐川ら，1997）における男子100m走の中間地点（60m前後）の外国選手と日本選手の疾走速度，歩数，歩幅および歩幅の身長比は，それぞれ11.32m/s，10.75m/s，4.73Hz，4.76Hz，2.40m，2.26m，1.34，1.29であった．国内外スプリンターの中間疾走における歩数や歩幅はいずれも高い値であり，とくに外国選手は日本選手よりも顕著に歩幅が大きいことがわかる．

　伊藤ら（1998）は，世界，アジアおよび日本の一流から日本の大学選手を対象に中間疾走の動作を（1）スウィング脚と（2）キック脚に分けてその特徴を次のように明らかにしている．

（1）スウィング脚

　図Ⅳ-4はスウィング脚における角度と疾走速度の関係を示したものである．もも上げ角度（$\theta 1$）や振り出し角度（$\theta 3$）は疾走速度との間には関係がないことがわかる．また，引きつけ角度（$\theta 2$）は疾走速度と正の相関を

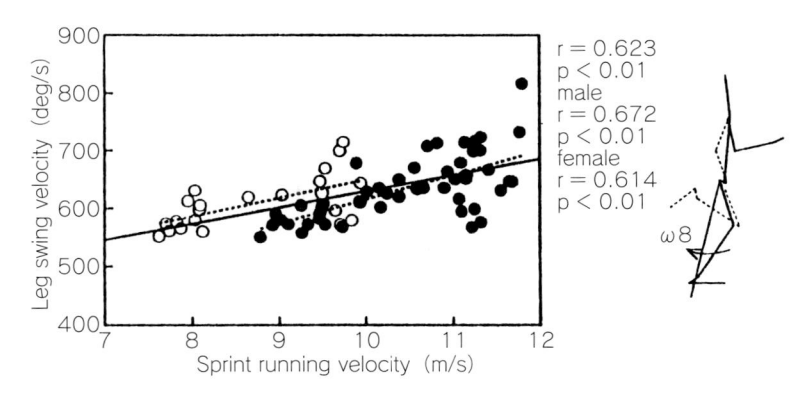

図Ⅳ-9 疾走速度と脚全体の最大スウィング速度（$\omega 8$）との関係　●男性；○女性
（伊藤ほか，1998）

示した．これらのことは必要以上なもも上げや脚の振り出しは疾走速度とは無関係であることを意味すると考えられる．また，Ito ら（1991）は大学男子選手を使った実験で，もも上げ動作は股関節の屈筋群の短縮性収縮によってなされるが，引きつけ動作とそれに続く下腿の振り出し動作は，大腿の前方スウィングの加速と減速によって引き起こされ，それぞれの動作は膝の屈筋と伸筋の伸張性収縮によってコントロールされていることを報告している．すなわち，このことはもも上げにおけるスウィング脚の引きつけ動作や振り出し動作が，膝の屈筋や伸筋によって積極的に行うものではないことを意味するものである．

図Ⅳ-5はスウィング脚に関する最大角速度と疾走速度の関係を示したものである．振り出しの速さ（$\omega 3$）はスタートダッシュの局面では歩数が増すにつれ，増加する傾向（斉藤ら，1997）を示すが，中間疾走では疾走速度と関係がないことがわかる．しかし，振り戻しの速度（$\omega 4$）では疾走速度と有意な関係が認められた．この振り戻し角速度は，スタートダッシュでもみられたように脚全体のスウィング速度とも大きくかかわっていると考えられ，スウィング脚の重要な動作のひとつであると思われる．

(2) キック動作

図Ⅳ-6は接地中の膝関節と疾走速度，図Ⅳ-7は接地中の足関節と疾走速度との関係を示したものである．疾走速度は接地中における膝関節角度の最小角度（$\theta 7$）と正の，離地瞬時の角度（$\theta 10$）とは負の有意な相関関係がそれぞれ認められている．また，疾走速度は足関節角度の接地時（$\theta 6$）と最小角度（$\theta 8$）との間にそれぞれ有意な正の相関関係が認められている．

図Ⅳ-8は接地中の腰，膝および足関節の最大角速度と疾走速度との関係を示したものである．図Ⅳ-9は脚全体の最大スウィング速度と疾走速度との関係を示したものである．疾走速度は膝関節（$\omega 6$）と足関節（$\omega 7$）の最大伸展角速度との間にそれぞれ有意な負の相関関係が認められている．これ

らの結果は，疾走速度の高い選手が接地中における膝関節や足関節の屈曲や伸展が少ないこと示している．また，中間疾走においてもスタートダッシュ同様，キック動作における脚全体の最大スウィング速度は疾走速度と高い相関関係が認められた．

　これらのことについて，伊藤ら（1998）は疾走速度の高い選手はキック動作時に膝関節の伸展動作を少なくし，股関節の伸展速度を効果的に脚全体のスウィング速度に転換する合理的なキック動作を行っていると特徴づけている．加えて，疾走速度の高い選手にみられた足関節の役割は，脚全体のスウィング速度を上げることではなく，股関節伸筋群によって発揮されたキック力を，そのまま地面に伝達するためであり，足首を固定させ，いわゆる"あそび"をなくすことによって短い接地時間に対応していたと説明している．

　ここで示した一流スプリンターの疾走能力や疾走動作の傾向は，彼らの特徴としてとらえられるであろう．一方ではそうした傾向のなかでもばらつき（個人差）があり，すべての選手が同じ特徴を有しているとは必ずしもいえない．しかし，このようなデータはスプリントに関する競技力を高めたり，タレントを発掘する上で有益な科学的知見であることには間違いないであろう．今後はこうしたデータを個人にどのように生かすのかが問題となる．すなわち，スプリント技術の原則を選手個々の問題に置き換え，個別に応じたトレーニングを実施していくことが重要なテーマになると考えられる．

V 疾走能力と素質

　一般的に「素質」とは，"生来持っている性質"で，"将来発展するための原因となる傾向"を意味しており，特殊な能力を問題にする場合に用いられる．

　競技スポーツにおいても，並外れた成績をあげる競技者には，優れた素質（生得的・遺伝的な要因）に恵まれていることが多いと考えられている．しかし，あるスポーツの素質に恵まれていても，その後の適切なトレーニングや向上心を持続させる行為など（後天的・環境的な要因）がともなわなければ，高い競技能力は得られないであろう．

　素質は，競技スポーツで優れた成績をあげるためのひとつの条件に過ぎないといえる．また，競技スポーツにおける素質が，どんなもので，どの程度競技成績に影響するかは，競技種目や目標とする競技水準によっても，人によっても異なることである．したがって，それぞれのスポーツ種目の素質を特定することは容易ではない．

　スポーツ種目と素質についてのこれまでの考察は，その競技スポーツの特性と関連して，条件となるであろう体格，体型，体力，生理的機能，精神的能力，トレーナビリティー，初期の競技水準などを手がかりにして推察されたものである．

　多くの場合，すでに卓越した競技成績を収めた競技者に共通して認められ，しかも，一般の選手や他の種目の優れた競技者たちとは異なる身体的，精神的特徴が手がかりにされている．また，近年のスポーツタレントの発掘に関する研究では，若年齢ですでに優秀な競技成績をあげているジュニア選手の特徴を手がかりに，その競技種目における素質を探ることや，その伸ばし方が検討されている．

　Vでは，これまでの報告にもとづいて疾走能力と素質について考察する．

1. 疾走能力と遺伝

　疾走能力には，他の運動能力に比べて，生得的要因のかかわりが大きいと考えられている．一卵性双生児における双子間の運動能力の類似度を調べた研究（水野，1956）は，疾走能力のような敏捷性連続運動では，遺伝的・先天的要因の支配が大きいことを報告している．

　また，幼児・児童期の疾走能力の発達を縦断的に調べた研究（Amano et al., 1983；1987；宮丸ら，1991）では，年齢の低い段階で疾走能力の高い子どもは，その後もずっと疾走能力に優れ，歩数が多く，年少時に著しく劣る子どもは，その後もずっと疾走能力が低く，歩数が少ない傾向があると報告している．これらのことは，疾走能力の優劣が年齢の低い時期からある程度決まっていて，途中で変りにくいこと，したがって，生得的な要因が関与していることを示唆している．

　2歳から成人までの疾走能力の発達を調べた多くの報告（宮丸，1975；斎藤ら，1981；加藤ら，1985；1992）では，疾走速度は年齢とともに増大し，歩幅も疾走速度とほぼ同様に増大するが，歩数（ピッチ）には2歳から成人まで年齢の増加に伴う変化は認められていない．

　このことは，疾走運動において脚を連続的に素早く動かす能力（ピッチ）の違いは，年少の頃からすでにみられることを意味しており，疾走運動での生得的要因が歩幅より歩数により多く関与していることをうかがわせる．児童を対象に，6週間のスプリントトレーニングを実施した結果（加藤ら，1989），疾走速度の有意な増大がみられたが，それは主として歩幅の増大によるものであり，歩数には変化がみられなかった．

　スポーツ競技者の主働筋の筋線維組成に関する多くの研究があるが，優れたスプリンターでは，速筋線維の比率（％FT）が高いことが報告（Costil et al., 1976；Gollnick et al., 1972；Thorstensson et al., 1977；勝田ら，1986）されている．そして，筋線維組成が遺伝的な影響を強く受けており，後天的なトレーニングによって変化しにくいこともよく知られている．最近の研究では，トレーニングの負荷によっていくらか変化するとされているが，その変化は少ないとみられる．とくに遅筋線維から速筋線維への移行の可能性については限られた報告であり，いまのところ不明である．これらのことは，疾走能力が遺伝的な影響を強く受けると考える大きな根拠になっている．スプリンターにとって生得的に速筋線維の割合が多いことが有利であり，そのことが高い成績をあげるための重要なひとつの要因であろう．

　しかし，これらの結果は，スプリンターと一般の人，あるいは，対照的に筋線維組成が異なる長距離選手との比較によるものである．

　速筋線維の占める割合が非常に高い短距離選手のみの等質集団において，筋線維組成と疾走能力との関係を調べた報告（麻場ら，1990）によれば，両者に一定の関係が認められなかった．したがって，短距離選手のみの等質集

団では，脚筋の％FT，％area FTは，短距離選手として成功するための必要条件ではあるが，加速，全速，持久疾走能力を決定する大きな要因には必ずしもならないと結論している．

この結果は，スプリンターには，いわゆる素質として，生得的に％FTが高いことが必要ではあるが，絶対的なものではなく，その素質が計画的なトレーニング（技術や意欲の向上をも含む）によって望ましい方向へ開発されなければ，高いパフォーマンスに結びつかないことを示唆している．

2. 疾走能力と人種

人種や民族グループによる違いの観点から調べられた，アメリカの子どもたちの運動発達と運動パフォーマンスについてのレビュー（Malina, 1988）によれば，黒人の男の子たちは，白人の子どもたちや，メキシコとアメリカの混血の子どもたちより一般に運動発達が進んでおり，なかでも，疾走能力と垂直跳において優れていることが述べられている．

また，最近のオリンピックや世界選手権の100mの決勝レースが，すべて黒人によって競われていることはよく知られている．

さらに，世界の100m競走の歴代ベスト50人のうち44人までが，西アフリカ系の有色民族（黒人）であることにも驚かされる．

人種は，遺伝子のかなり多くの割合が共通している生物学的に特有のグループを意味しているし，民族は，一般的に祖先を共通にしていて，文化的，社会的，生物学的に同質性を有する特有のグループのことである．したがって，疾走能力において人種や民族による違いがあるとすれば，疾走能力と素質を考察する上で興味ある問題であろう．

走能力と人種差に関する報告（Burfoot, 1992）がある．黒人が，短距離競走からマラソンまでのすべての競走種目において優位を占めるのは何故かを探ろうというものである．この中で，黒人の疾走能力における遺伝的な優越性の証拠は，2つのカテゴリーに落ち着くとしており，ひとつは，体格（サイズ，プロポーションなど）の違い，もうひとつは筋の特性（筋線維，酵素活性など）の違いをあげている．

まず，体格については，アメリカの白人と西アフリカ系の黒人の比較から，黒人は体脂肪が少なく，腰幅が狭く，大腿が太くてたくましいこと，脚が長く，すらりとしたふくらはぎをしていることなどをあげて，これらの特徴は，バイオメカニクスの立場からみても疾走運動に有利であると述べている．

筋線維組成における人種差については，カナダのフランス系白人と西アフリカ系の黒人との比較から，黒人は％FTが高く，解糖系の酵素も多いことをあげている．速筋線維の割合は，白人の平均が59％であるのに対して，黒人の平均は67.5％であり，90％以上を示す人の数も明らかに黒人の方が多いと述べている．

これらは，それぞれの人種の体格や筋の特性の特徴を比較したものである

が，疾走運動に有利な特徴を有する人が多く存在している母集団からは，より多くのエリートスプリンターが輩出することは考えられることであろう．

このことに関連して，この報告は次のようにコメントしている．「もし二つの人種間にわずかな違いがあったとすれば，それが，スポーツのパフォーマンスにドラマチックな違いを導き出すことになる．」

「例えば，二つの集団の99％が，同じ遺伝子や生物学的特性を共にしているとすると，彼らは事実上同一とみられる．にもかかわらず，もしも，その1％に生物学的な特性の違いが生ずると，あるスポーツでの成功を決定づけることになり，その人種がオリンピックのひとつの種目で，90％以上のメダルを手にすることになる．」

3．ジュニアスプリンターの特徴から

小学校1年生（7歳）から6年生（12歳）までの一般児童を対象に，疾走能力の発達を縦断的に調べた結果（宮丸ら，1991），7〜12歳まで，どの年齢においても高い疾走能力を示した子どもの特徴は，年齢の低い時期から，疾走速度が大きく，歩数と歩幅／身長が各年齢の子どもの平均値より大きいことであった．一般の児童の中で疾走能力の優れた子どもを見つけるには，歩数が大きく，身長に比して歩幅が大きいことが手がかりになるといえる．

しかし，この結果はあくまで一般の児童を対象にしたものにすぎない．そこで，児童の中でも並外れて疾走能力の高い，いわゆる，ジュニアのエリートスプリンターを調べた結果（宮丸ら，1992）から，小学生スプリンターの特徴をとらえると以下のようであった．

被験者は，全国小学生大会の100mで1〜4位に入賞した12歳の男子で，最高記録は，12" 05〜12" 58までの優れたものであった．

比較のために，同年齢の一般児童（対象群：男子 n＝35）を用いた．

1）疾走能力

実験的に行った50m走での疾走速度の平均は8.82m/sで，対象群より33％大きいもので，歩幅（平均198.3cm），歩数（平均4.46steps/s）は，ともに対象群より10〜20％大きな値であった．ジュニアスプリンターの身長，体重は大きく，同年齢児の90パーセンタイル以上に相当していた．

歩幅は身長に関係するので，歩幅／身長を求めると，その平均は1.23で対象群より11％大きかった．歩数の4.46steps/sは，一流成人スプリンターと変わらぬ高い値であった．歩数は，幼児から成人まで経年的な変化はほとんどなく，トレーニングによって変えにくいものである．

したがって，歩数および歩幅／身長の値が高いことは，ジュニアスプリンターの顕著な特徴であった．

2) 疾走動作

ジュニアスプリンターの疾走動作は，全体的に一般児童より優れているが，とくに回復期の脚の動きに顕著な違いがあった．回復期の腰，膝，足関節でのパワーをみると，一般児童より腰のパワーは約3倍，膝のパワーは約1.5倍であった．その動きの特徴は，回復期前半では大腿が大きなパワーで引き出され，後半では大腿および下腿が接地に先だって大きなパワーで引き戻されることであった．このような特徴は，これまでに報告（阿江ら1986，Ae et al., 1989）されているトップスプリンターの動きと類似しており，疾走中に大きなパワーを発揮できる疾走動作を身につけているとみられた．

3) 筋力・パワー

ジュニアスプリンターの立幅跳，垂直跳，膝関節の伸展および屈曲パワー（Cybex II），最大無酸素パワー（自転車エルゴ）の値は，いずれも一般児童に比べて著しく大きかった．なかでも，膝の伸展および屈曲のパワーが大きく，いずれも，速度が大きくなるほど対象群の値に比してより大きなパワーを発揮した．とくに，伸展パワーが顕著に大きく，30°/sでは対象群の1.8倍，60°/sでは2.7倍，180°/sでは3.5倍であった．下肢の筋力やパワー，とくに膝伸展パワーが顕著に大きいことはジュニアスプリンターの特徴であり，下肢筋の質的・量的な違いが示唆された．自転車エルゴメータによる最大無酸素パワーの平均値は，718.6Wであり対象群の1.65倍の高い値を示した．最大無酸素パワーはスプリント能力と高い相関関係のあることが知られており，この値が大きいこともジュニアスプリンターの特徴のひとつである．

4) 骨年齢

ジュニアスプリンターの成熟度を知るために，TW2法（20-bone）によって骨年齢を求めた結果，暦年齢の平均が12.39歳であるのに対して骨年齢の平均は15.75歳であり，暦年齢より約3歳成熟が進んでいた．

5) MRIによる大腿の筋の形態

オリンピックで入賞した日本を代表するトップスプリンター，ジュニアスプリンターおよび対象群の子どもの大腿部の横断像と大腿の筋横断面積を比較してみると（図Ⅲ-4, p.136参照），成人スプリンターでは主働筋である大腿の筋が非常に発達しているのに対して，ジュニアスプリンターでは形態的にも量的にも違いがみられ未発達であった．しかし，対象群の一般児童では筋量が少なく脂肪がおよそ半分を占めているのに対して，ジュニアスプリンターの大腿の筋はよく発達しており顕著な違いがみられた．このことは，ジュニアスプリンターが筋力・パワーに優れ，高い疾走能力を発揮できる要因のひとつが，このような大腿の筋の形態的・量的発達であることを示唆している．

以上のような結果から，ジュニアスプリンターの特徴は，①疾走時の歩幅，

歩数が大きいこと，とくに，トレーニングによって変えにくいとみられる歩数が，年少時から大きいこと．②疾走動作が優れていること．③筋力，パワー，無酸素的パワーが大きいこと．④同年齢の児童に比べて大腿の筋量が多いことなどであり，疾走能力と素質の問題を考える上で，いくらかの手がかりになりそうである．

ゴルフやテニスなどの競技と比べて，短距離競技のパフォーマンスには，競技者自身の身体資源の大小や適否がよりダイレクトに反映することは確かであろう．それだけに，トップスプリンターたちには，生来，ほかの人とは特に違う何か，すなわち，その競技に有利な身体資源，あるいは，その競技に適した素質に恵まれていることが必要である．これまでの考察にみられたように，形態的な特徴，疾走動作，歩数，歩幅などの技術的な特徴，筋力・パワー，無酸素的パワーなどの体力的な特徴，主働筋の量的・質的な特徴など，スプリンターとして成功するには，多くの優れた特徴が求められる．しかし，これらの特徴がどの程度素質に依存するのか，同時に，どれくらいトレーニングによる影響が関与するのかについて断定することは困難であろう．

例えば，生得的に速筋線維比率が高く，素質に恵まれていたとしても，過度の持久的トレーニングを繰り返せば，結果的には速筋線維の遅筋線維化を招き，筋の爆発的なパワー発揮能力が失われることになるであろう．したがって，疾走能力の素質を特定することはきわめて難しいと言わざるを得ないが，極めて短時間に，素早い動作を反復し，しかも，爆発的に強い力を出さねばならないという短距離競技の特性に依拠して，あえてあげるとすれば，①速筋線維比率が高いこと，②速い筋収縮速度において大きな力を発揮できる能力があること，③年少時から疾走における歩数（ピッチ）が大きいことではなかろうか．

VI 疾走能力と筋の発達特性

　疾走能力は，他の競技能力に比べて筋の形態や代謝能力がパフォーマンスに直接的に反映されやすいという特徴を持っている．それゆえ，多くの研究が陸上競技の短距離選手を中心に，下肢の筋形態や筋力を検討してきた．しかしながら，多くの研究は必ずしも明確に疾走能力の規定要因として下肢の筋の発達状態が関与することを証明するのに成功しなかった．もちろん，一般人との比較あるいは短距離選手内でのパフォーマンスの相違による差については検出されてきたが，それらの関係は他の種目でも認められるものであり，疾走能力に限ったものではなかった．

　それに対して，筆者らはこれまで疾走能力に対する明確な規定要因を検出できなかった理由として，①平均値を求めるあまり研究対象が必ずしも一流選手ではなかったこと，②従来の測定法を踏襲したため競技特性に合致した検討がなされなかったことがあげられると考え，①については被験者としてトップスプリンターを対象にすること，また②についてはMRIを用いて股関節および大腿部の筋の形態を詳細に検討することを試みてきた．

　そこで，VIではこれまでに得られた知見を基に，筋の発達特性からみた疾走能力の規定要因について考察する．

1．陸上競技短距離選手の大腿部の筋の発達特性

1）他の競技種目との比較から

　各競技種目の男女一流選手の大腿部をMRIにより連続的に十数枚撮影し，一画像ずつの筋横断面積を筋群別に計測し，それぞれの面積をカラムにして示したのが図VI-1である．この図に示されているそれぞれのカラムは，大腿部における骨や脂肪を除いた筋のみの形態とみなすことができる．特徴の一例として，男子の陸上競技選手（日本ランキング10位以内）とサッカー選手（全日本代表選手）を比較すると，大腿における上部の筋横断面積につ

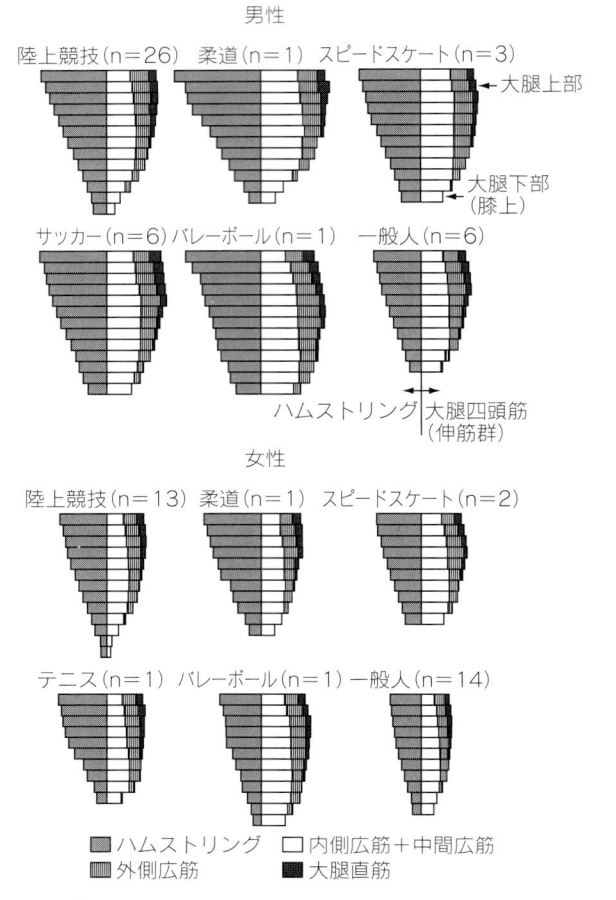

図Ⅵ-1　各競技種目における男女一流選手の大腿部の筋形態（久野，1999）

いては両群に大きな差は認められないが，下部（膝側）ではサッカー選手の方が明らかに多くの筋量を示している．

これは，直線的に走ることの多い陸上競技選手とさまざまな方向への走行やキック動作が求められるサッカーとの競技特性の相違が反映されたものと考えられる．

2）スプリンターの疾走能力と下肢筋量との関係

前項で，陸上競技選手はサッカー選手に比べて膝の上あたりの筋量が明らかに少ないことを述べた．これは，疾走動作中の大腿部の動作様式をスイング動作と考えると理解しやすい．上部が太く下部が細いほど速いスイング動作を行うのには有利になることは明らかであり，競走馬の脚の形態をみればそのことを納得するのは容易である．

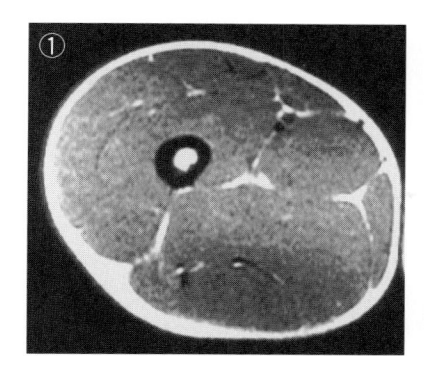

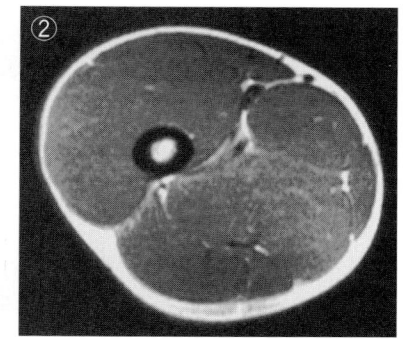

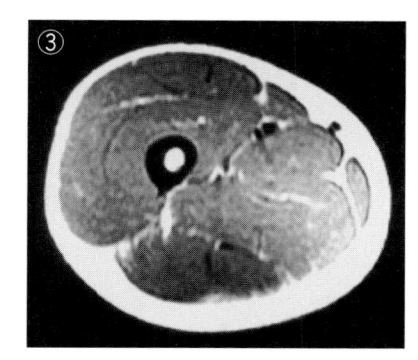

図Ⅵ-2　男子トップスプリンターの大腿部MRI
　　　　（一般人との比較）
（久野，1999）
① 100m　10秒33
　　身長　175cm
　　体重　76kg
② 100m　11秒50
　　身長　176cm
　　体重　65kg
③ 一般学生
　　身長　174cm
　　体重　62kg

　さて，スプリンターの特徴はそれだけであろうか？
　図Ⅵ-2は，100m走パフォーマンスが日本のトップレベルに到達している被験者と現在発展途上である被験者に加えて，同世代の一般人における大腿上部（70％部位）のMRI横断画像をそれぞれ示している．
　この図から視覚的に認識できる明らかな違いは，①全体の筋量はいずれのスプリンターも一般人より明らかに多く，皮下脂肪量は少ないという傾向を示すが，スプリンター内で比較すると，タイムの良い被験者の方がより多い筋量を示す．②大腿部における伸筋群と屈筋群を比較すると，いずれのスプリンターにおいても屈筋群の筋量がより多いことである．
　そこで，実際にスプリントパフォーマンスに大腿部におけるどの部分の筋量が強い影響を与えているのかについて検討を試みた．大学の陸上競技部に所属する男子スプリンター（100m平均タイム11.20 sec，10秒台3名を含む）の大腿部MRIを撮影し，伸筋群として大腿四頭筋を，屈筋群としてハムストリングと内転筋群をそれぞれ同定し，大腿上部と中央部の筋横断面積を求め，疾走速度との関係を検討したのが図Ⅵ-3である．
　その結果，疾走速度と筋横断面積の間に強い関係が認められたのは屈筋群を構成するハムストリングと内転筋群のみで，伸筋群である大腿四頭筋との間には関係を認めることができなかった．さらに興味深いことは，関係が認

188   VI　疾走能力と筋の発達特性

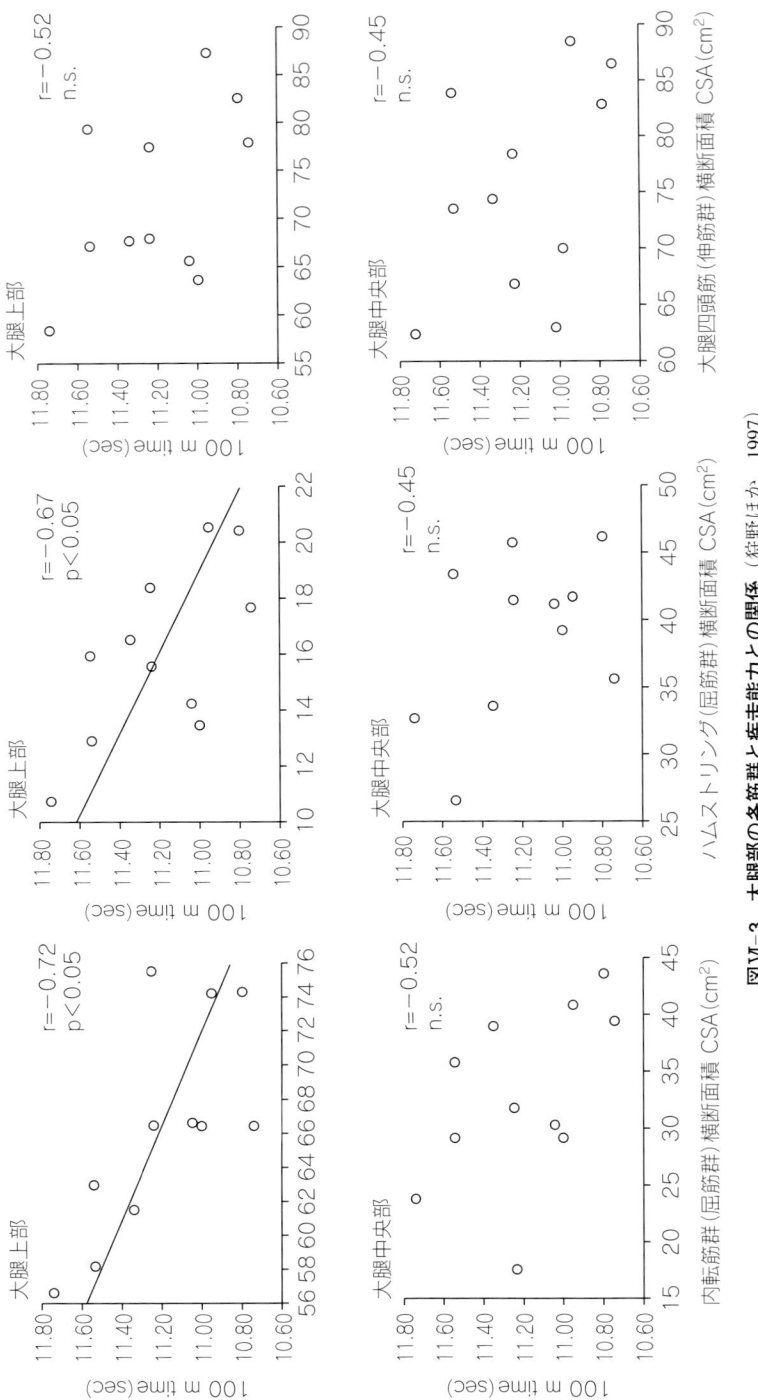

図VI-3　大腿部の各筋群と疾走能力との関係（狩野ほか，1997）

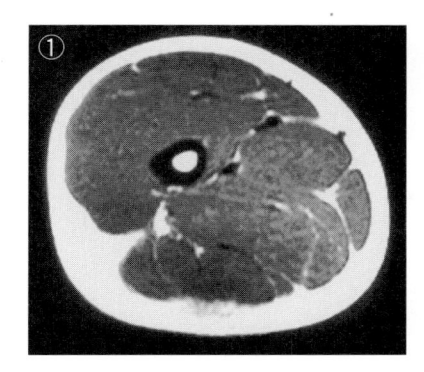

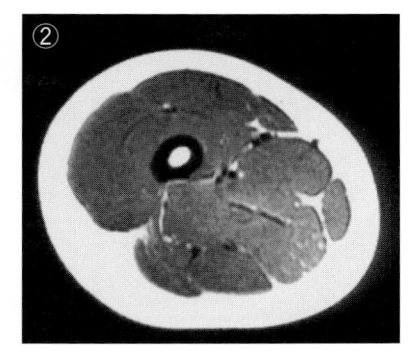

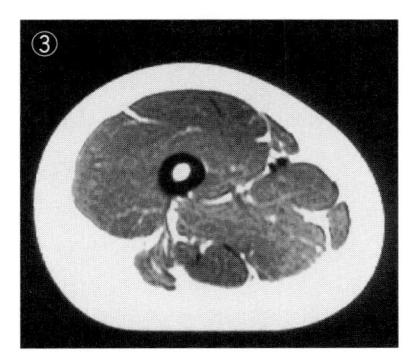

図Ⅵ-4 女子トップスプリンターの大腿部MRI
（一般人との比較）（久野, 1999）
①100m 11秒81
　身長　158cm
　体重　52kg
②100m 13秒20
　身長　161cm
　体重　53kg
③一般学生
　身長　157cm
　体重　51kg

められた屈筋群の2つの筋では，いずれも大腿上部である70％部位のみにおいて疾走速度との関係が認められ，大腿長の中央部にあたる50％部位ではその関係が消失していた．これらの結果を整理すると以下のようである．①大腿部の伸筋群と屈筋群を比較した結果から，疾走速度により直接的な影響を及ぼすのは伸筋群ではなく屈筋群における筋量である．②同一筋における大腿長の中央部と上部の疾走速度への貢献度という観点からみると，それは同等ではなく上部の筋量の発達の状態が疾走速度に強い影響を及ぼす．

3）男女差

図Ⅵ-4は，図Ⅵ-2の男子の場合と同様に女子スプリンターと一般女性の大腿部のMRIを比較して示している．男子と同様に，パフォーマンスレベルにかかわらずいずれのスプリンターも一般人に比べてより多い筋量が保持されていることが示されている．また，パフォーマンスが異なるそれぞれの被験者を比較すると，視覚的により高いパフォーマンスの被験者の筋量が多く，皮下脂肪量の少ないことが特徴的である．

現在のところ，男女の100m競走における日本と世界とのレベル差は，明らかに男子の方が縮まっている．逆に言えば，素質という点を考えないことにすると女子のトレーニングがうまくいっていない可能性が考えられる．図

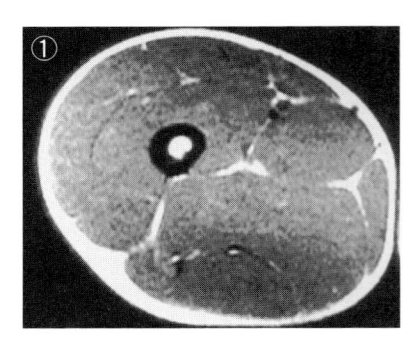

①男子一流スプリンター
　100m　10秒33
　世界記録に対して　95.3％
　日本記録に対して　97.6％

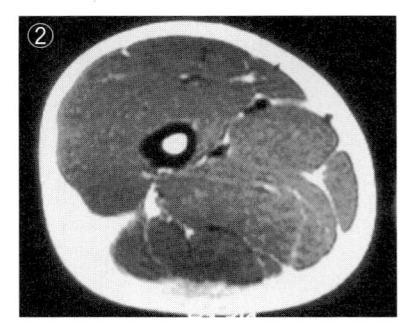

②女子一流スプリンター
　100m　11秒81
　世界記録に対して　88.8％
　日本記録に対して　97.2％

図Ⅵ-5　一流男女スプリンターの大腿部MRIの比較（久野，1999）

　Ⅵ-5は，わが国の男女一流スプリンターの大腿部MRIと，それぞれの選手の測定時までのベスト記録と世界記録および日本記録との比較を示しているが，女子の方が世界レベルとの差が大きいことがわかる．この男女のMRIを主観的に評価すると，女子選手の筋の未発達と皮下脂肪量の多さを指摘せずにはいられない．しかしながら，一定レベルの女子スプリンターが，トレーニングによって屈筋群の筋量を増加させ，皮下脂肪量を減少させることによってパフォーマンスが改善されるかどうかについての検討は依然としてなされていない．これは重要な研究課題と言えよう．

2．陸上競技短距離選手の股関節筋群の発達特性

1）なぜ大腰筋に着目したか

　ヒトには上半身と下半身をつなぐ筋はひとつしか存在しない．それを大腰筋という．筆者らが大腰筋の筋量と疾走速度との関係に着目したきっかけは，1992年のバルセロナオリンピックの400m走で日本人として初めてファイナリストとなった短距離選手の腹部MRIを撮影したことにさかのぼる．オリンピック直後に，彼が筋線維組成を推定して欲しいという希望でわれわれの研究室を訪れた時，今では当たり前のMRIのスピード撮影が当時導入されたので，腹部の画像を撮影した（腹部は呼吸のアーチファクトがあるので，当初は良い画像を得にくい部位であった）．

　そのとき，その選手の大腰筋の大きさに圧倒されたことを今でもよく覚えている．そして，世界的に活躍したこの選手の大腰筋が太いことから，きっと大腰筋が速く走ることと関係があるはずだと考えた．

　そして大腰筋の機能を調べたところ，この筋は股関節の屈曲（脚の引き上

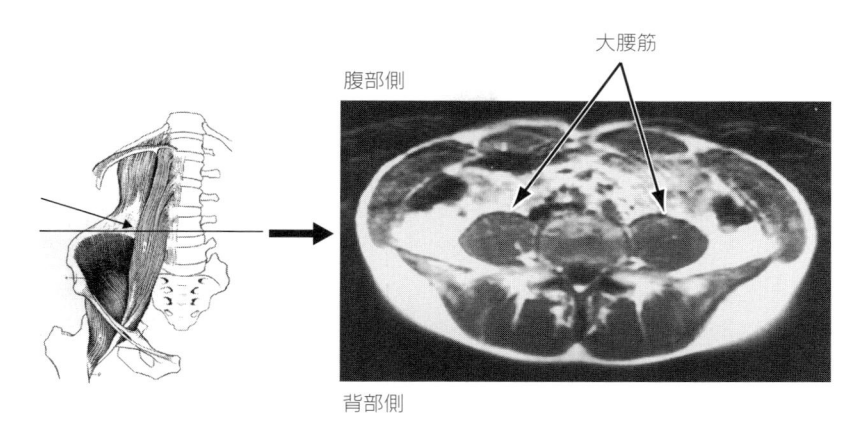

図Ⅵ-6 大腰筋の形態とMRI像（久野，1998）

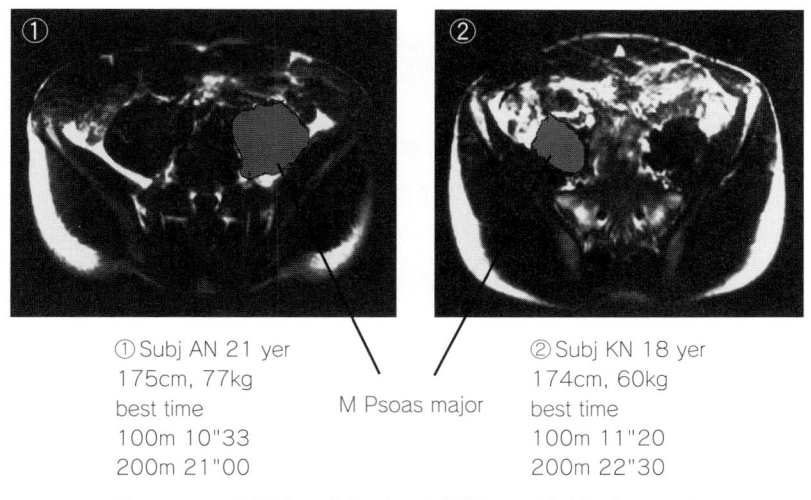

①Subj AN 21 yer
175cm, 77kg
best time
100m 10″33
200m 21″00

M Psoas major

②Subj KN 18 yer
174cm, 60kg
best time
100m 11″20
200m 22″30

図Ⅵ—7 一流男子スプリンターの腹部MRI（久野ほか，1999）

げ動作）の主働筋であることが判明した．さらに文献研究を進めていくと，高速度ビデオカメラおよびフォースプラットホーム等のバイオメカニクス的な手法を用いた一流選手の動作分析から，より速く走るためには股関節のスイング動作によって推進力を増していることが明らかになった．大腿部の筋形態のところでも示したが，走運動で脚に合理的に力を伝えるには末端の筋量が少なく，体幹（中心部分）に近いほど筋量の多いことが効率的であり，このことが高いパフォーマンスを得ることにつながると考えられる．しかしながら，動作分析という手法によって高いパフォーマンスを発揮するためには股関節の役割が重要であることは認められているが，その動作を司る筋そのものの評価はまったくなされていないのが当時の現状であった．

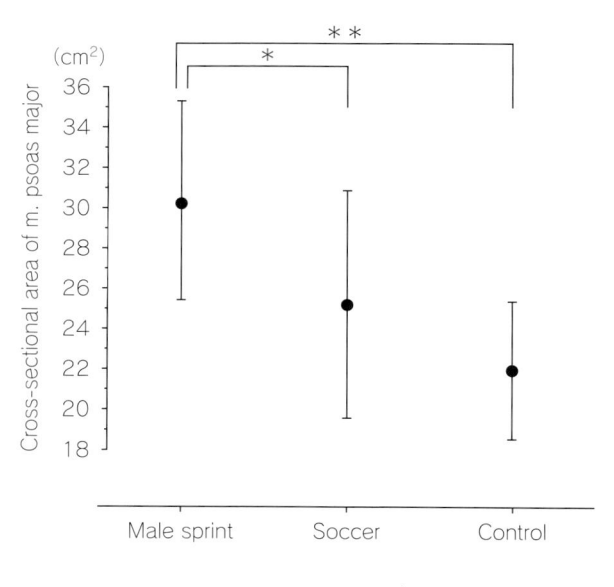

*p＜0.05, **p＜0.01

図Ⅵ-8 競技種目による大腰筋横断面積の違い（久野ほか，1999）

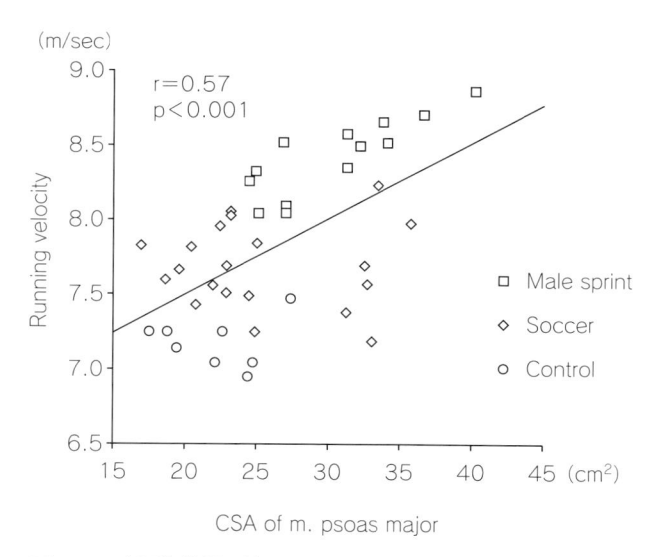

図Ⅵ-9 大腰筋横断面積と疾走速度との関係（久野ほか，1999）

2）大腰筋の筋量と疾走速度との関係

図Ⅵ-6は，大腰筋とそのMRIの例を示している．大腰筋の筋量と疾走速度との関係を検討するために，男女の短距離選手を対象としてMRIにより腹部の横断画像を撮り，大腰筋の横断面積を算出した．さらに，陸上競技の

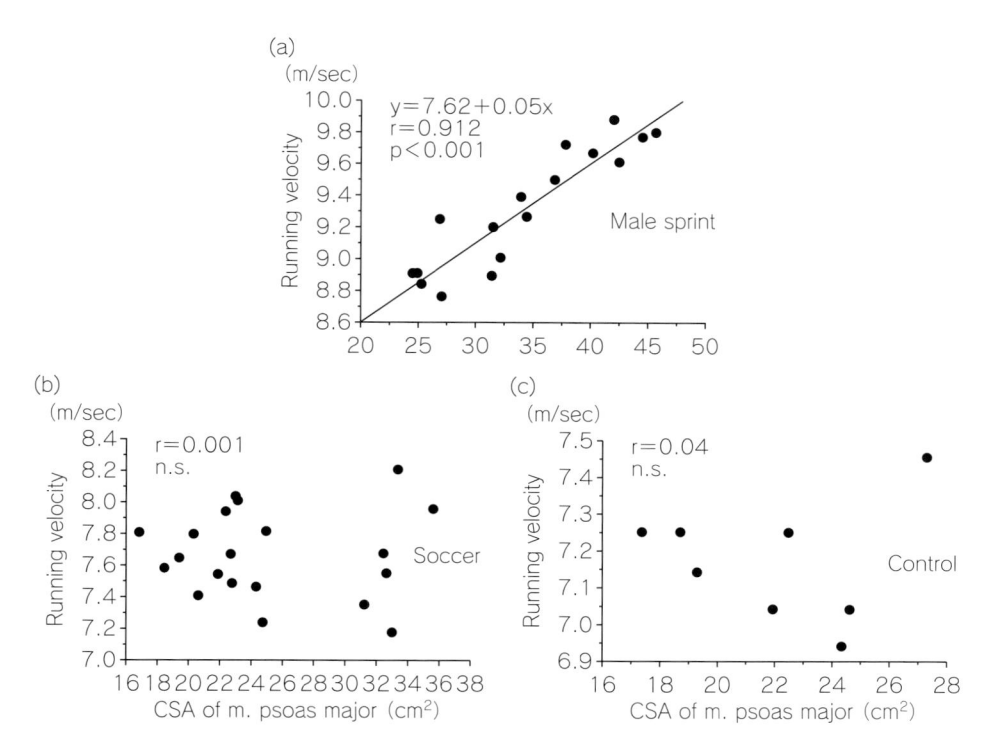

図Ⅵ-10 競技種目別にみた大腰筋横断面積と疾走速度との関係（久野ほか，1999）

選手において特異的な要因であるかどうかを併せて検討するために，スプリント以外の運動種目群としてサッカー選手を被験者として用いた．また，コントロール群として日常の身体活動以外にトレーニングを行ったりスポーツ活動をしていない学生を用いた．

これらに加えて，ジュニア短距離選手も対象とした．ジュニア短距離選手群は，100m，200mを専門種目とする中学，高校の短距離選手であり，全員が小学6年生時に全国大会において100mの決勝に進出した一流ジュニアスプリンターであった．

図Ⅵ-7は，男子一流スプリンターとパフォーマンスとしては発展途上にあるスプリンターの腹部MRIである．横断像の腰椎の左右に位置する円形状の筋が大腰筋である．視覚的に明らかに一流スプリンターの大腰筋の発達度が著しいことが確認できる．そこで，男子のスプリンター群，サッカー群および一般群の大腰筋横断面積を比較したところ，図Ⅵ-8のように，スプリンター群がサッカー群および一般群に比べてより大きな値を示したのに対し，サッカー群と一般群の間には差を認めることができなかった．次に，この3群をひとつの集団として扱い，大腰筋横断面積と疾走速度の関係を検討したところ，図Ⅵ-9のように有意な正の相関関係が認められた（$r=0.57$）．

このことは，一般的傾向として大腰筋の筋量が多いほど速く走れるという可能性を示すものである．

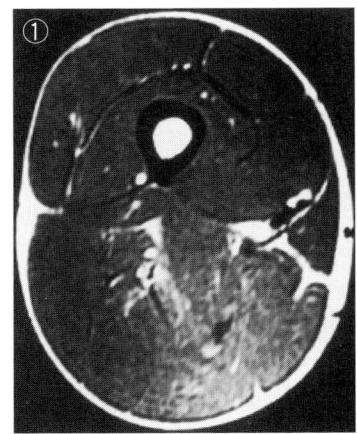

①Subj. S.T.
100m 10"41
身長　178.0cm
体重　69.0kg

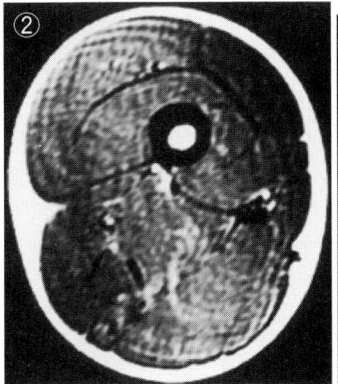

②Subj. Y.M.（12yrs）
100m 12"58
身長　158.1cm
体重　50.5kg

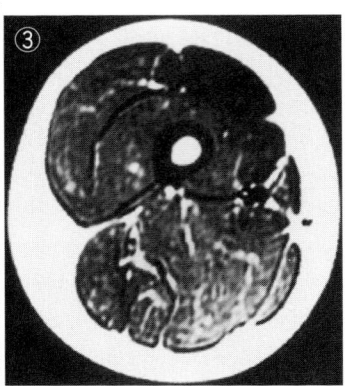

③Subj. K.O.（12yrs）
Control
身長　157.6cm
体重　47.5kg

図Ⅵ-11　成人およびジュニアスプリンターの大腿部MRIの比較（久野，1997）

　しかしながら，非常に興味深いことに，3つの群をそれぞれ単独の群として大腰筋横断面積と疾走速度の関係を検討したところ，図Ⅵ-10のように唯一スプリンター群のみが両者の間に強い関係を認めたのに対し，残りの2群はまったく関係を認めない結果となった．しかも，スプリンター群の相関係数は，前述した3群を同一集団として扱ったときより高いものであった（r＝0.912）．このような大腰筋横断面積と疾走速度との関係は，ジュニア短距離選手群および女子スプリンター群においても同様に認められるものであった．

　筆者らの研究において注目すべき点は，スプリンターのみにおいて大腰筋の横断面積と疾走速度との間に強い正の相関関係が認められたことである．

　大腰筋の主要な役割は股関節の屈曲である．疾走時，脚は交互に前方に振り出される．1本の脚の動きからみれば，大腿を伸展から屈曲へ切り換えなければならない．このときに大腰筋が最も大きな貢献をするものと考えられる．

　高速での疾走中に，脚の切り換え局面で大きな負（伸張性）のパワーを発揮することは，その切り換えを促進することになり，特に高いレベルでピッチを維持するのに貢献することが期待されると考えられる．そのために，大腰筋横断面積と疾走速度との間に高い相関関係が得られるものと思われる．

3．疾走速度への筋線維組成と筋量が果たす役割

　　　これまで疾走速度に重大な影響を与える筋の因子として筋線維組成がよく

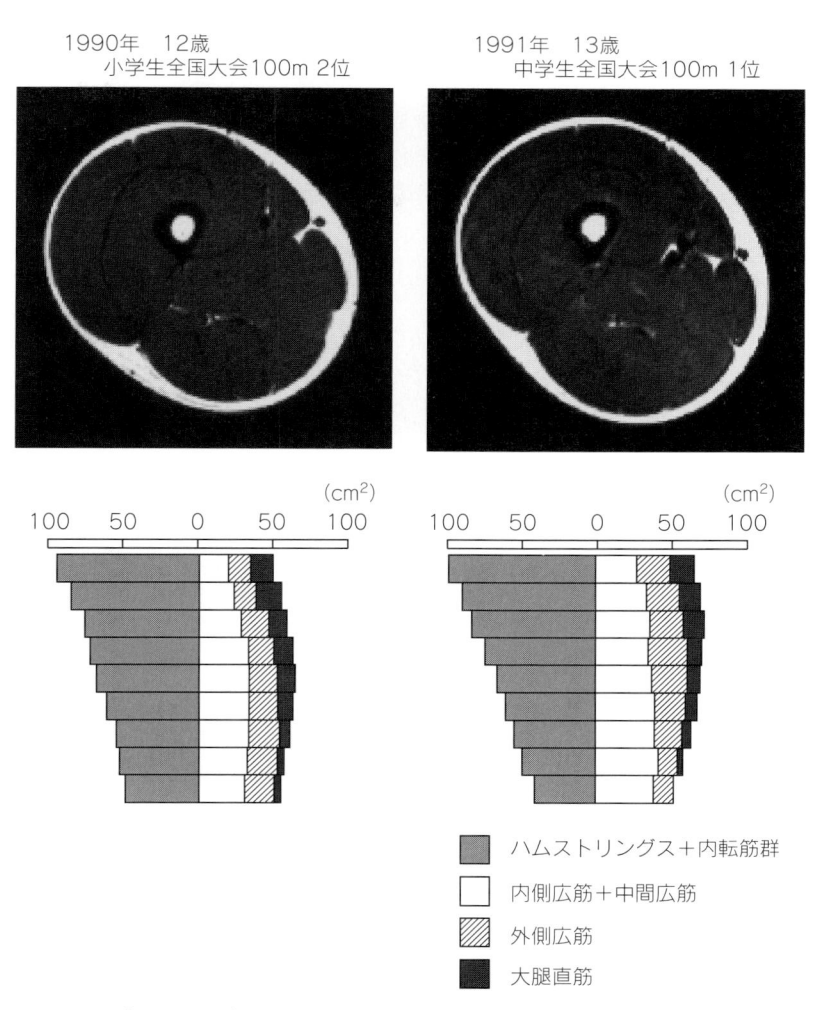

1990年　12歳
小学生全国大会100m 2位

1991年　13歳
中学生全国大会100m 1位

■ ハムストリングス＋内転筋群
□ 内側広筋＋中間広筋
▨ 外側広筋
■ 大腿直筋

図Ⅵ-12　一流ジュニアスプリンターの12歳および13歳時の大腿部MRIと大腿部の筋横断面積（久野，1997）

取り上げられてきた．事実，一流のスプリンターの資質として大腿部の筋線維組成がより速筋型であることは必要であろう．しかしながら，スプリンターのみの集団を用いて筋線維組成と疾走速度との関係を検討した麻場ら（1990）の研究によると，両者の間には一定の関係がないことを報告している．したがって，筋線維組成はスプリンターにとって必要条件ではあるけれども，十分条件にはなりにくい要因といえるかもしれない．しかもヒトの場合には，筋線維組成は現状のところトレーニングによって大きな変化は起きにくいとされている．これとは対照的に，筋量はトレーニングによって容易に変化させることが可能な要因である．

　筋線維組成とは異なり筋量は，スプリンターのみにおいても疾走速度と一

定の関係を持つ筋が実在するわけである．したがって，トレーニングの現場では，いかに有効なトレーニング法を構築していくかが重要となるが，疾走速度に強い影響を与え，しかもトレーニングによって容易に変えることができる筋量を適切に評価し，それに基づいたトレーニングメニューを作成することは競技力向上という観点から非常に重要といえよう．

4．ジュニア短距離選手の筋特性

図Ⅵ-11は，一流成人スプリンター，小学校6年生の一流ジュニアスプリンター，および同年齢の一般的な児童の大腿部MRIを比較して示している．

ジュニアスプリンターは，全筋量という点で明らかに成人スプリンターより少ない量を示している．一方，同年代のコントロール群との比較では非常に興味深い結果が示されている．両者の大腿部の筋における全横断面積，あるいは，周径にはほとんど差が認められないが，筋と脂肪の組成という観点でみてみると，ジュニアスプリンターは筋量が多く皮下脂肪量が少ない．それに対して，コントロール群は逆の形態を示し，筋量が少なく皮下脂肪量が多いのが特徴である．

図Ⅵ-12は，同一人物である一流ジュニア・スプリンターの小学校6年生時と中学校1年生時の大腿の筋の発達を示している．左図は小学校6年生時，右図が中学校1年生時の大腿部のMR画像である．小学校6年生時では，形態的にも量的にも明らかに成人スプリンターと異なるが，1年後には大腿全体の筋量が増加し，大腿上部が太く下部が細い，成人スプリンターの特徴に近づいている．この被験者は，12～13歳の間にマシンを用いた専門的な筋力トレーニングを行っていない．それにもかかわらず13歳の時にはすでに一流スプリンターと類似した筋形態を有したということは，日頃の走トレーニングの結果と考えるべきか，それともスプリンターに適した筋形態を遺伝的に持ち合わせていたと考えるべきか現時点では明らかではないが，この現象そのものは非常に興味深いものである．

図Ⅵ-13は，ジュニアスプリンター群と同年代のコントロール群の大腿筋の発達的変化を比較して示している．

左側の図は，両者の大腿四頭筋の部位別の筋横断面積を年代別に示している．図中に示してはいないが，同時期に検討したジュニアのスケート選手は，どの年代においてもコントロールと比較して高い値を，ジュニア・テニス選手はコントロールと比較して低い値（14，15歳時）を示した．また，16歳時と成人を比較すると16歳時の筋量は明らかに少なく，16歳から成人にかけて急激な筋量の増加がみられた．

つまり，ジュニアのスケート選手とテニス選手は16歳の時点において，筋の発達は十分ではないことを示している．これに対して，ジュニアスプリンターにおける大きな特徴は，16歳の時点で大腿四頭筋においてはどの部位も成人とほぼ同レベルの筋量を有していることである．

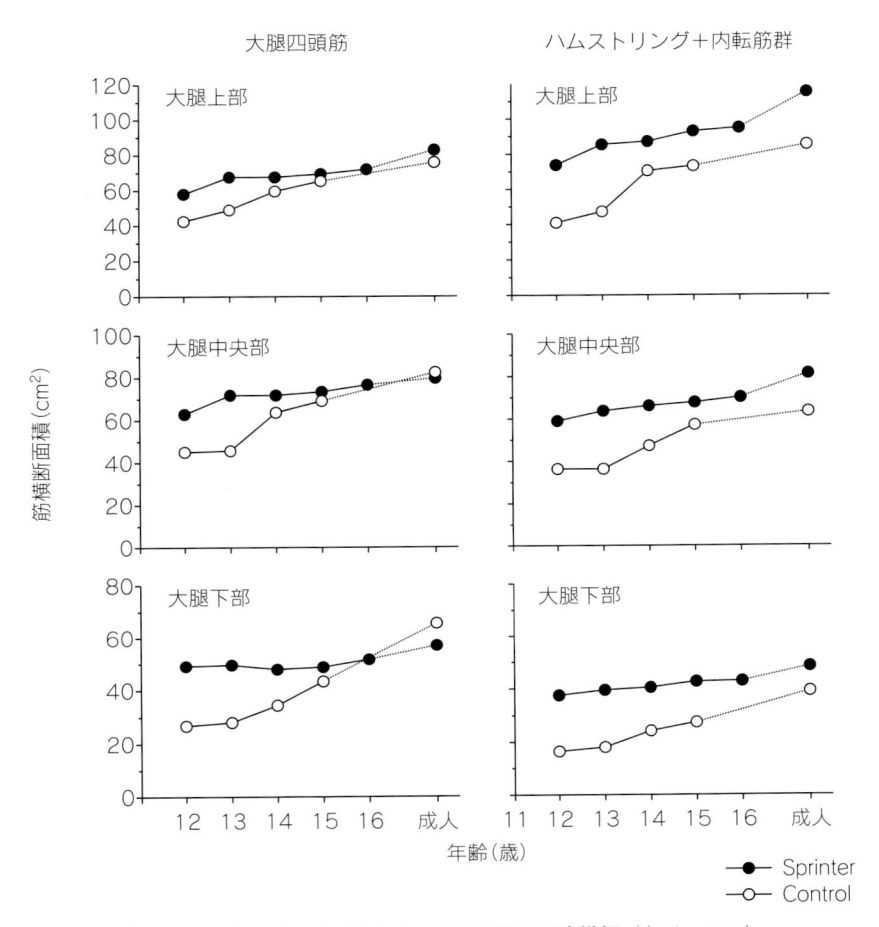

図VI-13 ジュニアスプリンターの大腿筋の発達様相 (久野, 1997)

図VI-13の右側は，上から各部位におけるハムストリングス＋内転筋群の筋横断面積を示している．ジュニアスプリンターは，どの部位においてもコントロール群と比較して非常に大きい筋横断面積を示している．

また，ジュニア・スプリンターとテニスやスケートの選手と比較すると，大腿四頭筋は他競技の選手とにおいて比較的差が少ないのに対して，ハムストリングスおよび内転筋群については12〜16歳のどの部位においてもスプリンターが最も大きな筋を有していた．16歳時のスプリンターと成人スプリンターを比較してみると，70％・50％部位においては著しい筋量の増加が認められたが，30％部位では横断面積の増加がほとんど認められなかった．これらのことから，ジュニア・スプリンターにおける大腿後面の筋群は大腿四頭筋と比較してより未発達であり，それが成人スプリンターとの筋からみた大きな相違点といえる．

したがって，ジュニア期からシニア期への移行期において，特に大腿屈筋

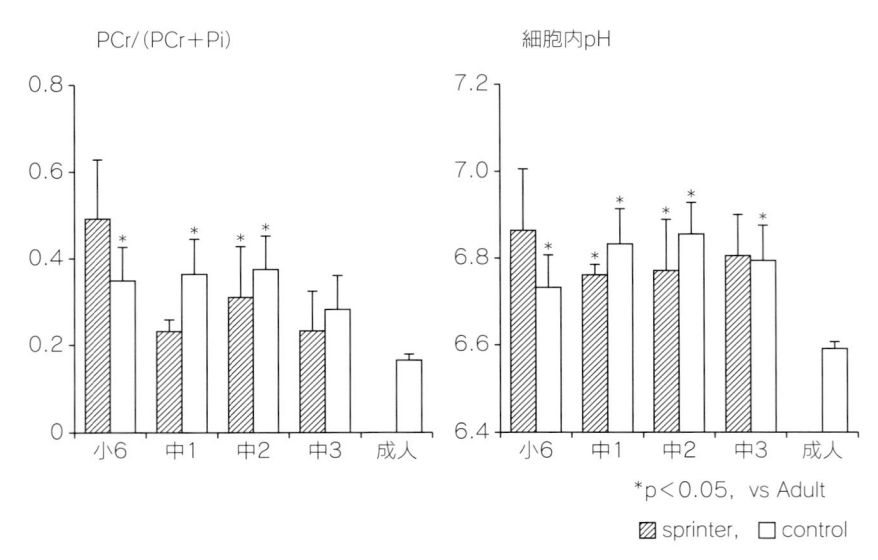

図VI-14　ジュニアスプリンターの筋エネルギー代謝
　　　　疲労困憊時のPCr/(PCr＋Pi) と細胞内pHの値から
（Kuno, et al. 1995）

群の筋量を増すようなトレーニングが重要となるであろう．

5. ジュニアスプリンターにおける筋代謝特性

　ここまで疾走能力と下肢筋の形態との関係について詳細に示してきたが，ここではジュニアスプリンターにおける疾走中の筋のエネルギー代謝について考察する．筋のエネルギー代謝については，これまで筋生検を行って得られた筋組織を生化学的に分析しない限り検討できなかったため，一流選手，ましてや子どもに関するデータは非常に少ないのが現状であった．それに対して，^{31}P MRS法という方法は，MRIと同様な装置を用いることによって筋組織内のリン化合物に磁気をあてるだけでその振る舞いを追いかけることができる（切開などをともなわない）．

　具体的には，安静時のみならず運動中の筋組織内のATP，PCr（クレアチンリン酸），Pi（無機リン酸）および筋内pHを得られるのである．

　そこで，筆者らは^{31}P MRS法を用いてこれまで明らかにされていないジュニアスプリンターの筋の代謝特性について検討した．

　図VI-14は，MR内での膝伸展漸増運動を行ったときの疲労困憊時におけるPCr/(PCr＋Pi) と筋内pHを小学校6年生から中学3年生までのスプリント群とコントロール群を比較して示している．また，子どもの特性を検討するために成人の値も示している．なお，この方法から得られるパラメーター

であるPCr/(PCr＋Pi)は運動中のミトコンドリアの酸化的能力を，筋内pHは解糖系の動員の様相を表すといわれている．

　まず前者についてみてみると，ジュニア群のいずれも成人に比べてこの比が低下しにくい傾向を示した．また，ジュニアの2つの群の間には大きな差違は認められなかった．筋内pHについてもほぼ同様な傾向が認められた．

　この結果は，疲労困憊まで追い込まれているにもかかわらずジュニア群は成人群とは異なり解糖系の動員率が低く，そのためそれが疲労困憊に陥った原因とはなり得ないことを示している．さらに興味深いのは，ジュニア群においてスプリンター群とコントロール群の間に明確な差が認められなかったことである．これまでに示してきたように筋量の比較では明らかにスプリンター群がより多い状態を示している．それにもかかわらず筋エネルギー代謝では差が認められない．この結果は，この年代には乳酸耐性能を向上するようなトレーニングをあまり必要としていないことを示唆するものである．

文　献

1) 阿江通良, 宮下　憲, 横井孝志, 大木昭一郎, 渋川侃二 (1986) 機械的パワーからみた疾走中における下肢筋群の機能および貢献度. 筑波大学体育科学系紀要 9 : 229-239.
2) Ae M, et al (1989) Change in function of the lower limb muscles in 100m sprint. Congress Proceedings of XII ISB Congress at UCLA. pp. 131.
3) 阿江通良, 鈴木美佐緒, 宮西智久, 岡田英孝, 平野敬靖 (1994) 世界一流スプリンターの100mレースパターンの分析 —男子を中心に—. 佐々木秀幸, 小林寛道, 阿江通良 監修. 世界一流陸上競技者の技術. ベースボールマガジン社 : 東京, pp. 14-28.
4) Amano Y, Hoshikawa T, Toyoshima S and Matsui H (1983) Longitudinal study of running of 58 children over a four-year period. In: Matsui H and Kobayashi K (Eds.) Biomechanics VIII-B, Human Kinetics: Champaign, pp. 663-668.
5) Amano Y, Hoshikawa T, Toyoshima S and Matsui H (1987) Longitudinal study of running in children over 8-year period. In: Jonsson B (Eds.) Biomechanics X-B, Human Kinetics: Champaign, pp. 819-824.
6) 天野義裕, 星川　保, 松井秀治 (1984) 走運動におけるよい動作とは？. 星川　保, 豊島進太郎編. 第7回日本バイオメカニクス学会大会論集. 走・跳・投・打・泳運動における "よい動き" とは. 名古屋大学出版会 : 名古屋, pp. 42-45.
7) 天野義裕 (1985) 走動作の習熟. 体育の科学 35 (2) : 115-121.
8) 青木純一郎, 高岡郁夫 (1987) 骨年齢と形態および機能とその関係. 昭和62年度日本体育協会スポーツ医・科学研究報告 No. IV　青少年の体力に関する日中共同研究 —第2報—. pp. 112-123.
9) 麻場一徳, 勝田　茂, 高松　薫, 宮下　憲 (1990) スプリンターの疾走能力と外側広筋の筋線維組成および筋毛細血管分布との関係. 体育学研究 35 : 253-260.
10) 浅見俊雄 (1985) 発育・発達とトレーニング. スポーツトレーニング. 朝倉書店 : 東京, pp. 131-143.
11) 朝岡正雄 (1980) スポーツ運動の学習位相に関するモルフォルギー的考察. 筑波大学体育科学系紀要 12 : 65-72.
12) Beunen G, Ostyn M, Simons J, Renson R and Van Gerven D (1981) Chronological and biological age as related to physical fitness in boys 12 to 19 years. Annals of Human Biology 4: 321-331.
13) Blimkie CJR, Roche P and Bar-Or O (1986) The anaerobic-to-aerobic power ratio in adolescent boys and girls. In: Rutenfranz J et al (Eds). Children and Exercise 12, International series on sports sciences vol. 17. Human Kinetics: Champaign, pp. 31-37.
14) Brožeck J, Grande F, Anderson JT and Keys A (1963) Densitometric analysis of body composition: Revision of some quantitative assumption. Ann. N. Y. Acad. Sci. 110: 113-140.
15) Burfoot A (1992) White men can't run. Runner's World, August: 89-95.
16) Clark J, et al (1989) Changing patterns of locomotion: From walking to skipping. In: Woolacott MH et al (Eds). Development of posture and gait across the life span. University of South Carolina Press, pp. 136-143.
17) クラーク JE, ウイッタール J. 宮丸凱史 訳 (1993) 移動形態の変化：歩行からスキップへ. ウーラコット MH, シャムウエイ—クック A 編. 矢部京之助 監訳. 姿勢と歩行の発達—生涯にわたる変化の過程—. 大修館書店 : 東京, pp. 117-140.
18) Clouse F (1959) A kinematic analysis of the development of the running pattern of preschool boys. Unpublished doctoral dissertation. Madison, University of Wisconsin.
19) Chandler RF, Clauser CE, McConville JT, Reynolds HM and Young JW (1975) Investigation of inertial properties of the human body. Aerospace Medical Research Laboratory Technical Report: Wright-Patterson Air Force Base, Ohio, pp. 74-137.
20) Costil DL, et al (1976) Skeletal muscle enzymes and fiber type composition in male and fe-

male track athletes. J. Appl. Physiol. **40**: 149-154.
21) Dittmer J (1962): A kinematic analysis of the development of the running pattern of grade school girls and certain factors which distinguish good from poor performance at the observed ages. Unpublished master's thesis. Madison, University of Wisconsin.
22) Ellis JD, Carron AV and Bailey DA (1975) Physical performance in boys from 10 through 16 years. Human Biology **47**: 263-281.
23) Eriksson BO, Gollnick PB and Saltin B (1973) Muscle metabolism and enzyme activity after training in boys 11-13 year old. Acta Phyisiol. Scand. **87**: 485-487.
24) Espenschade AS and Eckert HM (1967) Motor development. Charles E. Merrill: Ohaio, pp. 110.
25) フェッツ K．金子明友，朝岡正雄 訳（1979）体育運動学．大修館書店：東京，pp. 77-91．
26) Fortney VL (1964) The swinging limb in running of boys ages seven through eleven. Unpublished master's thesis. Madison, University of Wisconsin.
27) Fortney VL (1983) The kinematics and kinetics of the running pattern of two-, four-, and six-year-old children. Research Quarterly for Exercise and Sport **52** (4): 126-135.
28) 深代千之，小林寛道（1990）世界をめざせジュニア選手―陸連ジュニア種目別強化合宿・体力測定―．陸上競技マガジン **6**：200-203．
29) 深代千之，小林寛道，勝亦紘一，岩壁達男（1991）日本ジュニアチームの体力特性．陸上競技マガジン **6**：174-178．
30) 福永哲夫，松尾彰文，浅見俊雄（1984）地面反力からみた発育期男女の走能力特性．星川　保，豊島進太郎 編．第7回日本バイオメカニクス学会大会論集　走・跳・投・打・泳運動における"よい動き"とは．名古屋大学出版会：名古屋，pp. 46-49．
31) Fox EL (1979) Sports physiology. Saunders College Publishing: Philadelphia, pp. 18-33.
32) Gallahue DL (1982) Developmental movement experiences for children. John Wiley & Sons: New York, pp. 65-79.
33) Gallahue DL (1989) Understanding motor development: Infants, Children, Adolescents. (2nd. ed.) Benchmark Press Inc. pp. 234-236.
34) Gallahue DL and Ozmun JC (1997) Understanding Motor Development (4th ed.) . McGraw-Hill: Boston, pp. 226-233.
35) ゲラルド・マック（1975）マック式短距離トレーニング．講談社：東京，pp. 82-121．
36) ゲゼル A．山下俊郎 訳（1996）乳幼児の心理学―出生より5歳まで―．家政教育社：東京，pp. 147-154．
37) Gollnick PD, et al. (1972) Enzyme activity and fiber composition in skeletal muscle of untrained and trained men. J. Appl. Physiol. **33**: 312-319.
38) 後藤幸弘，岡本　勉，辻野　昭，熊本水頼（1979）幼少時における走動作の習熟過程の筋電図的研究．日本バイオメカニクス学会編．身体運動の科学III．杏林書院：東京，pp. 237-248．
39) 星川　保，宮下充正，松井秀治（1971）歩および走における歩巾と歩数に関する研究．体育学研究 **16**：157-162．
40) 猪飼道夫，芝山秀太郎，石井喜八（1963）疾走能力の分析―短距離疾走のキネシオロジー．体育学研究 **7**：59-70．
41) 猪飼道夫 編（1973）身体運動の生理学．杏林書院：東京，pp. 334-337．
42) 池上康男，桜井伸二，矢部京之助（1991）DLT法．J. J. Sports SCI **10**：191-195．
43) 生田香明，渡部和彦，大築立志（1972）50m疾走におけるパワーの研究．体育学研究 **17**：61-67．
44) 生田香明，猪飼道夫（1972）自動車エルゴメーターにる Maximum Anaerobic Power の発達に関する研究．体育学研究 **17**：151-157．
45) 生田香明，根木哲朗，栗原崇志，播本定彦（1981）敏捷性・筋力・パワーからみた短距離疾走能力．体育学研究 **26**：111-117．
46) Ito A, Saito M, Fuchimoto T and Kaneko M (1991) Progressive changes of joint power in sprint starts. In: Marshall RN, Wood GA, Elliott BC, Ackland TR and McNair PJ (Eds). Proceedings of XIII International Congress on Biomechanics. pp. 78-79.

47）伊藤　章，斎藤昌久，佐川和則，加藤謙一（1992）ルイス・バレルと日本トップ選手のキック・フオーム．J. J. Sports Sci. 11：604-608.
48）伊藤　章，斉藤昌久，佐川和則，加藤謙一，森田正利，小木曽一之（1994）世界一流スプリンターの技術分析．佐々木秀幸，小林寛道，阿江通良 監修．世界一流陸上競技者の技術．ベースボールマガジン社：東京，pp. 31-49.
49）伊藤　章，市川博啓，斉藤昌久，佐川和則，伊藤道郎，小林寛道（1998）100m中間疾走局面における疾走動作と速度との関係．体育学研究 43：260-273.
50）岩原信九郎（1978）教育と心理のための推計学（21版）．日本文化科学社：東京，pp. 240-247.
51）イワノフD．岡本訳（1968）ピッチとストライドが及ぼす影響．月刊陸上競技．
52）加百俊郎，山本正嘉，金久博昭（1989）各種パワーテストの成績と100m走タイムとの関係．トレーニング科学研究会編．競技力向上のスポーツ科学I．朝倉書店：東京，pp. 224-229.
53）金子公有（1965）Power能力の発達．体育学研究 10（1）：205.
54）狩野　豊，高橋英幸，森丘保典，秋間　広，宮下　憲，久野譜也他，勝田　茂（1997）スプリンターにおける内転筋群の形態的特性とスプリント能力の関係．体育学研究 41：352-359.
55）加藤謙一（1984）中学生における走動作の発達に関する縦断的研究．筑波大学大学院体育研究科修士論文．
56）加藤謙一，川本和久，関岡康雄（1985）中学生の疾走能力の発達に関する縦断的研究．体育の科学 35：858-862.
57）加藤謙一，宮丸凱史，宮下　憲，阿江通良，中村和彦，麻場一徳（1987）一般学生の疾走能力の発達に関する研究．大学体育研究 9：59-70.
58）加藤謙一，宮丸凱史，横井孝志，阿江通良，中村和彦（1987）疾走動作の発達に関する研究（1）─疾走能力の優れた幼児と劣っている幼児の疾走動作について─．宇都宮大学教育学部紀要 37（2）：153-167.
59）加藤謙一，宮丸凱史，中村和彦，松元　剛（1989）小学生の疾走能力におよぼすスプリントトレーニングの効果．第9回日本バイオメカニクス学会大会論集．pp. 246-251.
60）加藤謙一，宮丸凱史，阿江通良，横井孝志，中村和彦（1990）児童の疾走フォームの縦断的発達．日本バイオメカニクス学会編．バイオメカニクス研究1990．メディカルプレス：東京，pp. 24-29.
61）加藤謙一，山中任広，宮丸凱史，阿江通良（1992）男子高校生の疾走能力および最大無酸素パワーの発達．体育学研究 37：291-304.
62）加藤謙一，宮丸凱史，阿江通良（1994）女子高校生の疾走能力および最大無酸素パワーの発達．体育学研究 39：13-27.
63）加藤謙一，宮丸凱史，久野譜也，秋間　広（1995）ジュニアスプリンターの疾走能力に関する縦断的研究．日本バイオメカニクス学会第12回大会論文集．pp. 352-356.
64）Katoh K, Miyamaru M and Ae M (1997) A longitudinal study on the development of running motion of boys aged seven to fifteen. XVIth Congress of the International Society of Biomechanics, Book of Abstracts. pp. 200.
65）加藤謙一，内原登志子，宮丸凱史（1998）幼児期における歩行から走運動への発達過程．日本体育学会第49回大会抄録集．pp. 343.
66）加藤謙一，宮丸凱史，松元　剛，秋間　広（1999）ジュニアスプリンターの疾走能力に関する縦断的研究．体育学研究 44（4）：360-371.
67）勝田　茂，宮田浩文，麻場一徳，土肥徳秀（1986）ニードルバイオプシー法による各種スポーツ選手の筋線維組成および毛細血管分布について．筑波大学体育科学系紀要 9：175-180.
68）勝田　茂，稲木光晴，狩野　豊，藤本浩一，久野譜也，高橋英幸，宮丸凱史，加藤謙一（1995）トップジュニア選手における大腿部筋組成の経年的変化─1992年から1993年まで─．筑波大学体育科学系紀要 18：141-148.
69）勝田　茂，久野譜也（1991）NMRによるスポーツタレントの発掘に関する研究─一流選手の筋の形態とエネルギー代謝─．平成2年度日本体育協会スポーツ医・科学

研究報告 スポーツタレントの発掘方法に関する研究　第2報．pp. 37-46.
70) 小林寛道，松井秀治（1988）ジュニア強化選手の体力(下)．陸上競技マガジン 5：170-173.
71) 小林寛道（1989）ソウル五輪代表スプリンターおよびジュニア優秀スプリンターの脚力の特徴．競技力向上のスポーツ科学I．朝倉書店：東京，pp. 19-37.
72) 小林寛道 編著（1990）走る科学．大修館書店：東京，pp. 151-154.
73) 小林一敏（1975）運動の技術の指導．前川峯雄・江橋慎四郎 編．体育科教育法．pp. 205-206.
74) 久野譜也，高橋英幸，板井悠二，勝田　茂（1991）NMRによる筋のエナジェティクス．臨床スポーツ医学 8（7）：725-732.
75) Kuno S, Takahashi H, Fujimoto K, Akima H, Miyamaru M, Nemoto I, Itai Y and Katsuta S (1995) Muscle metabolism during exercise using phosphorus-31 nuclear magnetic resonance spectroscopy in adolescents. Eur. J. Appl. Physiol. 70: 301-304.
76) 久野譜也（1999）トップアスリートの特性．勝田　茂 編．運動生理学20講．朝倉書店：東京，pp. 134-141.
77) 久野譜也，榎本好孝，宮下　憲，勝田　茂（1999）スプリンターにおける股関節筋"大腰筋"の重要性．第1回陸上競技の医科学・コーチング国際会議講演・発表論文集．pp. 69-74.
78) Malina RM (1975) Anthropometric correlates of strength and motor performance. In: Wilimore JH and Keogh JF (Eds). Exercise and Sports Science Reviews, Academic Press. pp. 249-274.
79) Malina RM (1982) Physical growth and maturity chracteristics of young athletes. In: Magill RA, Ash MJ and Smoll FL (Eds). Children and Sport. Human Kinetics: Chmpaign, pp. 73-96.
80) Malina RM (1983) Menarche in athletes: A synthesis and hypothesis. Annals of Human Biology 10: 1-24.
81) Malina RM (1986) Maturational considerations in elite young athletes. In: Day JP (Eds). Perspectives in Kinanthropometry. Human Kinetics: Chapaign, pp. 29-43.
82) Malina RM, Beunen G, Wellene R and Claessens A (1986) Skeletal maturity and body size of teenage Belgian track and field athletes. Annals of Human Biology 13: 331-339.
83) Malina RM (1988) Racial/ethnic variation in the motor development and performance of American children. Can J. Spt. Sci. 13 (2): 136-143.
84) Marino GL and Mcdonald M (1986) A biomechanical analysis of children's running patterns. In: Watkins J, Reilly T and Burwitz (Eds). Sports science. pp. 123-129.
85) マトヴェイエフLP　江上修代 訳（1985）ソビエトスポーツ・トレーニングの原理．自帝社：東京，pp. 354-359.
86) 松井秀治（1966）走運動におけるピッチと歩幅について．体育の科学 16：582-585.
87) 松浦義行（1982）体力の発達．朝倉書店：東京，pp. 101-122.
88) 松尾彰文，福永哲夫，浅見俊雄，金久博昭（1985）発育期青少年の疾走速度，地面反力と脚筋力の関係について．東京大学教養学部体育学紀要 19：21-30.
89) McClenaghan BA and Gallahue DL (1978) Fundamental Movement: A developmental and remedial approach. W. B. Saunders Company: Philadelphia, pp. 85-88.
90) マイネルK．金子明友 訳（1981）マイネルスポーツ運動学．大修館書店：東京，pp. 299-316.
91) 三浦望慶，松井秀治，袖山　紘（1976）長距離走のスキルに関する実験的研究．日本バイオメカニクス学会編．身体運動の科学II　身体運動のスキル．杏林書院：東京，pp. 134-144.
92) 宮下　憲，阿江通良，横井孝志，橋原孝博，大木昭一郎（1986）世界一流スプリンターの疾走フォームの分析．J. J. Sports Sci. 5 (12)：892-898.
93) 宮丸凱史（1975）幼児の基本的運動技能におけるMotor Patternの発達 -1- 幼児のRunning Patternの発達過程．東京女子体育大学紀要 10：14-25.
94) 宮丸凱史，宮丸郁子（1976）短距離走．金原　勇 編．陸上競技のコーチングI．大修館書店：東京，pp. 171-298.
95) 宮丸凱史（1978）走る動作の発達．体育の科学 28（5）：306-313.

96) 宮丸凱史（1983）幼児の走技能．体育の科学 33（2）：90-97．
97) 宮丸凱史，横井孝志，阿江通良，加藤謙一，中村和彦，久野譜也（1987）身体重心および脚の重心の軌跡からみた幼児の走動作の発達．筑波大学体育科学系紀要 10：299-310．
98) 宮丸凱史（1990）成長にともなう疾走能力の発達．体育の科学 40（10）：775-780．
99) 宮丸凱史，加藤謙一，久野譜也，芹沢玖美（1991）発育期の子どもの疾走能力の発達に関する研究（1）―児童の疾走能力の縦断的発達―．平成2年度日本体育協会スポーツ医・科学研究報告　スポーツタレントの発掘方法に関する研究―第2報―．pp. 128-137．
100) 宮丸凱史，加藤謙一，久野譜他，高井省三，秋間　広（1992）発育期の子どもの疾走能力の発達に関する研究（2）―疾走能力の優れた児童の特徴―．平成3年度日本体育協会スポーツ医・科学研究報告　スポーツタレンの発掘方法に関する研究―第3報―．pp. 137-145．
101) 宮丸凱史（1995）成長にともなう走能力の発達．J. J. Sports Sci. 14（4）：427-434．
102) 宮丸凱史，加藤謙一（1996）走運動の始まりに関する運動形態学的考察．体育科学 24：89-96．
103) 宮丸凱史（1998）運動能力の発達バランス．体育の科学 48（9）：699-705．
104) 水野忠文（1956）双生児の体格・筋力・運動能力の類似度に関する研究．東京大学教育学部紀要 1：136-157．
105) 水野忠文（1980）日本人体力標準表 ―身長基準の回帰評価法による―．東京大学出版会：東京，pp. 22-28．
106) Murase Y, Hoshikawa T, Yasuda N, Ikegami Y and Mastui H (1976) Analysis of the chages in progressive speed during 100 meter-dash. In: Komi PV. (Eds). Biomechanics V-B. University Park Press. pp. 200-207.
107) 村田光範（1993）骨年齢．平成4年度日本体育協会スポーツ医・科学研究報告　ジュニア期の体力トレーニングに関する研究―第1報―．pp. 8-12．
108) 長嶺晋吉（1979）スポーツとエネルギー・栄養．講座 現代のスポーツ科学2．大修館書店：東京，pp. 267-277．
109) 中村和彦，植屋清見，麻場一徳（1992）観察的評価による幼児の疾走動作の発達．スプリント研究 2：37-45．
110) 中村好男，武藤芳照，宮下充正（1984）最大無酸素パワーの自転車エルゴメーターによる測定法．J. J. Sports Sci. 3（10）：834-839．
111) Nelson MA (1991) Developmental skill and children's sports. The Physician and Sports Medecine 19 (2): 67-79.
112) 日本陸上競技連盟（1995）第11回全国小学生陸上競技交流大会プログラム．pp. 56-60．
113) 日本陸上競技連盟科学委員会（1999）岩手インターハイバイオメカニクスレポート　短距離．陸上競技マガジン 49（11）：108-111．
114) 日本体育協会スポーツ科学委員会（1986）青少年の体力に関する日中共同研究―第1報― 昭和61年度日本体育協会スポーツ医・科学研究報告 No. IV．
115) 日本体育協会スポーツ科学委員会（1990）陸上競技ジュニア選手の体力に関する日中共同研究―第1報―．平成2年度日本体育協会スポーツ医・科学研究報告 No. IV．
116) 野口源三郎ほか（1953）短距離走における足跡の研究 ―両足の間隔―．体育学研究 1（5）：322-327．
117) 能勢修一，油野利博，有田章三（1970）小学生における短距離走の発達．鳥取大学教育学部研究部報告 教育科学 12：85-100．
118) 大槻文夫，北　一郎，植竹照雄，宮本知次，塚越克己，浅見俊雄，松井秀治（1994）陸上競技ジュニア選手の体力の日中比較 ―骨年齢と身長からのタレント性についての検討―．体力科学 43：162-174．
119) 小野勝次（1963）陸上競技の力学．同文書院：東京，pp. 60-64．
120) ポルトマンA．高木政孝 訳（1961）人間はどこまで動物か．岩波書店：東京，pp. 25-76．
121) 陸上競技マガジン編集部（1988-1997）第15―第24回全日本中学校選手権大会成績．

陸上競技マガジン 10.
122) Roberton MA (1972) Developmental Kinesiology. Journal of Health, Physical Education and Recreation **43**: 65-66.
123) Roberton MA (1984) Changing motor patterns during childhood. In: Tomas JR (Eds). Motor development during childhood and adolescence. Burgess Publishing Company: Mineeapolis. pp. 61-63.
124) 佐川和則, 斉藤昌久, 伊藤道郎, 加藤謙一, 市川博啓, 伊藤 章（1997）アジア男子トップスプリンターの中間疾走フォーム．佐々木秀幸，小林寛道，阿江通良 監修．アジア一流陸上競技者の技術．日本陸上競技連盟 創文企画：東京，pp. 33-48.
125) 斉藤昌久（1980）幼児及び児童の走動作様式の発達過程に関する横断的研究．中京大学大学院体育方法学修士論文．
126) 斉藤昌久, 宮丸凱史, 湯浅景元, 三宅一郎, 浅川正一（1981）2〜11歳児の走運動における脚の動作様式．体育の科学 **31**：357-361.
127) 斎藤昌久, 伊藤 章, 佐川和則, 伊藤道郎, 加藤謙一, 市川博啓（1997）アジア・トップスプリンターのスタートダッシュの動作分析．佐々木秀幸，小林寛道，阿江通良 監修．アジア一流陸上競技者の技術．陸上競技連盟 創文企画：東京，pp. 11-31.
128) 佐藤信一（1973）小学生における短距離疾走の進歩の追求．体育学研究 **18**（1）：41-50.
129) Seefeldt V and Haubenstricker J (1982) Patterns, Phases, Stages: An analytical model for the study of developmental movement. In: Kelso JAS and Clark JE. (Eds). The development of movement control and co-ordination. John Wiley & Sons: New York, pp. 309-318.
130) 高石昌弘, 樋口 満, 小島武次（1981）からだの発達—身体発達学へのアプローチ．大修館書店：東京，pp. 300-311.
131) Thorstensson A, et al (1977) Muscle strength and fiber composition in athletes and sedentary men. Med. Sci. Sports 9: 26-30.
132) 東京都立大学身体適性学研究室 編（1980）日本人の体力標準値（第3版）．不昧堂出版：東京，pp. 149-152.
133) 東京都立大学身体適性学研究室 編（1989）日本人の体力標準値（第4版）．不昧堂出版：東京，pp. 116-133.
134) 辻野 昭, 岡本 勉, 後藤幸弘, 橋本不二雄, 徳原康彦（1974）発育にともなう動作とパワーの変遷について．キネシオロジー研究会編 身体運動の科学—I—Human Powerの研究．杏林書院：東京，pp. 203-243.
135) 辻野 昭, 後藤幸弘（1975）幼児・児童期における走運動patternの加齢的変遷．大阪教育大学紀要 **24**（3）：253-262.
136) 津守 真, 稲毛教子（1961）乳幼児精神発達診断法0歳から3歳．大日本図書：東京，pp. 46-47.
137) 渡邉信晃, 榎本好孝, 狩野 豊, 安井年文, 宮下 憲, 久野譜也, 勝田 茂（1999）スプリンターの筋横断面積と疾走速度との関係における性差．陸上競技研究 **39**：12-19.
138) 渡邉信晃, 榎本好孝, 大山下圭悟, 狩野 豊, 安井年文, 宮下 憲, 久野譜也, 勝田 茂（1999）スプリンターの股関節筋力とスプリント走パフォーマンスとの関係．体育学研究 **45**：520-529.
139) Wickstrom RL (1975) Developmental Kinesiology: Maturation of basic motor pattern. In: Wilmore JH and Keogh JH. (Eds). Exercise and Sport Science Review Vol. 3. Academic Press. pp. 163-192.
140) Wickstrom RL (1977) Fundamental motor patterns. (2nd. ed.) Lea and Febiger: Philadelphia, pp. 37-47.
141) Wickstrom RL (1983) Fundamental Motor Patterns. (3rd. ed.) Lea and Febiger: Philadelphia, pp. 43-63.
142) Wilcock AH and Kirsner RLG (1969) A digital filter for biological data. Medical and Biological Engineerring and Computing 7: 653-660.
143) Williams HG (1983) Perceptual and Motor Development. Prentice-Hall: Englewood Cliffs, pp. 213-217.

144）横井孝志，渋川侃二，阿江通良（1986）日本人幼少年の身体部分係数．体育学研究 **31**（1）：53-66．

疾走能力の発達

定価（本体4,500円＋税）　　　　　　　　　　　　　　　検印省略

2001年3月31日　第1版第1刷発行

編著者	宮丸　凱史
発行者	太田　博
発行所	株式会社 杏林書院

〒113-0034　東京都文京区湯島4-2-1
Tel 03(3811)4887　Fax 03(3811)9148

ISBN4-7644-1046-X　C3047　　　　　　　　　杏林舎／坂本製本所
Printed in Japan